"十四五"时期国家重点出版物出版专项规划项目

深中通道建设关键技术丛书

广东省重点领域研发计划项目（2019B111106002）

正交异性钢桥面板抗疲劳关键技术和工程应用

范传斌　吴玉刚　张清华　姚志安　陈焕勇◎著

人民交通出版社股份有限公司

北　京

内 容 提 要

本书以广东省重点领域研发计划项目"重大跨海通道全寿命周期安全保障关键技术"(2019B111106002)为依托,首先介绍了正交异性钢桥面板疲劳问题研究基础理论与分析方法,结合疲劳模型试验研究了高疲劳抗力正交异性钢桥面板细节和合理设计参数;然后基于深中通道车辆特征进行了疲劳寿命可靠度评估论证,重点介绍了高疲劳抗力正交异性钢桥面板关键制造技术(特别是U肋与顶板全熔透焊接)及验收标准,并补充了正交异性钢桥面板抗疲劳韧性提升技术;最后介绍了前述抗疲劳理论、试验、设计、施工成套关键技术在深中通道项目的应用情况。

本书可作为桥梁设计、施工、科研和建设管理人员参考用书。

图书在版编目(CIP)数据

正交异性钢桥面板抗疲劳关键技术和工程应用 / 范传斌等著. — 北京:人民交通出版社股份有限公司, 2023.8
ISBN 978-7-114-18811-4

Ⅰ.①正… Ⅱ.①范… Ⅲ.①钢桥—桥面板—疲劳理论—研究 Ⅳ.①U448.36

中国国家版本馆 CIP 数据核字(2023)第 091898 号

Zhengjiao Yixing Gangqiao Mianban Kangpilao Guanjian Jishu he Gongcheng Yingyong

书 名:	正交异性钢桥面板抗疲劳关键技术和工程应用
著 作 者:	范传斌 吴玉刚 张清华 姚志安 陈焕勇
责任编辑:	崔 建
责任校对:	孙国靖 卢 弦
责任印制:	张 凯
出版发行:	人民交通出版社股份有限公司
地 址:	(100011)北京市朝阳区安定门外外馆斜街 3 号
网 址:	http://www.ccpcl.com.cn
销售电话:	(010)59757973
总 经 销:	人民交通出版社股份有限公司发行部
经 销:	各地新华书店
印 刷:	北京印匠彩色印刷有限公司
开 本:	787×1092 1/16
印 张:	18.75
字 数:	398 千
版 次:	2023 年 8 月 第 1 版
印 次:	2023 年 8 月 第 1 次印刷
书 号:	ISBN 978-7-114-18811-4
定 价:	96.00 元

(有印刷、装订质量问题的图书,由本公司负责调换)

丛书编审委员会

总 顾 问：周 伟　周荣峰　王 太　贾绍明
主 　　任：邓小华　黄成造
副 主 任：职雨风　吴玉刚　王康臣
执行主编：陈伟乐　宋神友
副 主 编：刘加平　樊健生　徐国平　代希华　潘 伟　吕卫清
　　　　　吴建成　范传斌　钟辉虹　陈 越　刘亚平　熊建波
专家组成员：
　综合组：
　　周 伟　贾绍明　周荣峰　王 太　黄成造　何镜堂
　　郑健龙　陈毕伍　李 为　苏权科　职雨风　曹晓峰
　桥梁工程组：
　　凤懋润　周海涛　秦顺全　张喜刚　张劲泉　邵长宇
　　陈冠雄　黄建跃　史永吉　葛耀君　贺拴海　沈锐利
　　吉 林　张 鸿　李军平　胡广瑞　钟显奇
　岛隧工程组：
　　徐 光　钱七虎　缪昌文　聂建国　陈湘生　林 鸣
　　朱合华　陈韶章　王汝凯　蒋树屏　范期锦　吴建成
　　刘千伟　吴 澎　谢永利　白 云
　建设管理组：
　　李 斌　刘永忠　王 璜　王安福　黎 侃　胡利平
　　罗 琪　孙家伟　苏志东　代希华　杨 阳　王啟铜
　　崖 岗　马二顺

本书编写组

组　　长：范传斌　吴玉刚　张清华　姚志安　陈焕勇
参与人员：陈伟乐　宋神友　姜　旭　徐　军　阮家顺　胡广瑞
　　　　　　刘　健　卜一之　马　林　陈　越　盛建军　崔　闯
　　　　　　李　俊　强旭红　陈　鲲　李立明　范军旗　笪乐天
　　　　　　蔡依花　杨茨祥　孙悦楠　童俊豪　谷　杰　许晴爽
　　　　　　吴玲正　邹　威　杨　超　刘　昊　武亚鹏　张　华
　　　　　　刘　申　张明昊

序　言

深中通道是世界级跨海集群工程，项目桥梁总长 17 公里，两座主桥（伶仃洋大桥、中山大桥）和大部分引桥均为钢箱梁结构，总用钢量约 30 万吨，正交异性钢桥面板约 38 万平方米，面临疲劳开裂易发这一世界性难题。究其原因，车辆反复作用引起关键疲劳易损部位的累积损伤，是为外因，这一点在深中通道饱和交通量与特重交通荷载作用下将尤为突出。内因方面，不合理结构体系、构造细节和制造方式等造成初始缺陷，降低了疲劳设计强度。

鉴于此，深中通道管理中心联合业界知名高校、设计院和制造单位，聚焦 U 肋与顶板交叉、U 肋与横隔板交叉两个关键点，建立了微观短裂纹成核及扩展、宏观长裂纹扩展的全过程理论分析模型，提出了高品质钢桥面板抗疲劳设计方法；开发了 U 肋全熔透高品质焊接接头及焊接技术，发展了钢桥面板 U 肋组装焊接一体化技术，取得了丰硕成果。

通过四年的研究和实践，深中通道实现了正交异性钢桥面板制造提质增效的目标：焊接一次合格率由最初设定的 96% 提升至 99%，焊接工效可提高 20% 以上；且纵肋与顶板焊接构造细节的疲劳设计强度由 80MPa 大幅提升至 125MPa，很好地解决了正交异性钢桥面板易发疲劳开裂问题，降低了营运养护成本，综合效益显著。目前，相关成果已经推广应用于黄茅海通道、仙新路长江大桥等项目。

因此，我很乐意向从事钢桥科研、设计、施工和养护管理人员推荐这本书，希望大家能从中了解正交异性钢桥面板的最新抗疲劳技术，共同提高我国钢桥水平，为交通强国建设贡献更大的力量。

中国工程院院士
2023 年 8 月

前 言

正交异性钢桥面板具有轻质高强、适用范围广、便于工厂化制造、施工速度快、整体性好等突出优点，在大跨度桥梁和城市桥梁中得到了广泛应用。目前世界各国已建成的采用正交异性钢桥面板的各类桥梁已超过1500座，中国对正交异性钢桥面板的应用起步较晚，但发展势头迅猛，正在运营和在建中的该类型桥梁达200余座。正交异性钢桥面板的推广和应用大大推动了桥梁工程向大跨、重载和结构造型多样化等方向的发展。苏通大桥、泰州大桥、沪苏通长江公铁大桥等均采用正交异性钢桥面板结构。在建的深中通道伶仃洋大桥、张靖皋长江大桥、常泰长江大桥同样也采用正交异性钢桥面板结构。

深中通道项目是国家"十三五"规划重大工程项目和《珠三角规划纲要》确定建设的重大交通基础设施项目。该项目是连接广东自贸区三大片区、沟通珠三角"深莞惠"与"珠中江"两大功能组团的重要交通纽带，是粤东通往粤西乃至大西南的便捷通道，是未来珠三角乃至粤港澳大湾区的产业脊梁，更是一条产业升级的走廊。该项目不仅能够带来经济的活力，还能促进东西两岸人流的交往，从而带动物流、资金流。该项目是世界级的"桥、岛、隧、地下互通"集群工程，其中，桥梁工程长约17km，其关键控制性工程为主跨1666m的双塔悬索桥伶仃洋大桥与主跨580m的双塔斜拉桥中山大桥。

正交异性钢桥面板受力体系、构造形式和制造方式等特点决定了其构造细节是影响其关键疲劳易损部位疲劳性能的内部因素。纵肋、横隔板和顶板等相关几何参数的匹配、板件交叉部位的连接方式以及纵肋穿过横隔板的弧形开孔形状都将导致关键疲劳易损部位产生不同程度的应力集中，进而影响各部位的疲劳性能。合理的构造细节和匹配参数建立在不同构造形式和参数组合对关键疲劳易损部位疲劳性能影响效应的系统研究之上，是正交异性钢桥面板抗疲劳设计的首要问题。

疲劳开裂显著降低桥梁结构的服役质量，严重危害结构的耐久性和安全性，引发中断交通等多种次生效应，导致了重大的经济损失和恶劣的社会影响，作为制约桥梁工程可持续发展的世界性难题引起了广泛关注。以"重载、高速和大流量"为主要特征的现代交通对钢桥面板结构服役期的疲劳性能以及劣后性能强化评估等提出了更高的要求。

发展长寿命钢桥面板结构是解决传统正交异性钢桥面板疲劳开裂与可持续发展客观需求之间的突出矛盾、实现结构的全寿命周期性能和成本最优、推动钢桥结构的可持续发展的有效途径,具有广阔应用前景。

本书是根据广东省重点领域研发计划项目"重大跨海通道全寿命周期安全保障关键技术"(课题编号:2019B111106002)正交异性钢桥面板高品质焊接接头及抗疲劳开裂关键技术研究成果编写而成。全书共分9章,第1章综述了正交异性钢桥面板的应用和发展,从疲劳损伤理论研究、试验研究、制造技术等方面阐述了正交异性钢桥面板疲劳问题研究现状;第2章着重讨论了正交异性钢桥面板疲劳损伤理论和疲劳性能评估方法,为后续研究奠定理论基础;第3章通过数值模拟分析正交异性钢桥面板构造细节在疲劳荷载下的应力响应特征,为建立高疲劳抗力正交异性钢桥面板结构体系奠定基础;第4章以典型钢桥细节设计方案为基础,对比横隔板开孔、顶板厚度、纵肋厚度、横隔板厚度和间距等设计参数对正交异性钢桥面板细节抗疲劳性能的影响,确定合理的设计参数;第5章在数值分析的基础上,开展疲劳试验,评估正交异性钢桥面板细节的疲劳性能,为正交异性钢桥面板的服役可靠性评估奠定基础;第6章考虑交通荷载的随机性,在断裂力学框架内引入随机过程理论描述裂纹随机扩展特性,提出了基于概率断裂力学的正交异性钢桥面板疲劳可靠度评估方法,并对两类典型构造细节在服役期限内的疲劳可靠度时变规律进行探究;第7章对不同焊接工艺和焊接参数条件下焊缝内部与表面缺陷的类型尺度等关键因素的系统研究,在此基础上制定预防初始焊接缺陷的有效措施;第8章通过有限元分析和横隔板疲劳裂缝修复试验,对修复钢板的应力分布和不同修复方法下的结构疲劳性能进行了研究;第9章为正交异性钢桥面板抗疲劳关键技术在深中通道工程中的应用。本书的研究成果反映了正交异性钢桥面板的发展水平和发展趋势,其成果为深中通道提供了直接支撑,并可为同类型桥梁建设提供参考和借鉴。

希望本书能为后续类似工程提供有益借鉴。由于时间仓促且作者水平有限,书中不妥之处在所难免,敬请读者批评指正。

作 者

2023 年 5 月

目 录

第1章 绪论 ··· 1
  1.1 正交异性钢桥面板的应用和发展 ································ 1
  1.2 正交异性钢桥面板疲劳问题研究现状 ···························· 3
  1.3 小结 ·· 19
  本章参考文献 ·· 19

第2章 钢桥面板疲劳问题研究基础理论与分析方法 ···················· 29
  2.1 钢桥面板疲劳损伤理论 ·· 29
  2.2 钢桥面板疲劳性能评估方法 ···································· 34
  2.3 小结 ·· 41
  本章参考文献 ·· 41

第3章 高疲劳抗力正交异性钢桥面板细节研究 ······················ 48
  3.1 纵肋与横隔板新型交叉构造细节 ································ 48
  3.2 纵肋与顶板构造细节 ·· 58
  3.3 小结 ·· 67

第4章 高疲劳抗力正交异性钢桥面板的合理设计参数 ···················· 68
  4.1 抗疲劳设计关键参数 ·· 68
  4.2 钢桥面板结构体系合理构造参数 ································ 84
  4.3 小结 ·· 89

第5章 高疲劳抗力正交异性钢桥面板疲劳模型试验 ···················· 91
  5.1 纵肋与顶板焊接细节疲劳试验 ································ 91
  5.2 纵肋与横隔板交叉构造细节疲劳试验 ···························· 118
  5.3 小结 ·· 129

第6章 正交异性钢桥面板疲劳寿命可靠度评估 ······················ 130
  6.1 典型构造细节应力谱及其统计特征 ······························ 130
  6.2 疲劳裂纹随机扩展模型 ·· 140
  6.3 基于概率断裂力学的疲劳可靠度评估 ···························· 145

I

6.4 小结	150
本章参考文献	150

第 7 章 高疲劳抗力正交异性钢桥面板关键制造技术及验收标准 ··· 153
- 7.1 钢桥面板纵肋与顶板焊接细节制造工艺 ··· 153
- 7.2 纵肋与顶板焊接细节不同工艺的初始微裂纹尺度 ··· 171
- 7.3 基于微裂纹的纵肋与顶板新型双面焊疲劳特性研究 ··· 186
- 7.4 质量验收标准 ··· 192
- 7.5 小结 ··· 193

第 8 章 正交异性钢桥抗疲劳韧性提升技术 ··· 195
- 8.1 概述 ··· 195
- 8.2 形状记忆合金材料 ··· 201
- 8.3 横隔板处抗疲劳韧性提升方案比选及有限元参数分析 ··· 207
- 8.4 模型试验研究 ··· 220
- 8.5 小结 ··· 237
- 本章参考文献 ··· 239

第 9 章 工程应用 ··· 243
- 9.1 深中通道工程背景 ··· 243
- 9.2 深中通道钢箱梁设计关键技术 ··· 246
- 9.3 深中通道钢箱梁施工关键技术 ··· 254
- 9.4 小结 ··· 285

第1章 绪　　论

1.1　正交异性钢桥面板的应用和发展

正交异性钢桥面板是由相互垂直的顶板、纵肋和横隔板通过焊接方式连接而成的共同承受车轮荷载的整体结构,是现代桥梁工程重要的标志性创新成就。由于纵肋与横隔板间刚度的差异,正交异性钢桥面板在横向与纵向上的受力性能呈现出显著的正交异性特征。由于正交异性钢桥面板具有轻质高强、承载力高、便于施工、适用范围广等突出优点,已经成为大跨度桥梁的首选桥面板结构,是实现千米级跨越的必然选择;在中等跨度桥梁、景观桥梁、梁高受到严格限制的城市和市政桥梁、既有桥梁加固工程等条件下也具有较强的竞争力。

目前,世界各国已建成的采用正交异性钢桥面板的各类桥梁超过了1500座。中国对正交异性钢桥面板的应用起步较晚,但发展势头迅猛,既有和在建的该类型桥梁达200余座。正交异性钢桥面板的推广和应用大大推动了桥梁工程向大跨、重载和结构造型多样化等方向发展。苏通大桥、泰州大桥、沪苏通长江公铁大桥等均采用了正交异性钢桥面板结构;在建的深中通道伶仃洋大桥、张靖皋长江大桥、常泰长江大桥也采用了正交异性钢桥面板结构。

1934年,德国Feldcoeg桥采用V形钢板作为纵向加劲肋建成了世界上第一座正交异性板桥梁。由于当时焊接技术不够成熟,钢桥面板在运营期间变形较大,因而没有得到广泛应用。钢桥面板从诞生到现在,先后经历了球扁钢肋、L形或倒T形、板肋、V形肋、Y形肋、倒梯形肋6种形式。前3种为开口肋,虽然其用钢量和焊接量较大,但其下端开口便于后期检修;后3种为闭口肋,其截面闭合,刚度较大,抗扭性能好,用钢量少,但其对截面加工及组装的精度要求较高,且闭口肋内部空间狭小,不利于内部焊接,下端封口,不利于后期检测,会给桥梁的养护维修带来很大困难。当前正交异性钢桥面板较常采用由闭口倒梯形肋演变而来的U形肋[1-4]。桥面顶板厚度从最初的10mm发展到现在的16mm、18mm,甚至达到20mm。加劲肋采用U形肋。U形肋普遍采用8mm板厚,上开口间距一般为300mm。纵肋中心横向间隔一般为600mm,高度约280mm,纵肋下端宽度约170mm,下端转角处为倒角。随着对正交异性钢桥面板认识的不断加深、结构分析方法的改进、焊接技术的提高及高强度钢材的应用,钢桥面板的设计和制造日益成熟,总用钢量逐渐降低,应用也越来越多。

正交异性钢桥面板受力体系、构造形式和制造方式等决定了其构造细节,这也是影响其关键疲劳易损部位疲劳性能的内部因素。纵肋、横隔板和顶板等相关几何参数的匹配、板件交叉部位的连接方式以及纵肋穿过横隔板的弧形开孔形状都将导致关键疲劳易损部位产生不同程度的应力集中,进而影响各部位的疲劳性能。合理的构造细节和匹配参数建立在不同构造形式和参数组合对关键疲劳易损部位疲劳性能影响效应的系统研究之上,是正交异性钢桥面板抗疲劳设计的首要问题。正交异性钢桥面板的另一显著特征是其疲劳性能与设计、加工制作和现场拼接全过程息息相关。设计成桥状态是正交异性钢桥面板疲劳性能的理想状态,但由于正交异性钢桥面板焊缝众多,局部构造细节连接复杂和现场拼接接头施焊困难的原因,使得焊接质量难于保证,不可避免地会产生焊接缺陷和装配误差。同时,纵肋与横隔(肋)板焊接到面板上使焊接残余应力和应力集中影响较大,导致实际成桥状态与设计理想状态间存在偏差,降低了关键疲劳易损部位的抗疲劳性能[2-9]。随着长大跨度桥梁新型构造形式的应用,对正交异性钢桥面板的制造工艺提出了更高的要求。正交异性钢桥面板的应用水平已成为衡量一个国家钢桥设计和制造水平的标志之一。

与正交异性钢桥面板结构的内部因素相比,反复作用的车辆荷载作为外部因素也会对其疲劳性能产生显著影响。正交异性钢桥面板在各种车辆的反复作用下将引起关键疲劳易损部位的累积损伤,并表现出显著的局部效应。由于应力影响线较短,一辆车通过会在同一疲劳易损部位引起数次循环加载,对于重载及超载车辆,甚至会在构造细节部位引起不可恢复的致伤效应。随着长期疲劳损伤的不断累积,正交异性钢桥面板极易在应力集中与焊接缺陷的部位产生疲劳开裂。疲劳裂纹一旦出现,修复极为困难且费用昂贵。疲劳裂纹的开展将直接影响正交异性钢桥面板的使用寿命和耐久性,降低桥梁结构的运营质量和可靠性,甚至导致工程事故的发生。

国外正交异性钢桥面板的疲劳开裂最早始于英国 Severn 桥(1971)的报道,此后世界各国的钢桥面板结构中相继出现了大量的疲劳裂纹和铺装层破坏事例[5-13]。针对其疲劳问题,欧洲、日本、美国等陆续制定了相应的抗疲劳设计规范[14-21],但尚未形成准确完善的疲劳设计检算方法,且各规范间仍存在显著的差异。我国于 20 世纪 70 年代引进正交异性钢桥面板技术,但限于当时整体认知水平有限,部分典型桥梁在运营过程中出现了大量不同程度的疲劳裂纹,并且表现出早发性、多发性、再现性的特征,导致了重大的经济损失和不良的社会影响。

学者 Fisher 曾历时 5 年对美国和加拿大的桥梁做了大量调查,研究发现有 142 座钢桥在使用过程发生了开裂现象,其中 80% 是由于疲劳导致的开裂[5-8]。日本对东京两处高速公路上的钢桥进行检查,发现了约 7000 条裂纹,其疲劳裂纹主要有 8 种开裂类型,如图 1-1 和表 1-1 所示[9-12]。

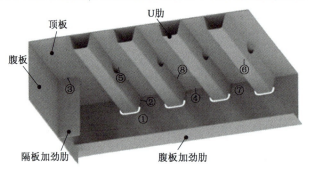

图 1-1 疲劳裂纹类型示意图

表 1-1 疲劳裂纹统计分布规律

编号	位置	比例(%)	编号	位置	比例(%)
①	纵肋与横肋焊缝(含开孔部位)	38.2	⑤	纵肋现场接头过焊孔焊缝	0.6
②	纵肋与横肋焊缝	0.9	⑥	纵肋对接焊缝	5.7
③	顶板与竖向加劲肋焊缝	31.5	⑦	纵肋与边横隔板焊缝	1.7
④	顶板与横肋焊缝	2.3	⑧	顶板与纵肋焊缝	18.9

注：①~⑧与图 1-1 中所示相对应。

由表 1-1 的统计数据显示纵肋与横肋焊缝(含开孔部位)疲劳开裂比例最高,达到 38.2%;其次顶板与竖向加劲肋焊缝开裂比例达到 31.5%,在现代钢桥最新设计中已经取消这一设计方案;顶板与纵肋焊缝开裂占比 18.9%;纵肋对接焊缝开裂占比 5.7%,在现代桥梁设计中通过高强度螺栓连接来替代纵肋对接焊,避免了该部位疲劳裂纹的产生。

虽然我国正交异性钢桥面板的应用起步较晚,但是丝毫不影响疲劳裂纹的产生。我国虎门大桥建成仅 5 年就发现肉眼可见裂纹 78 条,潜在裂纹约 160 条。江阴长江大桥疲劳裂纹统计结果表明 90% 以上的裂纹位于顶板与纵肋焊缝部位,且主要分布在重车道。随着交通荷载逐年增加,2016 年统计发现我国军山长江大桥正交异性钢箱梁出现疲劳裂纹高达 7111 条,严重影响了桥梁的实际使用寿命[23-27]。

疲劳开裂显著降低了桥梁结构的服役质量,严重危害了结构的耐久性和安全性,甚至引发中断交通等多种次生效应,造成重大的经济损失和恶劣的社会影响。这作为制约桥梁工程可持续发展的世界性难题引起了广泛关注。因此,以"重载、高速和大流量"为主要特征的现代交通,对钢桥面板结构服役期的疲劳性能以及劣后性能强化评估等提出了更高的要求。

1.2 正交异性钢桥面板疲劳问题研究现状

由服役环境、荷载条件、结构体系、构造细节设计和初始制造缺陷等多种因素所决定,正交异性钢桥面板疲劳问题突出,引起了工程界和社会各界的广泛关注。国内外学者以构造细节为重点,对于正交异性钢桥面板的疲劳问题进行了深入研究,研究内容涵盖结构的疲劳特性、构造细节疲劳抗力及其评估方法、高疲劳抗力新型构造细节、正交异性钢桥面板的抗疲劳设计、疲劳性能评估与寿命预测以及既有桥梁结构的维修加固等多个层面。

早期由于对正交异性钢桥面板的疲劳问题缺乏深入系统的认识,大量钢箱梁疲劳损伤和破坏几乎与其运营同时产生的案例,引起了研究者与运营管理者的广泛关注。鉴于正交异性钢桥面板使用过程中出现的疲劳病害问题,欧美各国开始进行了钢桥面板的理论与试验研究,所取得的研究成果不断反馈于正交异性钢桥面板的抗疲劳设计,极大地改善了关键疲劳易损部位的疲劳性能。与国外相对系统的抗疲劳设计理论相比,我国正交异性钢桥面板的使用时间较短,对其疲劳性能的理论与试验仍较为欠缺,相关问题的整体研究水平远远滞后于其在现代各类型大跨度桥梁中的工程应用与迅猛发展。鉴于正交异性钢桥面板疲劳问题研究的难度和复杂性,近年来国内外研究者主要围绕正交异性钢桥面板疲劳问题的理论与试验研究、疲劳设计规范与标准制定、疲劳性能评估与寿命预测、损伤桥梁的修复与加固等方面的关键技术问题展开大量的研究工作,较为成熟的研究成果直接应用于工程实践并纳入相关抗疲劳设计规范,为大跨度桥梁的安全运营提供了重要保障。

正交异性钢桥面板自身与外部多重因素的耦合影响导致其疲劳问题频发。国内外众多的疲劳损伤案例表明正交异性钢桥面板的疲劳损伤机理、疲劳强度以及疲劳寿命评估等关键问题的研究仍严重滞后于该类结构的广泛应用和发展。为确保大跨度桥梁正交异性钢桥面板结构在设计使用年限内的抗疲劳性能,保障其安全运营,必须开展关键疲劳易损部位的抗疲劳设计研究并验算其疲劳性能。疲劳问题是影响正交异性钢桥面板设计使用寿命最为关键的问题,其抗疲劳设计研究应以既有疲劳研究成果与工程应用实践的积累为重要基础,从理论角度分析疲劳损伤产生的机理,探究疲劳问题产生的本质原因,通过构造优化和参数影响效应分析研发疲劳性能良好的新型构造形式,采取卓有成效的合理控制方法和措施改进制造加工工艺,提高焊接质量和拼接装配精度。在此基础上,通过开展相关试验研究、工程实践验证以检验关键疲劳易损部位抗疲劳性能,确保其满足设计使用寿命要求,建立可靠的结构疲劳寿命预测与评估体系;通过不断改进和反馈对抗疲劳设计方法进行改善,形成抗疲劳设计的规范和标准,以指导新建桥梁结构的抗疲劳设计以及既有桥梁的疲劳加固和修复的系统过程。

目前,国内正交异性钢桥面板的抗疲劳设计与建造主要借鉴国外相关规范的设计理念。在我国交通荷载环境与国外相应规范制定的交通荷载背景存在显著差异的情况下,制定适应于我国交通荷载环境的疲劳设计规范和相关标准,是显著改变长大跨度桥梁正交异性钢桥面板结构应用和发展的科学方法。

1.2.1 正交异性钢桥面板疲劳损伤理论研究现状

钢桥面板结构疲劳开裂机理研究的基础和关键主要有:(1)重要构造细节疲劳抗力的关键影响因素及其效应;(2)结构的主导开裂模式与实际疲劳抗力;(3)制造缺陷的检测和疲劳裂纹扩展行为的监测。前二者主要涉及钢桥面板结构疲劳开裂问题的理论与方法层面,通常采用理论分析和模型试验相结合的方法进行研究;后者是基于先进的检测和监测技术为理论研究提供科学依据。当前钢桥面板结构疲劳开裂问题研究主要集中在构造细节层面,研究的重点是确定构造细节典型开裂模式的疲劳抗力与局部力学行为特性表征值之间的关系,并发展开裂模式的疲劳性能评估理论与方法。当前常用的力学行为特性表征值为应力幅(S),疲劳抗力与局部力学行为特性表征值之间的相关关系通常采用应力幅(S)与荷载循环次数(N)的关系曲线(S-N曲线)表示。根据表征值计算方法的不同,当前常用的疲劳性能评估方法主要包括名义应力法、热点应力法、切口应力法、结构应力法、断裂力学法和损伤力学法。

国内外学者对于名义应力法在钢桥面板结构重要构造细节疲劳性能评估中的适用性进行了研究,并以名义应力制定了国内外钢结构桥梁规范中的 S-N 曲线[14-20]。研究结果表明:钢桥面板结构的疲劳开裂通常发生在应力集中问题突出的构造细节,采用名义应力法进行疲劳性能评估面临 S-N 曲线的确定和选取问题,以及名义应力的定义和构造细节疲劳失效判据等多方面的困难。基于上述认识,国内外学者发展了适用于钢桥面板结构关键构造细节的疲劳性能评估方法。Moddox 等[27]、Fu 等[28]和 Cheng 等[29]验证了热点应力法在钢桥面板结构关键构造细节疲劳性能评估方面的适用性和相对于名义应力指标的优越性;Yokozeki 等[30-31]、Wang[32]和 Zhang 等[33]分别采用热点应力和切口应力法研究了纵肋与横隔板交叉构造细节的疲劳性能,并探讨了该构造细节的合理形式;Heng 等[34]和 Dung 等[35]通过模型试验和切口应力法研究了熔透率对于顶板与纵肋焊接细节疲劳抗力的影响问题。既有研究表明[36-39]:焊接结构的焊趾和焊根难以避免存在制造缺陷,断裂力学方法是研究焊接结构疲劳开裂问题的适用方法。国内外学者基于断裂力学理论研究了钢桥面板结构关键构造细节的疲劳裂纹扩展过程的数值模拟方法、疲劳裂纹扩展特性和疲劳寿命预测等[40-52]。Fisher 等[53]以 Bronx-Whitestone Bridge 的钢桥面板结构为研究对象,研究了含缺陷条件下顶板与纵肋焊接细节的疲劳裂纹扩展模拟方法;Kumar 等[54]和王本劲等[47]通过均质化扩展有限元法模拟了夹渣和气孔等体积型缺陷的随机分布,并探究了制造缺陷对纵肋与顶板焊接细节疲劳性能的影响;王春生等[48]基于线弹性断裂力学原理,揭示了考虑焊接残余应力条件下钢桥面板结构典型构造细节的疲劳开裂机理;Dong 等[55-63]基于断裂力学原理提出了结构应力法,确定了主 S-N 曲线,并在此基础上就熔透率和焊缝几何形态参数所导致的构造细节疲劳开裂模式迁移问题进行了深入研究;李明等[64]提出了基于约束应力区的跨尺度裂纹模型,实现了顶板与纵肋焊接细节疲劳裂纹从微观到宏观全过程的跨尺度模拟;张清华研究团队[65-77]对钢桥面板结构关键构造细节的关键问题进行了试验和理论研究,建立了纵肋与顶板焊接细节和纵肋与横隔板交叉构造细节的三维疲劳裂纹扩展数值模拟方法。在两类构造细节的疲劳开裂模式、疲劳裂纹扩展特性和疲劳性能评估方法等方面取得了一系列研究成果。

钢桥面板结构关键构造细节的焊缝几何形态和制造缺陷等内因的随机性,再加上交通荷载等外因的随机性,共同决定了钢桥面板结构疲劳开裂问题是多模式的随机问题,确定性的疲劳评估方法无法考虑上述关键因素的随机特性对疲劳性能的影响。因此,基于结构可靠度理论以概率的形式反映上述内因和外因等关键因素对钢桥面板结构疲劳性能的影响效应,是钢桥面板结构疲劳性能评估的重要研究方向。近年来,围绕钢桥面板结构疲劳可靠度评估受到了广泛关注,国内外学者对于钢桥面板结构的疲劳可靠度问题开展了大量研究。

邓扬等[78-81]基于大跨桥梁的健康监测实测数据,分别基于名义应力法和线弹性断裂力学建立了钢桥面板结构纵肋与顶板焊接细节的疲劳极限状态方程,阐明了该构造细节疲劳可靠度指标随服役时间增长的变化规律;同时,研究了初始裂纹尺寸和临界裂纹尺寸对纵肋与顶板疲劳寿命可靠度的影响。刘扬等[82]根据实测交通荷载数据建立了公路桥梁随机车辆荷载模型,并开展了大跨度斜拉桥和悬索桥在随机交通荷载作用下的疲劳可靠度评估方法。Lee 等[83]建立以钢桥面板结构全寿命周期成本为目标函数,考虑极端荷载和腐蚀效应,开展钢桥面板结构纵肋与顶板焊接细节和纵肋与横隔板交叉构造细节的疲劳可靠度评估,并以此为参量进行钢桥面板结构的设计参数进行优化。Zhang 等[84]通过正交异性材料模拟钢桥面板结构主梁,并建立风-车-桥耦合作用下的疲劳可靠度评估模型,阐明了路面粗糙度和风速等随机变量对钢桥结构疲劳可靠度的影响机制。Luo 等[85]研究了随机交通荷载参数中的轴重对钢桥面板结构纵肋与顶板焊接细节疲劳可靠度指标的影响,揭示了慢车道轴重增长率显著降低了该构造细节的疲劳寿命且使得其疲劳可靠度指标快速降低。Liu 等[86]和 Farreras-Alcover 等[87]分别考虑环境温度和路面温度作用,实测关键构造细节在环境温度或路面温度与车辆荷载耦合作用下的应变,并对纵肋与顶板焊接细节开展疲劳可靠度评估。Lu 等[88-89]基于均匀设计与向量回归的方法确定了随机车辆作用下的钢箱梁焊接细节的疲劳应力幅概率分布模型,并基于此阐明了车流量和轴重增长率对疲劳可靠度指标的影响。Heng 等[90]基于动态贝叶斯网络模型建立钢桥面板结构体系疲劳可靠度评估方法,并根据研究成果可为钢桥面板结构的健康监测与运营维护对策提供理论依据;Cui 等[91-93]建立了考虑焊接残余应力的应变能评估方法,阐明了焊接残余应力对钢桥面板结构纵肋与顶板焊接细节疲劳寿命的影响,在此基础开展了考虑焊接残余应力与随机车流耦合作用下的疲劳可靠度评估,并研究交通荷载的年交通量和轴重对疲劳可靠度指标的影响规律;王春生等[94]基于概率断裂力学建立钢结构桥梁关键构件的剩余寿命可靠度模型,并基于贝叶斯网络模型开展疲劳可靠度评估,完善了既有钢桥疲劳寿命与使用安全评估方法体系。黄云[95]、Mao 等[96]基于概率断裂力学开展了钢桥面板结构关键构造细节的疲劳可靠度研究,分别建立了常幅荷载和变幅荷载作用下的疲劳裂纹扩展效应及其理论模型,以疲劳可靠度及其时变规律作为评价指标系统评估了主要板件厚度及其匹配组合的疲劳性能;罗鹏军[97]基于平均应变能密度建立考虑纵肋与顶板焊接细节焊缝几何形态等参数的疲劳极限状态方程,研究了焊缝几何形态和熔透率等对该构造细节疲劳可靠度指标的影响,指出该构造细节采用顶板厚度 18mm 时,目标可靠度指标对应的疲劳寿命不能满足设计要求。

区别于名义应力法、热点应力法以及缺口应力法等建立在线性累积损伤理论基础上的疲劳性能评价方法——断裂力学法假定焊接结构中存在初始缺陷,以裂纹扩展长度及扩展速率作为构造细节疲劳损伤的判据,并以此进行疲劳寿命估算。基于断裂力学的评价方法对于应力强度因子幅值、裂纹扩展门槛值以及临界裂纹长度等控制疲劳裂纹扩展的关键参数均给出了明确的定义,可较为合理地描述疲劳裂纹稳定扩展阶段的基本特征。Paris 等[40]通过对金属结构疲劳裂纹扩展行为进行分析,指出应力强度因子幅值是度量裂纹尖端局部应力应变状态的重要物理量,通过揭示疲劳裂纹扩展速率与裂纹尖端应力强度因子幅值间的内在关系,提出了描述宏观裂纹稳定扩展的理论分析模型(Paris 公式),为疲劳寿命评估和裂纹扩展分析提供了较为严谨的理论基础。准确计算裂纹尖端位置的应力强度因子是基于断裂力学进行疲劳裂纹扩展分析与寿命评估的基本前提。根据裂纹尖端场局部应力应变的分布特征,研究者提出了位移法[98]、J 积分法[99]和相互作用积分法[100-101]等多种有效的数值计算方法,可在获得较高精度的条件下确定具有复杂几何形状或各种边界条件下构造细节疲劳裂纹尖端的应力强度因子,有效提升了断裂力学对于复杂构造细节疲劳评估的精确性和适用性。

断裂力学法作为疲劳寿命评估与裂纹扩展分析的有效途径之一,目前国内外研究者针对基于断裂力学的正交异性钢桥面板构造细节疲劳评估开展了大量相关研究[102-112]。正交异性钢桥面板的疲劳开裂属于典型的长寿命高周疲劳问题,裂纹局部区域应力水平相对较低且尖端塑性区尺寸与裂纹长度相比较小,研究表明根据线弹性断裂力学对各构造细节的疲劳性能进行评估,能够反映工程结构件的实际状态且满足计算精度的相关要求。Paris 公式及其修正形式[113-117]是运用线弹性断裂力学开展疲劳评估的重要理论基础,在正交异性钢桥面板疲劳寿命预测、剩余疲劳寿命评估以及既有结构疲劳损伤状态评定和运营阶段检修加固策略制定等方面得到了广泛应用。Fisher[102]等运用断裂力学及相关理论对 20 余座疲劳开裂钢桥开展了大量的实例分析,建立了裂纹尺寸、构造细节几何形态、局部应力幅值以及裂纹扩展与材料特性等参数间的相关关系,为研究者深入理解构造细节的疲劳特性、抗疲劳设计和焊接质量影响提供了重要的参考建议。Kiss 等[103]提出了基于可靠度的疲劳裂纹扩展分析方法,并将其应用于纵肋与横隔板交叉部位构造细节的疲劳评估以及裂纹扩展关键影响参数的敏感性分析。Xiao 等[104]采用线弹性断裂力学对正交异性钢桥面板纵肋现场焊接接头的疲劳寿命进行了评估,通过与疲劳试验数据对比,揭示了局部熔透率不足和重载交通比例较大是导致该构造细节疲劳开裂的主要原因。Ju[105]、Nagy[106]和宗亮等[107-109]将断裂力学理论与有限元法相结合,深入研究了多个构造细节在典型失效模式下的疲劳裂纹扩展行为,在此基础上对其疲劳寿命进行了评估。王春生[110-111]和陈斌[112]等对断裂力学在疲劳开裂加固效果评价、既有结构剩余寿命与安全性评估以及正交异性组合桥面板抗疲劳性能分析等方面的应用开展了相关研究。国内外研究者在断裂力学疲劳评估方面所取得的大量研究成果,对于深入理解正交异性钢桥面板各构造细节的疲劳开裂机理、疲劳裂纹扩展过程与路径以及开裂后结构局部区域的疲劳损伤特性具有重要的参考价值。

与基于应力-寿命关系曲线的疲劳评估方法相比,断裂力学方法对于裂纹扩展阶段的疲劳评估具有显著优势。但由于实际结构疲劳裂纹的扩展较为复杂且受诸多因素影响,目前基于断裂力学理论开展正交异性钢桥面板疲劳裂纹扩展与寿命评估研究仍面临下述几个方面的问题:(1)常用钢材疲劳断裂参数的基础数据较为匮乏。材料断裂特性参数取值是疲劳裂纹扩展分析的关键,直接决定疲劳评估结果的准确性。不同材料因物理与化学组分的不同导致其断裂特性呈现出差异性特征,目前专门针对桥梁结构常用钢材疲劳断裂参数的相关研究较少,而国内外不同钢结构桥梁抗疲劳设计与评估规范所推荐的材料关键参数取值仍存在显著差异,探索更为合理地确定材料参数取值的具体方法对于提高正交异性钢桥面板疲劳性能评估的准确性和可靠性具有重要意义。(2)复合开裂模式下的疲劳裂纹扩展与寿命评估。实际工程结构中绝大多数构造细节均属于两种或三种基本开裂模式共存的复合型开裂问题,Paris 公式及其修正形式等基于单一开裂模式(张开型)建立的理论模型并不能合理反映复合型疲劳裂纹的扩展特征,发展适用于桥梁用韧性钢材的复合断裂准则极为必要。(3)多因素耦合影响下疲劳裂纹扩展过程的合理描述。疲劳裂纹扩展过程受多种因素的共同影响,各因素的不确定性导致疲劳裂纹扩展具有显著的随机特性。当前线弹性断裂力学中广泛采用的确定性理论模型并不能计入上述因素的影响,基于可靠度理论建立考虑各关键因素随机性特征的理论模型是开展断裂力学疲劳评估仍需进一步解决的关键问题之一。

1.2.2 正交异性钢桥面板疲劳试验研究现状

欧洲、日本、美国和我国等先后开展了正交异性钢桥面板的疲劳试验研究,所进行的疲劳试验可大致分为三类:焊缝模型、试件模型与足尺节段模型试验[118-135],如图1-2所示。其中,焊缝模型[图1-2a)]仅包括顶板及纵肋腹板,其主要焊缝构造尺寸与实际结构一致。试验加载时通常将模型顶板一端固结,另一端及纵肋腹板均不约束,形成悬臂结构,在试验荷载作用下焊缝基本处于简单的弯曲受力状态。焊缝模型主要用于研究钢结构桥梁中不同类型构造细节的疲劳性能和疲劳破坏机理,其优点在于试件尺度小,焊缝受力明确,可采用多种方式加载,试验耗费低;缺点在于与实际结构中相应构造细节的受力状态存在较大区别,通过该类试验模型所获得的疲劳试验结果仅能反映横向应力为主时纵肋与顶板焊接细节的控制疲劳开裂模式和疲劳性能。与构造细节模型相比,试件模型[图1-2b)]由顶板及完整的纵肋焊接而成,试件模型尺度更大,顶板与纵肋腹板的相对刚度基本与实际结构一致,由于试件模型具有大小适中、加载方便,应用最为广泛。但试件模型的顶板和纵肋腹板变形趋势仅能反映实际结构的部分变形特征,其受力模式单一,与实际结构多种受力模式差异较大,在典型工况作用下主要以顶板焊趾开裂为主,基本不会出现其他的开裂模式。节段模型[图1-2c)]按实际结构的构造尺寸制造加工,包含多个纵肋和横隔板,在三类疲劳试验模型中尺度最大。该类模型通常包含多个不同的构造细节,其规模和尺度相对较大,板件的加工精度、焊接工艺、焊接缺陷、焊接残余应力等与实际结构基本一致,能够更为准确地模拟待研究疲劳易损部位的实际受力状态,能够通过不同的加载方式对多个构造细节的疲劳性能进行综合验证。国内外研究者采用这三类试验模型进行了大量的钢桥面板疲劳试验研究。

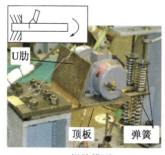  

a)焊缝模型　　　　　　　b)试件模型　　　　　　　c)足尺节段模型

图1-2　纵肋与顶板焊接细节疲劳试验模型

(1) 焊缝模型

Maddox[27]通过小尺寸板试件以三种弯曲加载方式开展了58个相应试件的疲劳试验研究;Ya 等[118]和傅中秋等[119]针对于该疲劳细节在不同熔透率情况下的疲劳性能进行了系统的疲劳试验研究,如图1-3所示。

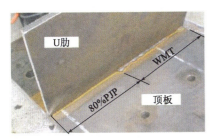  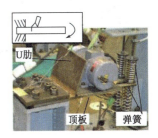

a)疲劳试件及加载测试

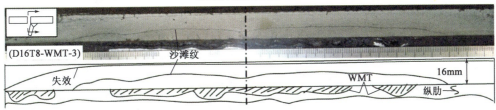

b)焊跟位置疲劳开裂

c)焊根疲劳裂纹

图 1-3　纵肋与顶板焊缝细节疲劳试验

(2) 试件模型

试件模型则主要用于钢结构桥梁中各典型的连接构造细节的疲劳性能研究,单个试件通常仅包括单个连接构造细节,试件尺度适中。Cao 等[121]、Heng 等[122]和 Li 等[123]通过试件模型结合有效切口应力法和热点应力法研究不同熔深对疲劳性能的影响;国内程斌等[124]和由瑞凯等[125]相继对采用正交异性钢桥面板纵肋与顶板焊接细节的疲劳性能进行了大量研究,并进一步分析了试件设计参数、熔透率以及新型构造细节等关键因素对该焊缝细节疲劳性能的影响,如图1-4所示。

a) 试件模型疲劳试验(程斌等)

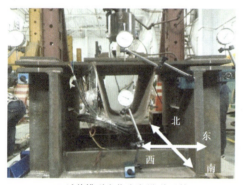

b) 试件模型疲劳试验(衡俊霖等)　　　　c) 试件模型疲劳试验(朱爱珠等)

图 1-4　国内纵肋与顶板焊缝试件模型疲劳试验

（3）足尺模型试验

Kolstein 等[4]通过顶板与纵肋组成的足尺模型试验,研究焊接节点的疲劳性能,为 Eurocode3 提供了参考;Fisher 等[5-8]开展大型足尺节段模型试验对 Williamsburg 桥的抗疲劳性能进行验证;Sim 等[126-127]采用足尺节段模型对该细节的疲劳性能进行了深入研究,共设计 6 个足尺节段疲劳试验模型,分别研究不同熔透率和焊接制造工序对疲劳性能的影响;Kainuma 等[128-129]采用横向 2 个纵肋的足尺试件模型,通过模拟双轮加载的方式,开展 12 个试件的疲劳试验,对纵肋与顶板连接构造焊根位置疲劳裂纹的萌生与扩展进行了深入的研究,系统分析了焊接残余应力、应力比和焊接熔透率等因素对该细节疲劳性能的影响;近年来,我国新建的多座各类型大跨度桥梁均采用不同尺度的试验模型对其抗疲劳性能进行了验证。铁道科学研究院等相关单位对正交异性钢桥面板参与主桁工作时的结构特性进行了较为全面的分析和试验研究[130-131];周建林等通过对苏通大桥钢箱梁桥面板关键构造细节的疲劳性能试验研究,确定了正交异性钢桥面板在现行制造和焊接工艺条件下的疲劳容许应力幅[132];港珠澳大桥和青山长江大桥也开展了系统的试件与足尺节段模型试验,研究以对关键疲劳易损部位的抗疲劳性能进行综合验证[133-135]。国内外钢桥面板的典型疲劳试验研究如图 1-5 所示。

a) 足尺节段模型试验(Kolstein和Fisher)

b) 足尺节段模型试验(港珠澳大桥和青山长江公路大桥)

c) 足尺节段疲劳试验模型(Sim等)

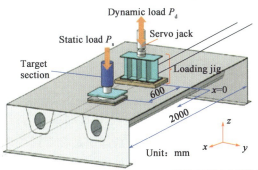

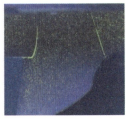

d) 纵肋与顶板双纵肋足尺疲劳试验(Kainuma等)

图1-5 足尺节段模型疲劳试验

近年来对纵肋与顶板焊接细节的疲劳模型试验结果表明:(1)构造细节模型和试件模型被国内外学者广泛采用,在统计样本中占较大比重;(2)节段模型在疲劳试验中所占的比例较以前呈现大幅度增加趋势。其主要原因在于,多模式疲劳破坏特性是纵肋与顶板焊接细节疲劳问题的基本属性,构造细节模型通常无法准确模拟该构造细节在实际结构中的受力特性,导致通过该类模型获得的疲劳开裂模式与实际结构中控制构造细节疲劳抗力的主导疲劳开裂模式存在差异,可能得到偏于不安全的试验结果。

对不同类型疲劳试验模型的试验结果进行了统计分析,结果表明:纵肋与顶板焊接细节的疲劳裂纹涵盖了以焊趾和焊根为疲劳裂纹源,分别包括向顶板、纵肋腹板和焊缝内部扩展的4种疲劳开裂模式,如图1-6和图1-7所示。其中,疲劳裂纹Ⅱ和裂纹Ⅲ均出现在纵肋内侧的隐蔽部位,难以通过目测或磁粉探伤等常规方法对其疲劳裂纹的起裂时刻进行判别,测试和判别困难是导致这两类开裂模式实际疲劳抗力试验结果存在一定偏差的主要原因之一。由于早期主要采用手工焊接,纵肋与顶板连接焊缝的焊喉深度及焊缝熔透率难以保证,因此,早期的疲劳试验模型大部分均以焊根起裂并沿焊缝焊喉方向扩展的疲劳开裂模式(裂纹Ⅲ)为主。足够的焊缝熔透率是保证纵肋与顶板焊接细节具有良好疲劳性能的关键因素之一,日本JRA规范[13]规定纵肋与顶板焊接细节部分熔透焊的熔透深度不应低于75%的纵肋腹板厚度,美国AASHTO规范[12]同样严格规定该焊接细节的熔透率不应低于80%且不允许烧穿。随着自动化焊接技术的推广和应用,目前正交异性钢桥面板纵肋与顶板焊接细节熔透率及焊喉深度均能得到有效的保证,裂纹Ⅲ及裂纹Ⅳ两种疲劳开裂模式出现的概率逐步降低。

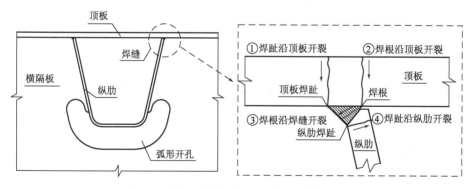

图1-6 纵肋与顶板连接细节典型疲劳开裂模式

对于近10年来完成的265个试验模型的疲劳开裂模式进行的统计分析表明:不同类型疲劳试验模型的疲劳开裂模式存在显著差异,试验模型的疲劳开裂模式与模型类型具有强相关性,主要的统计结果如图1-7所示。

图1-7b)统计结果表明:(1)在94个构造细节模型试件中,不管采取何种加载方式,其疲劳开裂模式几乎全部为顶板焊根起裂并沿顶板厚度方向扩展(裂纹Ⅱ),即便是在焊趾处名义应力较焊根处名义应力略高的加载方式下也是如此。(2)在136个试件模型中出现了三种疲劳开裂模式,分别为顶板焊趾开裂并沿顶板厚度方向扩展(裂纹Ⅰ)、顶板焊根开裂并沿焊喉

方向扩展(裂纹Ⅲ)、纵肋焊趾开裂并沿纵肋厚度方向扩展(裂纹Ⅳ),顶板焊趾开裂并沿顶板厚度方向扩展(裂纹Ⅰ)为主导疲劳开裂模式。加载模式不同及由此导致的受力特性差异是导致疲劳开裂模式出现差异的主要原因。(3)在35个节段模型中有6个模型按图1-8所示的工况一进行加载,其余29个模型均按工况二进行加载。在检测到的共计31条疲劳裂纹中,按工况一加载的节段模型中发现6条由顶板焊趾开裂并沿顶板厚度方向扩展的裂纹(裂纹Ⅰ)和1条由顶板焊根开裂并沿顶板厚度方向发展的裂纹(裂纹Ⅱ),按工况二加载的节段模型中发现了3条由顶板焊趾开裂并沿顶板厚度方向扩展的裂纹(裂纹Ⅰ)和21条由顶板焊根开裂并沿顶板厚度方向发展的裂纹(裂纹Ⅱ),由此可知,加载模式不同及由此导致的受力特性差异是疲劳开裂模式的决定性影响因素。(4)总体而言,构造细节模型以焊根起裂向顶板厚度方向扩展的疲劳开裂模式为主,试件模型以顶板焊趾起裂向顶板厚度方向扩展的疲劳开裂模式为主,节段模型则根据加载方式的不同以焊根或焊趾起裂并沿顶板厚度方向扩展为主导疲劳开裂模式。

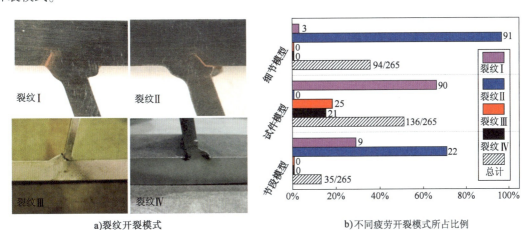

图1-7 纵肋与顶板连接细节典型疲劳开裂模式及所占比例(2008年至今)

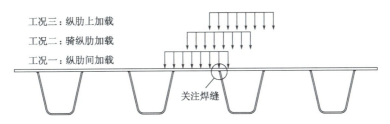

图1-8 纵肋与顶板连接细节节段模型典型加载模式

导致不同试验模型疲劳开裂模式存在显著差异的主要原因在于:(1)构造细节模型及试件模型的模型尺度、边界条件、焊缝受力状态、焊缝残余应力等均与实际结构存在较大差异,仅能部分反映正交异性钢桥面的实际受力状态;(2)节段模型一般至少包含两个横肋及多个纵肋,模型中纵肋与顶板焊接细节应力状态由第二、三体系应力耦合而成,这正是对正交异性钢桥面板疲劳性能影响最大的两个体系应力;(3)节段模型中纵肋与顶板焊接细节残余应力分布与实际结构基本一致,相对于构造细节模型和试件模型而言,节段模型在准确模拟实际结构中纵肋与顶板焊接细节的受力状态、主导疲劳开裂模式和实际疲劳抗力等方面具有突出优势,疲劳抗力的试验结果与实际结构更为一致。

类似于纵肋与顶板焊接细节,正交异性钢桥面板的其他重要疲劳易损部位均呈多疲劳开裂模式特性。对于具体的构造细节而言,主导疲劳开裂模式决定其疲劳性能,而对于正交异性钢桥面板而言,其疲劳抗力由疲劳抗力最差的构造细节及其主导疲劳开裂模式所决定。因此,正交异性钢桥面板的疲劳问题本质上属于结构体系疲劳问题,其疲劳抗力评估是在多个构造细节、多种疲劳开裂模式条件下,确定控制体系疲劳抗力的构造细节及其主导疲劳开裂模式"抽丝剥茧"的过程。通过合理的疲劳试验模型设计和加载方案设计,准确模拟实际结构中各重要构造细节的受力状态、主导疲劳开裂模式、疲劳损伤累积过程,确定其实际疲劳抗力,在此基础上确定正交异性钢桥面板结构体系的主导疲劳开裂模式、构造细节疲劳损伤累积与结构体系受力性能劣化的相关关系,确定其疲劳破坏机理和实际疲劳抗力。

1.2.3 正交异性钢桥面板制造技术发展

正交异性钢桥面板板单元制造过程主要包括钢板预处理、切割下料、铣边、U 肋坡口加工、U 肋压弯、板单元组装、焊接、修整等工序。

传统板单元制造主要采用机械化设备配合人工作业。钢板在预处理前进行赶平,控制平面度;钢板切割下料采用数控火焰切割机床、数控等离子切割机床等;U 肋坡口采用大型铣床或刨床加工,坡口尺寸精度较差;U 肋压弯采用大型折弯机进行;板单元组装采用人工配合简单的工装进行,定位焊缝人工焊接;板单元焊接主要是人工 CO_2 气体保护半自动焊。

为了提高板单元的焊接质量,制造厂研发了反变形胎架,将板单元固定在胎架上,焊前施加反变形,减少焊后变形量,并应用自动焊小车进行船位焊接,有效提高了焊缝外观质量和作业效率,机械化程度有所提高,但仍然以人工为主,板单元的焊接质量与操作工人的技能水平和责任心密切相关,质量控制的难度较大。焊缝熔透深度主要通过工艺措施来保证,焊后对焊缝进行磁粉探伤,无法检测实际熔透深度。

2011 年中铁山桥集团有限公司(中铁山桥)以中标港珠澳大桥钢箱梁制造为契机,研究应用了 U 肋板单元自动组装定位焊接系统、板肋板单元自动组装定位焊系统、U 肋板单元机器人焊接系统、横隔板单元焊接机器人焊接系统等一批先进的自动化制造装备,全面提高了钢箱梁桥板单元的焊接质量,国内钢桥制造技术开始向着自动化、信息化、智能化的方向发展。

U 肋板单元自动组装定位焊机床(图 1-9)由机器人焊接系统、液压系统、龙门框架、电气控制系统、机床走行系统、轨道系统、夹轨装置、工作平台、U 肋定位压紧系统、横向调位机构、打磨除尘系统等部分组成。组装过程中,机床自动移动定位、压紧,自动打磨除尘,机器人自动定位焊,实现 U 肋板单元自动化组装。

板肋板单元自动组装定位焊机床(图1-10)由自动跟踪焊接系统、液压系统、龙门结构件、电气控制系统、机床走行系统、轨道系统、夹轨装置、工作平台、夹紧定位装置、横向调位机构、打磨除尘系统、滚轮导向装置等部分组成。板肋组装机床在U肋自动组装机床的基础上设计了适合板肋组装的定位、压紧以及焊接机构,实现了板肋板单元的高效组装。

图1-9　U肋板单元自动组装定位机床　　　　图1-10　板肋板单元自动组装定位机床

U肋板单元机器人焊接系统(图1-11)由移动装置、焊接机器人、焊接电源和变压器、控制系统、水冷箱和清枪剪丝装置等辅助设施等组成,可以对4条焊缝同时进行机器人船位焊接。机器人具备接触传感、电弧跟踪功能,焊前通过在焊丝前端加载传感电压,检测出工件位置,避免由于工件的尺寸或位置误差造成误操作。焊接过程中通过机器手的摆动,检测焊接电流和电弧电压的变化,根据变化随时调整焊枪位置,实现对焊缝的跟踪。

横隔板单元焊接机器人系统(图1-12)采用门式结构,每套系统配置有两个机器手,两个机器手固定在可以旋转的托盘上,托盘可以在门架横梁上左右移动,门架在伺服电机的驱动下可以在纵向轨道上行走,很方便地实现对纵横向加劲肋的双面对称自动焊接。

图1-11　U肋板单元机器人焊接系统　　　　图1-12　横隔板单元焊接机器人系统

以上设备的成功应用起到了示范作用,随后国内主要的大型钢桥制造厂家相继引进或研究应用桥梁钢结构切割、加工、组装、焊接等先进的制造装备,如板单元埋弧自动焊专机、气体保护焊专机等,改变了以往以手工、机械化为主的生产方式,向自动化、智能化、信息化的方向发展。部分先进制造装备和功能特点见表1-2。

先进钢箱梁桥制造装备 表1-2

序号	名称	主要用途	功能特点
1	数控火焰切割机	钢板切割	数控编程、自动打号写号,自动切割
2	数控等离子切割机	钢板切割	数控编程、自动打号写号,自动切割
3	U肋坡口专用数控加工机床	坡口加工	高速铣削坡口,速度快、精度高
4	大型折弯机	U肋折弯	加工能力强、折弯精度高
5	U肋板单元自动组装定位机床	U肋组装定位焊	自动定位、压紧,机器人定位焊,焊缝外观质量好
6	板肋板单元自动组装定位机床	板肋组装定位焊	自动定位、压紧,12把枪同时焊接,效率高
7	U肋板单元机器人焊接系统	U肋焊接	机器人焊接,焊缝质量好,焊缝跟踪、接触传感,灵活性好
8	横隔板单元焊接机器人系统	横隔板焊接	机器人焊接,焊缝质量好,焊缝跟踪、接触传感,灵活性好
9	U肋角焊缝平角焊专用机床	U肋焊接	焊接效率高,平角焊,不用翻转

常规的纵肋角焊缝接头形式为坡口部分熔透角焊缝,经过国内外多年应用,实践证明该部位容易出现疲劳裂纹,原因一是纵肋内侧焊根部位存在应力集中,在局部较大车辆载荷的作用下,局部拉应力过大;另一个原因是U肋角焊缝熔透深度不够或不稳定。国外学者经过研究认为纵肋角焊缝的熔透深度达到纵肋板厚的75%以上时,其疲劳强度能够满足使用要求。在实践中,纵肋的厚度多为8mm,其厚度的75%为6mm,因此要求单面焊接的坡口部分熔透角焊缝,焊根未熔透的最大尺寸不超过2mm。焊接过程是一个利用各种能量(如电弧)将焊丝和工件焊接部位不断熔化、冷却的动态过程。在这个过程中,工件状态、热输入大小和作用位置都是不断变化的,以工件为例,坡口钝边尺寸、组装间隙都存在误差,对熔透深度有非常明显的影响,熔深过大会焊漏,熔深偏小就达不到板厚的75%,质量控制的难度非常高。以往没有可靠的方法对纵肋角焊缝实际熔深进行检测,多依靠产品试板间接评判,实际焊接质量存在非常大的不确定性。

为了提高纵肋角焊缝的疲劳性能,人们提出了很多方法,其中一个是对纵肋角焊缝采用双面焊接。由于纵肋角焊缝疲劳裂纹多数发生在焊根部位,在纵肋内侧焊接角焊缝以后可以减小焊根部位的应力集中,提高焊缝疲劳强度。但纵肋内侧空间非常狭小,焊接设备无法深入纵肋内部进行焊接,即使设备能进入焊接难度也很大,无法保证焊接质量,在过去很长一个时期纵肋内侧焊接只停留在概念阶段。

2010年中铁山桥集团有限公司和天泰焊材有限公司联合进行了U肋角焊缝双面焊接工艺研究,探索U肋角焊缝双面焊接的工艺和装备。试验设计了特殊的自动焊小车,进入组装后的U肋内部,焊接U肋内侧角焊缝。采用常规自动焊小车焊接其外侧角焊缝,实现了纵肋角焊缝双面焊接,经断面检测和磁粉探伤检测,焊缝质量良好。但由于内部焊接设备线路过长,操作较复杂,焊接效率低,没有推广应用。

2016年武船重型工程股份有限公司(武船重工)与武汉锂鑫自动化科技有限公司联合开发了纵肋内焊技术,采用外驱动多头门式内焊机设计方案,在武汉沌口长江大桥进行了纵肋内侧角焊缝的焊接,将传统的纵肋单面焊坡口部分熔透角焊缝改变为双面角焊缝,减小了焊根处的应力集中状态。在建设单位、设计院、制造单位等的推动下,双面焊技术开始在钢桥制造领域推广,随后湖北石首长江大桥、武汉青山长江大桥、武穴长江大桥、棋盘洲长江大桥、武汉江汉七桥、五峰山长江大桥、舟山主通道主通航孔桥等项目也应用了U肋双面焊技术。中铁山桥、中铁宝桥集团有限公司(中铁宝桥)、上海振华重工集团有限公司(振华重工)、武汉天高熔接股份有限公司(武汉天高)等单位都研究应用了纵肋内焊(图1-13)设备,应用于正交异性钢桥面板生产。

图1-13 纵肋内焊试验

从2016年开始到现在国内已经有多座钢桥应用了纵肋角焊缝双面焊技术(表1-3),所采用焊接方法和熔透率要求不尽相同。到2021年,国内几家主要的桥梁钢结构制造厂家,中铁山桥、中铁宝桥、武船重工和振华重工等都具备了纵肋双面焊接的能力,并有相关业绩。

纵肋双面焊部分工程应用　　　　表1-3

序号	工程名称	应用年份	桥型	主跨(m)	内焊	外焊	熔透率
1	沌口长江大桥	2016	斜拉桥	760	气保焊	气保焊	≥80%
2	清云西江特大桥	2017	悬索桥	738	气保焊	气保焊	80%~90%
3	湖北石首长江大桥	2017	斜拉桥	820	气保焊	气保焊	90%~100%
4	武汉青山长江大桥	2018	斜拉桥	938	气保焊	气保焊	85%~90%
5	湖北嘉鱼长江大桥	2018	斜拉桥	920	气保焊	气保焊	80%~100%
6	洞庭湖胜天大桥	2018	斜拉桥	450	气保焊	气保焊	≥80%
7	舟山主通道主通航孔桥	2019	斜拉桥	550	气保焊	气保焊	≥80%
8	福州沙埕湾大桥	2020	斜拉桥	535	气保焊	气保焊	≥80%
9	白沟河特大桥	2020	钢拱桥	91	气保焊	气保焊	≥80%
10	汕头中砂大桥	2020	斜拉桥	180	气保焊	气保焊	≥80%

在进行工程实践的同时,研究人员对U肋单面焊部分熔透焊接、双面焊部分熔透焊接等不同接头形式的疲劳性能进行了试验,积累了不少数据。

中交二公局冯鹏程等开展了沌口长江公路大桥主桥设计关键技术研究。研究结果表明:与传统的单面焊相比,U肋双面焊技术增加了焊缝截面积,并且双焊缝形心与U肋肋板形心基本对应,理论计算表明其热点应力幅较单面焊大幅降低;更重要的改进在于,从制造工艺方面消除了 U 肋内侧与钢桥面间的开放性间隙（缺口，存在应力集中现象），避免了外侧单面焊接时易出现的过熔、焊透缺陷。因此，采用双面焊技术提高了 U 肋与钢桥面间的连接强度，并显著改善了焊缝及焊缝周边部位的抗疲劳性能。并通过疲劳荷载试验的方式，验证了单面焊试件在加载到 470 万次左右时出现疲劳破坏，而双面焊试件在加载到 900 万次时仍未发现疲劳裂纹。

在纵肋单面焊的工况下，实现全熔透焊接只能采取单面焊双面成形的工艺。由于钢箱梁桥板单元尺寸大、焊缝数量多、组装精度较低的特点，对于纵肋角焊缝，背面不贴衬垫的单面焊双面成形焊接工艺只存在理论上的可能性，在生产实践中不具备可操作性。背面贴衬垫的单面焊双面成形工艺，难点在于如何在背面贴衬垫，且衬垫粘贴的质量须满足从纵肋外侧进行焊接的要求。

武汉天高研究在纵肋背面粘贴条状或绳状衬垫的纵肋单面焊双面成形全熔透焊接工艺。衬垫由耐高温衬垫材料和柔性包覆层组成，耐高温材料为块状陶质或烧结焊剂。采用电驱动的自动装贴小车沿钢顶板的纵桥向行走，两侧用涂有压敏胶的铝箔胶带将焊接衬垫固定在钢顶板与 U 肋板形成的内角焊缝并顶紧；或采用液压驱动或弹性力驱动的顶紧装置沿钢顶板的纵桥向铺设，两侧用带磁性或弹夹的直钢柱固定住焊接衬垫。然后采用双丝埋弧焊从纵肋外侧进行焊接，由于背面有衬垫的支撑，可以采用较大的焊接热输入，保证焊缝熔透。该工艺从理论和试验上能够实现纵肋角焊缝的全熔透焊接，为发展纵肋全熔透焊接技术提供了有益的尝试，但在生产实践中还存在一些难以解决的问题，因此没有应用于具体项目。

纵肋角焊缝双面焊技术的发展为进一步实现全熔透焊接工艺奠定了基础。纵肋角焊缝双面焊工艺在工程项目上得到应用，在 U 肋内侧和外侧均采用气体保护焊的情况下，已经实现了部分区域的熔透，如图 1-14 所示。随后，纵肋内侧或外侧埋弧自动焊工艺的应用使进一步增加纵肋焊缝的熔透深度，实现全熔透成为可能。为此相关单位开展了各种纵肋全熔透焊接工艺的研究工作，并在工程实践中得到应用。

 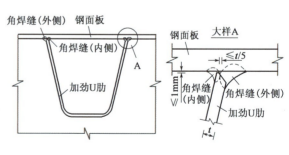

a) 焊接现场　　　　　　　　　　b) 焊接大样

图 1-14　基于气保内焊 + 气保外焊的部分熔透双面焊接

1.3 小结

本章综述了正交异性钢桥面板的应用和发展过程，调研了正交异性钢桥面板疲劳问题理论研究和试验研究的现状，介绍了正交异性钢桥面板的制造技术发展历程。

正交异性钢桥面板的疲劳问题由结构抗疲劳设计、关键板件加工和制造工艺、结构的局部受力特性、荷载环境等因素共同决定。钢桥面板因板件众多、构造及受力特性较为复杂而导致系统认识其疲劳问题并在此基础上提出其抗疲劳设计方法具有较高的难度和挑战性。

正交异性钢桥面板疲劳问题研究的主要目标在于探索通过改善结构设计、提升焊接质量和构件加工精度等措施，是提高关键疲劳易损部位的抗疲劳性能的有效途径，确保桥梁结构在设计使用年限内的安全性和耐久性。国内正交异性钢桥面板技术正处于迅猛发展阶段，各类型桥梁相继设计和建造，但关于正交异性钢桥面板疲劳问题较为系统深入的研究仍较为欠缺。为推动我国正交异性钢桥面板技术的应用和发展，尚需在开展系统的试验和理论研究的基础上，发展正交异性钢桥面板抗疲劳设计制造关键技术，以提升我国正交异性钢桥面板的抗疲劳设计建造水平。

本章参考文献

[1] 《中国公路学报》编辑部. 中国桥梁工程学术研究综述·2021[J]. 中国公路学报,2021,34(2):1-97.

[2] 吴丽丽,姚超,郑贺崇. 正交异性钢桥面板的研究进展[J]. 公路与汽运,2022(3):112-117,121.

[3] FRIEDRICH H. Orthotropic steel bridges in Germany[J]. Steel Construction,2014,7(1):41-47.

[4] KOLSTEIN M H. Fatigue classification of welded joints in orthotropic steel bridge decks[D]. Delft:Delft University of Technology,2007.

[5] FISHER J W. 钢桥的疲劳和断裂实例研究[M]. 项海帆,史永吉,潘际炎,等,译. 北京:中国铁道出版社,1989.

[6] FISHER J W. 钢桥疲劳设计解说[M]. 钱冬生,译. 北京:中国铁道出版社,1980.

[7] FISHER J W, FRANK K H, HIRT M A, et al. Effect of weldments on the fatigue strength of steel beams[R]. NCHRP Report 102. Washington DC:Highway Research Board, National Academy of Sciences,1970.

[8] FISHER J W, ALBREICHT P A, YEN B T, et al. Fatigue strength of steel beams with welded stiffeners and attachments[R]. NCHRP Report 147. 1974.

[9] 孟凡超,张清华,谢红兵,等. 正交异性钢桥面板抗疲劳关键技术[M]. 北京:人民交通出

版社股份有限公司,2018.

[10] CUNINGHAME J R. Fatigue classification of welded joints in orthotropic steel bridge decks[R].(Research report 259). Crowthorne:Transport and Road ResearchLaboratory,1990.

[11] WOLCHUK R. Lessons from weld cracks in orthotropic decks on three European bridges[J]. Journal of Structural Engineering,1992,116(1):75-84.

[12] 张清华,卜一之,李乔.正交异性钢桥面板疲劳问题的研究进展[J].中国公路学报,2017,30(3):14-30.

[13] 王春生,冯亚成.正交异性钢桥面板的疲劳研究综述[J].钢结构,2009,24(9):10-13.

[14] European Committee for Standardization (CEN). Eurocode 3: design of steel structures—part1-9:fatigue (EN 1993-1-9)[S]. Bruxelles:CEN,2005.

[15] British Standard Institution (BSI). Steel, concrete and composite bridges—part10: code of practice for fatigue (BS5400)[S]. London:BSI,1980.

[16] American Association of State Highway and Transportation Officials (AASHTO). AASHTO LRFD bridge design specifications[S]. 7th ed. Washington,DC:AASHTO,2015.

[17] Japan Society of Steel Construction (JSSC). Fatigue design recommendations for steel structures[S]. Tokyo:JSSC,1995.

[18] 日本道路協會.道路橋示方書・同解說[S].日本東京:丸善株式会社,2002.

[19] 日本道路協會.钢构造物的疲劳设计指针・同解說[S].日本東京:丸善株式会社,2011.

[20] 交通运输部.公路钢结构桥梁设计规范:JTG D64—2015[S].北京:人民交通出版社股份有限公司,2015.

[21] FRICKE W. IIW recommendations for the fatigue assessment of welded structures by notch stress analysis:IIW-2006-09[M]. Cambridge:Woodhead Publishing,2012.

[22] 傅中秋,吉伯海,李坤坤,等.双塔悬索桥钢箱梁疲劳损伤典型部位研究[J].公路,2015,60(10):88-93.

[23] 张丽芳,艾军,张鹏飞,等.大跨度钢箱梁病害及成因分析[J].公路与汽运,2013(3):203-206.

[24] 徐伟,张肖宁,涂常卫.虎门大桥钢桥面铺装维修方案研究与工程实施[J].公路,2010(5):67-71.

[25] 吉伯海,叶枝,傅中秋,等.江阴长江大桥钢箱梁疲劳应力特征分析[J].世界桥梁,2016,44(2):30-36.

[26] 王洋,邵旭东,陈杰,等.重度疲劳开裂钢桥桥面的UHPC加固技术[J].土木工程学报,2020,53(11):92-101,115.

[27] MODDOX S J. Hot spot stress design curves for fatigue assessment of welded structures[J]. International Journal of Offshore and Polar Engineering,2002,12(2):134-141.

[28] FU Z Q,JI B H,ZHANG C Y,et al. Fatigue performance of roof and U-rib weld of orthotropic steel bridge deck with different penetration rates[J]. Journal of Bridge Engineering,2017,22(6):04017016.

[29] CHENG B,YE X H,CAO X G,et al. Experimental study on fatigue failure of rib-to-deck welded connections in orthotropic steel bridge decks[J]. International Journal of Fatigue,2017,103:157-167.

[30] YOKOZEKI K,MIKI C. Fatigue assessment of various types of longitudinal-to-transverse rib connection in orthotropic steel decks[J]. Welding in the World,2017,61(3):539-550.

[31] YOKOZEKI K. High fatigue resistant orthotropic steel bridge decks[D]. Tokyo:Tokyo City University,2017.

[32] WANG B H. Fatigue assessment of the diaphragm-to-rib welded connection in orthotropic steel deck using effective notch stress approach[J]. Journal of Failure Analysis and Prevention,2015,15(1):65-73.

[33] ZHANG Q H,CUI C,BU Y,et al. Fatigue tests and fatigue assessment approaches for rib-to-diaphragm in steel orthotropic decks[J]. Journal of Constructional Steel Research,2015,114:110-118.

[34] HENG J L,ZHENG K F,GOU C,et al. Fatigue performance of rib-to-deck joints in orthotropic steel decks with thickened edge U-ribs[J]. Journal of Bridge Engineering,2017,22(9):04017059.

[35] DUNG C V,SASAKI E,TAJIMA K,et al. Investigations on the effect of weld penetration on fatigue strength of rib-to-deck welded joints in orthotropic steel decks[J]. International Journal of Steel Structures,2015,15(2):299-310.

[36] 张清华,李俊,袁道云,等.高疲劳抗力钢桥面板的疲劳问题Ⅰ:模型试验[J].中国公路学报,2021,34(3):124-135.

[37] MURAKAMI Y,ENDO M. Effects of defects, inclusions and inhomogeneities on fatigue strength[J]. International journal of fatigue,1994,16(3):163-182.

[38] XIAO Z G,YAMADA K,INOUE J,et al. Fatigue cracks in longitudinal ribs of steel orthotropic deck[J]. International Journal of Fatigue,2006,28(4):409-416.

[39] 赵超凡,李兆霞.焊接结构内部孔洞演化特征及其多尺度损伤表征[J].工程力学,2015(8):182-189.

[40] PARIS P C,ERDOGAN F. A critical analysis of crack propagation laws[J]. Journal of Basic Engineering,1963,85(4):528-533.

[41] IRWIN G R,LIEBOWITZ H,PARIS P C. A mystery of fracture mechanics[J]. Engineering Fracture Mechanics,1968,1(1):235-236.

[42] 童乐为,顾敏,朱俊,等.基于断裂力学的圆钢管混凝土 T 型焊接节点疲劳寿命预测[J].工程力学,2013(4):331-336.

[43] 朱劲松,郭耀华.正交异性钢桥面板疲劳裂纹扩展机理及数值模拟研究[J].振动与冲击,2014,33(14):40-47.

[44] 赵秋,陈长俊.基于断裂力学的城市钢桥面板疲劳寿命分析[J].钢结构,2015,30(5):1-4.

[45] KUMAR S,SINGH I V,MISHRA B K. A homogenized XFEM approach to simulate fatigue crack growth problems[J]. Computers & Structures,2015,150:1-22.

[46] 刘益铭,张清华,崔闯,等.正交异性钢桥面板三维疲劳裂纹扩展数值模拟方法[J].中国公路学报,2016,29(07):89-95.

[47] 王本劲,BACKER H D,陈艾荣.正交异性钢桥面板裂纹扩展的均质化方法[J].中国公路学报,2017,30(3):113-120,158.

[48] 王春生,翟慕赛,唐友明,等.钢桥面板疲劳裂纹耦合扩展机理的数值断裂力学模拟[J].中国公路学报,2017,30(3):82-95.

[49] 李明,刘扬,唐雪松.疲劳裂纹的跨尺度分析[J].浙江大学学报(工学版),2017,51(3):524-531.

[50] 卫星,姜苏.基于断裂力学的钢桥面肋-板接头疲劳寿命预测[J].西南交通大学学报,2017,52(1):16-22.

[51] 张清华,金正凯,刘益铭,等.钢桥面板纵肋与顶板焊接细节疲劳裂纹扩展三维模拟方法[J].中国公路学报,2018,31(1):57-66.

[52] 黄云,张清华,余佳,等.钢桥面板与纵肋焊缝疲劳评估及裂纹扩展研究[J].西南交通大学学报,2019,54(2):46-54.

[53] FISHER J W,BARSOM J M. Evaluation of cracking in the rib-to-deck welds of the Bronx-Whitestone Bridge[J]. Journal of Bridge Engineering,2016,21(3),04015065.

[54] KUMAR S,SINGH I V,MISHRA B K. A homogenized XFEM approach to simulate fatigue crack growth problems[J]. Computers & Structures,2015,150:1-22.

[55] DONG P. A structural stress definition and numerical implementation for fatigue analysis of welded joints[J]. International Journal of Fatigue,2001,23(10):865-876.

[56] DONG P,HONG J K,OSAGE D A,et al. Master S-N curve method for fatigue evaluation of welded components[J]. Welding Research Council Bulletin,2002(474).

[57] DONG P S,HONG J K,CAO Z. Stresses and stress intensities at notches:'anomalous crack growth' revisited[J]. International journal of fatigue,2003,25(9-11):811-825.

[58] KIM J S,KIM C,JIN T E,et al. Mean load effect on fatigue of welded joints using structural stress and fracture mechanics approach[J]. Nuclear engineering and technology,2006,38

(3):277-284.

[59] XING S Z,DONG P S,WANG P. A quantitative weld sizing criterion for fatigue design of load-carrying fillet-welded connections[J]. International Journal of Fatigue,2017,101:448-458.

[60] OSAGE D A,DONG P,SPRING D. Fatigue assessment of welded joints in API 579-1/ASME FFS-1 2016-existing methods and new developments[J]. Procedia engineering,2018,213:497-538.

[61] ZHOU W Q,DONG P S,PEI X J,et al. Evaluation of magnesium weldment fatigue data using traction and notch stress methods[J]. International Journal of Fatigue,2020,138:105695.

[62] DONG P S,WEI Z G,HONG J K. A path-dependent cycle counting method for variable-amplitude multi-axial loading[J]. International Journal of Fatigue,2010,32(4):720-734.

[63] DONG P S,HONG J K. A robust structural stress parameter for evaluation of multiaxial fatigue of weldments[J]. Journal of ASTM International,2006,3(7):1-17.

[64] 李明,刘扬,唐雪松.疲劳裂纹的跨尺度分析[J].浙江大学学报(工学版),2017,51(3):524-531.

[65] 张清华,崔闯,卜一之,等.港珠澳大桥正交异性钢桥面板疲劳特性研究[J].土木工程学报,2014,47(9):110-119.

[66] 张清华,崔闯,卜一之,等.正交异性钢桥面板足尺节段疲劳模型试验研究[J].土木工程学报,2015,48(4):72-83.

[67] 李俊,张清华,袁道云,等.基于等效结构应力法的正交异性钢桥面板体系疲劳抗力评估[J].中国公路学报,2018,31(12):138-147.

[68] 张清华,李俊,郭亚文,等.正交异性钢桥面板体系的疲劳破坏模式和抗力评估[J].土木工程学报,2019,52(1):75-85.

[69] 张清华,卜一之,李乔,等.武汉青山长江公路大桥重载交通钢桥面板疲劳试验研究报告[R].成都:西南交通大学,2017.

[70] LUO P J,ZHANG Q H,BAO Y,et al. Fatigue performance of welded joint between thickened-edge U-rib and deck in orthotropic steel deck[J]. Engineering Structures,2019,181:699-710.

[71] 张清华,李俊,袁道云,等.深圳至中山跨江通道钢桥面板疲劳试验研究[J].土木工程学报,2020,53(11):102-115.

[72] 张清华,崔闯,卜一之,等.清云高速西江特大桥新型正交异性钢桥面板疲劳性能试验研究[R].成都:西南交通大学,2020.

[73] 张清华,崔闯,卜一之,等.云南金安金沙江大桥全熔透焊缝U肋正交异性板结构疲劳试验研究[R].成都:西南交通大学,2020.

[74] 张清华,崔闯,卜一之,等.宜昌市伍家岗长江大桥PPP项目课题研究、应用项目—正交

异性板 U 肋全熔透焊接应用研究[R].成都:西南交通大学,2021.

[75] 刘益铭,张清华,崔闯,等.正交异性钢桥面板三维疲劳裂纹扩展数值模拟方法[J].中国公路学报,2016,29(07):89-95.

[76] 黄云,张清华,余佳,等.钢桥面板与纵肋焊缝疲劳评估及裂纹扩展研究[J].西南交通大学学报,2019,54(2):46-54.

[77] LI J, ZHANG Q H, BAO Y, et al. An equivalent structural stress-based fatigue evaluation framework for rib-to-deck welded joints in orthotropic steel deck[J]. Engineering Structures, 2019,196:109304.

[78] 邓扬,丁幼亮,李爱群.钢箱梁焊接细节基于长期监测数据的疲劳可靠性评估:疲劳可靠度指标[J].土木工程学报,2012,(3):86-92.

[79] 邓扬,丁幼亮,李爱群,等.钢箱梁桥焊接细节的疲劳断裂可靠性分析[J].工程力学,2012,29(10):122-128.

[80] 邓扬,李爱群,丁幼亮.钢箱梁桥海量应变监测数据分析与疲劳评估方法研究[J].工程力学,2014,31(7):69-77.

[81] DENG Y, LIU Y, FENG D M, et al. Investigation of fatigue performance of welded details inlong-span steel bridges using long-term monitoring strain data[J]. Structural Control and Health Monitoring,2015,22(11):1343-1358.

[82] 刘扬,鲁乃唯,邓扬.基于实测车流的钢桥面板疲劳可靠度评估[J].中国公路学报,2016,29(5):58-66.

[83] LEE K M, CHO H N, CHOI H H, et al. Lifetime reliability based life-cycle cost effective optimum design of orthotropic steel deck bridges[J]. International Journal of Steel Structures, 2006,6(5):337-352.

[84] ZHANG W, CAI C S, PAN F. Fatigue reliability assessment for long-span bridges under combined dynamic loads from winds and vehicles[J]. Journal of Bridge Engineering,2012,18(8):735-747.

[85] LUO Y, YAN D H, YUAN M, et al. Probabilistic modeling of fatigue damage in orthotropic steel bridge decks under stochastic traffic loadings[J]. Journal of Highway and Transportation Research and Development (English Edition),2017,11(3):62-70.

[86] LIU Y, ZHANG H P, LIU Y M, et al. Fatigue reliability assessment for orthotropic steel deck details under traffic flow and temperature loading[J]. Engineering Failure Analysis,2017,71:179-194.

[87] FARRERAS-ALCOVER I, CHRYSSANTHOPOULOS M K, ANDERSEN J E. Data-based models for fatigue reliability of orthotropic steel bridge decks based on temperature, traffic and strain monitoring[J]. International Journal of Fatigue,2017,95:104-119.

[88] LU N W, LIU Y, DENG Y. Fatigue reliability evaluation of orthotropic steel bridge decks based on site-specific weigh-in-motion measurements[J]. International Journal of Steel Structures, 2019, 19(1):181-192.

[89] LU N W, NOORI M, LIU Y. Fatigue reliability assessment of welded steel bridge decks under stochastic truck loads via machine learning[J]. Journal of Bridge Engineering, 2017, 22(1):04016105.

[90] HENG J L, ZHENG K F, KAEWUNRUEN S, et al. Dynamic bayesian network-based system-level evaluation on fatigue reliability of orthotropic steel decks[J]. Engineering Failure Analysis, 2019, 105:1212-1228.

[91] CUI C, ZHANG Q H, LUO Y, et al. Fatigue reliability evaluation of deck-to-rib welded joints in OSD considering stochastic traffic load and welding residual stress[J]. International Journal of Fatigue, 2018, 111:151-160.

[92] CUI C, BU Y, BAO Y, et al. Strain energy-based fatigue life evaluation of deck-to-rib welded joints in OSD considering combined effects of stochastic traffic load and welded residual stress[J]. Journal of Bridge Engineering, 2018, 23(2):04017127.

[93] 崔闯. 基于应变能的钢桥面板与纵肋连接细节疲劳寿命评估方法及其可靠度研究[D]. 成都:西南交通大学, 2018.

[94] 王春生. 铆接钢桥剩余寿命与使用安全评估[D]. 上海:同济大学, 2007.

[95] 黄云. 基于概率断裂力学的钢桥面板构造细节疲劳可靠度研究[D]. 成都:西南交通大学, 2019.

[96] MAO J X, WANG H, LI J. Fatigue reliability assessment of a long-span cable-stayed bridge based on one-year monitoring strain data[J]. Journal of Bridge Engineering, 2019, 24(1):05018015.

[97] 罗鹏军. 基于平均应变能密度的钢桥面板纵肋顶板焊接构造细节疲劳可靠度研究[D]. 成都:西南交通大学, 2020.

[98] LIM I L, JOHNSTON I W, CHOI S K. Comparison between various displacement-based stress intensity factor computation techniques[J]. International Journal of Fracture, 1992, 58(3):193-210.

[99] RICE J R. A path independent integral and the approximate analysis of strain concentration by notches and cracks[J]. Journal of Applied Mechanics, 1968, 35(2):379-386.

[100] STERN M, BECKER E B, DUNHAM R S. A contour integral computation of mixed-mode stress intensity factors[J]. International Journal of Fracture, 1976, 12(3):359-368.

[101] YAU J F, WANG S S, CORTEN H T. A mixed-mode crack analysis of isotropic solids using conservation laws of elasticity[J]. Journal of Applied Mechanics, 1980, 47(2):335-341.

[102] FISHER J W. Fatigue and fracture in steel bridges:case studies[M]. New York:John Wiley & Sons,1984.

[103] KISS K,DUNAI L. Fracture mechanics based fatigue analysis of steel bridge decks by two-level cracked models[J]. Computers & structures,2002,80(27-30):2321-2331.

[104] XIAO Z G, YAMADA K, INOUE J, et al. Fatigue cracks in longitudinal ribs of steel orthotropic deck[J]. International Journal of Fatigue,2006,28(4):409-416.

[105] JU X,TATEISHI K. Fatigue crack behavior at rib-to-deck weld bead in orthotropic steel deck[J]. Advances in Structural Engineering,2014,17(10):1459-1468.

[106] NAGY W,SCHOTTE K,VAN BOGAERT P,et al. Fatigue strength application of fracture mechanics to orthotropic steel decks[J]. Advances in Structural Engineering, 2016, 19(11):1696-1709.

[107] 宗亮.基于断裂力学的钢桥疲劳裂纹扩展与寿命评估方法研究[D].北京:清华大学,2015.

[108] 金正凯.正交异性钢桥面板顶板与纵肋连接焊缝疲劳裂纹数值模拟方法[D].成都:西南交通大学,2017.

[109] 姜苏.基于断裂力学的正交异性钢桥面板与纵肋焊接细节疲劳寿命评估[D].成都:西南交通大学,2014.

[110] 王春生,翟慕赛,HOUANKPO T N O,等.正交异性钢桥面板冷维护技术及评价方法[J].中国公路学报,2016,29(8):50-58.

[111] 王春生,陈艾荣,陈惟珍.基于断裂力学的老龄钢桥剩余寿命与使用安全评估[J].中国公路学报,2006,19(2):42-48.

[112] 陈斌,邵旭东,曹君辉.正交异性钢桥面疲劳开裂研究[J].工程力学,2012,29(12):170-174.

[113] WALKER K. The effect of stress ratio during crack propagation and fatigue for 2024-T3 and 7075-T6 aluminum[M]//Effects of environment and complex load history on fatigue life:ASTM STP 462. Philadelphia:American Society for Testing and Materials,1970:1-14.

[114] FORMAN R G,KEARNEY V E,ENGLE R M. Numerical analysis of crack propagation in cyclic-loaded structures[J]. Journal of Basic Engineering,1967,89(3):459-463.

[115] WEERTMAN J. Rate of growth of fatigue cracks calculated from the theory of infinitesimal dislocations distributed on a plane[J]. International Journal of Fracture Mechanics,1966,2(2):460-467.

[116] DONAHUE R J,CLARK H M I,ATANMO P,et al. Crack opening displacement and the rateof fatigue crack growth[J]. International Journal of Fracture Mechanics,1972,8(2):209-219.

[117] DOWLING N E, BEGLEY J A. Fatigue crack growth during gross plasticity and the J-integral [M]// Mechanics of crack growth: ASTM STP 590. Philadelphia: American Society for Testing and Materials, 1976: 82-103.

[118] YA S, YAMADA K, ISHIKAWA T. Fatigue evaluation of rib-to-deck welded joints of orthotropic steel bridge deck[J]. Journal of Bridge Engineering, 2010, 16(4): 492-499.

[119] FU Z Q, JI B H, ZHANG C, et al. Fatigue performance of roof and U-rib weld of orthotropic steel bridge deck with different penetration rates[J]. Journal of Bridge Engineering, 2017, 22(6): 04017016.

[120] YAMADA K, YA S. Plate bending fatigue tests for root crack of trough rib of orthotropic steeldeck[J]. Journal of Structure Engineering, 2008, 54A: 675-684.

[121] CAO V D, SASAKI E, TAJIMA K, et al. Investigations on the effect of weld penetration on fatigue strength of rib-to-deck welded joints in orthotropic steel decks[J]. International Journal of Steel Structures, 2015, 15(2): 299-310.

[122] HENG J L, ZHENG K F, GOU C, et al. Fatigue performance of rib-to-deck joints in orthotropic steel decks with thickened edge U-ribs[J]. Journal of Bridge Engineering, 2017, 22(9): 04017059.

[123] LI M. Fatigue evaluation of rib-to-deck joint in orthotropic steel bridge decks[D]. Kyoto University, Kyoto, 2014.

[124] CHENG B, YE X, CAO X, et al. Experimental study on fatigue failure of rib-to-deck welded connections in orthotropic steel bridge decks[J]. International Journal of Fatigue, 2017, 103: 157-167.

[125] 由瑞凯, 刘鹏, 张大庆, 等. 正交异性钢桥面U肋与面板内焊连接疲劳性能试验[J]. 中外公路, 2018, 38(3): 174-179.

[126] SIM H B, UANG C M, SIKORSKY C. Effects of fabrication procedures on fatigue resistance of welded joints in steel orthotropic decks[J]. Journal of Bridge Engineering, 2009, 14(5): 366-373.

[127] SIM H B, UANG C M. Stress analyses and parametric study on full-scale fatigue tests of rib-to-deck welded joints in steel orthotropic decks[J]. Journal of Bridge Engineering, 2012, 17(5): 765-773.

[128] KAINUMA S, YANG M, JEONG Y S, et al. Experimental investigation for structural parameter effects on fatigue behavior of rib-to-deck welded joints in orthotropic steel decks[J]. Engineering Failure Analysis, 2017, 79: 520-537.

[129] KAINUMA S, YANG M, JEONG Y S, et al. Experiment on Fatigue Behavior of Rib-to-Deck Weld Root in Orthotropic Steel Decks[J]. Journal of Constructional Steel Research, 2016,

119:113-122.
[130] 赵欣欣. 正交异性钢桥面板疲劳设计参数和构造细节研究[D]. 北京:中国铁道科学研究院,2011.
[131] 陶晓燕. 正交异性钢桥面板节段模型疲劳性能试验研究[J]. 中国铁道科学. 2013,34(4):22-26.
[132] 周建林,刘晓光,张玉玲. 苏通大桥钢箱梁桥面板关键构造细节疲劳试验[J]. 桥梁建设,2007(4):17-20.
[133] 张清华,崔闯,卜一之,等. 港珠澳大桥正交异性钢桥面板疲劳特性研究[J]. 土木工程学报,2014,47(9):110-119.
[134] 张清华,崔闯,卜一之,等. 正交异性钢桥面板足尺节段疲劳模型试验研究[J]. 土木工程学报,2015,48(4):72-83.
[135] 黄云,张清华,卜一之,等. 港珠澳大桥正交异性钢桥面板纵肋现场接头疲劳特性[J]. 中国公路学报,2016,29(12):34-43.

第 2 章　钢桥面板疲劳问题研究基础理论与分析方法

钢桥面板疲劳开裂机理复杂,疲劳裂纹在微观结构或成分的不均匀区以及应力集中部位形核,主要方式有滑移带裂纹萌生、晶界面裂纹萌生和相界面裂纹萌生等。对于钢桥面板而言,疲劳裂纹往往在孔洞、熔渣、气孔和夹渣等相界面萌生并发展,疲劳裂纹发展至宏观裂纹,主要研究疲劳裂纹扩展的力学模型和疲劳裂纹扩展速率表达式,一般把裂纹扩展分为三个阶段:裂纹萌生阶段、稳定扩展阶段和失稳扩展阶段。钢桥面板疲劳破坏是反复荷载多次作用的结果,每作用一次均对各疲劳开裂模式产生一定的疲劳损伤,且公路桥梁的疲劳损伤与实际运营的车辆荷载类型、车间距、车重和车速等多种因素有关,常需要通过大量交通荷载调查和统计编制该桥所处地段的荷载谱,并采用 Monter-Carlo 方法模拟计算实际桥梁的应力历程,从而得到应力谱。在此基础上,采用疲劳累积损伤理论将每次的损伤累积起来,进而评估钢桥面板的疲劳寿命。

钢桥面板构造细节常用的力学行为特性表征值为应力幅(S),疲劳抗力与局部力学行为特性表征值之间的相关关系通常采用应力幅与荷载循环次数(N)的关系曲线(S-N 曲线)表示。钢桥面板疲劳性能采用确定性方法评估结构疲劳损伤已得到广泛应用,而实际桥梁结构疲劳损伤累积的过程中存在很多不确定的因素,基于上述评估方法建立在可靠度理论基础上的概率方法应用于钢桥面板的疲劳损伤评估,可为钢桥面板结构高质量长寿命服役提供直接支撑。钢桥面板疲劳研究的有效途径是模型试验研究与理论研究相结合[1]。模型试验研究的目的在于,通过疲劳加载,近似模拟钢桥面板关键构造细节在车辆反复作用下的疲劳损伤累积过程,确定关键构造细节的疲劳开裂模式,并采用多组试验数据进行拟合回归,确定该疲劳开裂模式的 S-N 曲线;同时基于试验结果研究焊接残余应力、初始制造缺陷等关键影响因素对钢桥面板疲劳性能的影响。

2.1　钢桥面板疲劳损伤理论

2.1.1　钢桥疲劳损伤机理

疲劳现象是钢材在反复荷载或由此引起的应力脉动作用下,由于缺陷或疵点处局部微细裂纹的形成和不断扩展,直到最后发生脆性断裂的一种进行性破坏过程。钢材的疲劳破坏必须有拉应力、应力反复和塑性应变三者的同时作用。桥梁结构中的应力脉动主要指由车辆荷载、风荷载等活载及其引起的桥梁振动[1]。对于正交异性钢桥面板而言,风荷载对结构疲劳损伤的贡献一般可以忽略不计。以下从金属材料微观结构性能和线弹性断裂力学两个角度分析钢桥疲劳的损伤机理。

从金属材料微观结构层面来说,疲劳过程可以分为裂纹成核、微观裂纹扩展、宏观裂纹扩展和最终断裂四个阶段[1]。其中,裂纹成核是疲劳过程的第一步;裂纹扩展阶段是第二步。如图2-1所示,裂纹成核始于稳定滑移带中的最高应力集中区域。裂纹扩展阶段又可以分为第一和第二两个裂纹扩展阶段。第一阶段,裂纹成核和扩展是初始微观裂纹在局部最大剪切应力面上沿着几个晶粒的有限长度扩展;第二阶段裂纹扩展是宏观裂纹扩展,主要在主拉应力面法向扩展,部分沿着最大剪切应力方向扩展。两阶段的裂纹相对比,第一阶段的宏观裂纹特性受显微结构特性的影响较小,而第二阶段裂纹的裂纹尖端塑性区域要远大于材料的显微结构[2]。

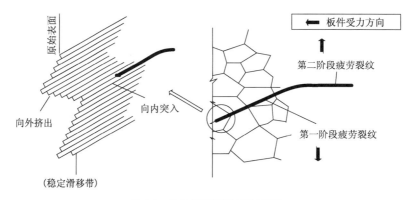

图 2-1 结构疲劳损伤过程示意图

工程应用中通常将结构裂纹成核和微观裂纹扩展阶段的寿命称为裂纹萌生阶段寿命,将宏观裂纹扩展阶段寿命称为裂纹扩展寿命。断裂力学为钢桥疲劳裂纹的扩展分析提供了有效方法[3-5]:钢桥疲劳裂纹尖端塑性区尺寸很小,在断裂分析中忽略塑性区影响能够满足工程精度的要求,因此一般都使用线弹性断裂力学分析钢桥疲劳裂纹的扩展过程。线弹性断裂力学方法认为结构损伤是不可避免的,这一方法将结构中与裂纹相似的原始缺陷偏于安全地简化为裂纹,即认为它们尖端处曲率半径为零。线弹性断裂力学方法将结构疲劳寿命定义为在反复荷载作用下结构主裂纹从原始状态扩展到某一临界尺寸所需要的荷载循环作用次数。与结构疲劳裂纹扩展三个阶段相对应,线弹性断裂力学通过引入应力强度因子 K 这一概念,按照结构疲劳裂纹扩展速率 da/dN 的大小将结构疲劳裂纹扩展过程分为三个区,如图2-2所示。

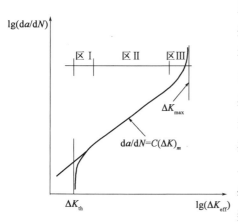

图 2-2 结构裂纹扩展曲线

影响结构疲劳的关键因素主要包括材料性能、结构板件应力集中状况以及外荷载作用情况等。对于钢桥而言,导致其疲劳破坏的内因是钢材的材料性能和钢材局部的应力集中程度;外因则是应力反复的循环特征和作用次数。20 世纪美国 NCHRP 第 102 号[6]和 147 号[7]试验报告证实了对于焊接桥梁结构而言,不同钢种对结构疲劳强度影响不大。钢材局部应力集中程度主要取决于板件截面形式和结构板件构造细节形式,这些因素将会决定钢桥结构板件内应力流是否通畅。此外,对钢结构工作不利的环境(如高温、腐蚀介质等)也会加剧结构疲劳损伤甚至直接导致结构发生疲劳破坏。

2.1.2 疲劳累积损伤理论

结构疲劳破坏是反复荷载多次作用的结果,其破坏机理与静力破坏存在显著差异。反复荷载单独一次作用在结构上会对结构产生一定的疲劳损伤,结构疲劳寿命期内所有荷载对结构造成的疲劳损伤不断累积,直至结构不能或不适合继续承载。疲劳累积损伤理论模型是进行疲劳问题研究的重要基础,按照疲劳累积损伤规律,当前常用的结构疲劳累积损伤理论可归纳为三类:非线性、线性和双线性疲劳累积损伤理论,如图 2-3 所示[8-12]。

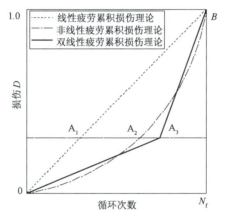

图 2-3 三种疲劳累积损伤理论曲线对比示意图

非线性疲劳累积损伤理论是将结构应力历程中数值最大的应力幅值作为基准参考值,并将该应力幅值对应的结构疲劳损伤曲线设定为直线,然后依据应力幅值与结构疲劳寿命的相互关系推导结构疲劳损伤计算值,按照疲劳损伤等效原则根据结构应力历程逐步求解[11-13];但由于其计算过程复杂,不便于工程实际应用。

双线性疲劳累积损伤理论是非线性疲劳累积损伤理论的拟合简化,其计算模型由结构应力历程中数值最大和最小的两个应力幅值确定;由于双线性疲劳累积损伤理论所划分的疲劳损伤累积过程两个阶段的拐点没有实质含义,其理论支撑相对薄弱[14]。

线性疲劳累积损伤理论是指在循环载荷作用下,疲劳损伤是可以线性地累加的,各个应力之间相互独立和互不相关[8-12];当累加的损伤达到某一数值时,试件或构件就会发生疲劳破坏,如图 2-4 所示。

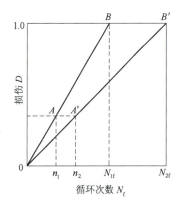 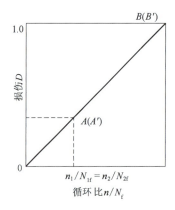

图 2-4 线性疲劳累积损伤理论示意图

线性疲劳累积损伤理论认为：(1) 结构在相同的应力幅值作用下每一次循环加载对结构造成的疲劳损伤都是相同的；(2) 结构上作用的所有应力幅及其对应作用次数对结构造成的疲劳损伤度可以线性叠加。当损伤度大于 1 时构件发生疲劳破坏，当损伤度小于 1 时结构尚未破坏。损伤度的大小由构件以往的应力经历确定。线性疲劳累积损伤理论形式简单，使用方便，在相关疲劳规范中仍被广泛应用。美国各州公路工作者协会（AASHO）所进行的货车交通荷载作用下桥梁的寿命试验以及焊接细节的随机变幅试验证明，累积损伤率变量和变荷载试验数据均不大于常幅循环试验数据变量[15]。关于疲劳扩展的研究和焊接细节试验表明，采用线性累积损伤理论可与常幅循环试验资料建立较好的相关性。同时，裂纹萌生阶段疲劳寿命是总疲劳寿命最主要的构成部分；钢桥疲劳属于变幅、低应力、高循环、长寿命的范畴，使用非线性疲劳累积损伤理论对估算结构疲劳寿命较为困难；双线性疲劳累积损伤理论可以用于钢桥对应某一疲劳细节疲劳寿命的估算，但双线性疲劳累积损伤理论基础不明确，故在钢桥疲劳研究中较少采用。因此，在当前情况下采用线性累积损伤理论作为钢桥疲劳问题的理论基础仍是可行的。

2.1.3 荷载谱和应力谱

和结构的静力设计不同，钢桥疲劳设计所采用的荷载不应是进行强度设计时所采用的标准活载，而是采用经常作用的各种实际车辆荷载，计算它们所引起的各种累积损伤，为疲劳问题研究提供依据。为此需要研究活载的频谱值，即荷载谱。所谓荷载谱，即是将设计基准期内桥梁构件所经历的实际运营荷载，按其大小及出现的次数全部开列出来即为荷载谱。实际上不同大小的活载出现的先后次序是完全随机的，每年这种不同大小的活载出现的先后次序基本上按相同的规律重复发生。

荷载谱的制定，应将设计基准期内通过桥梁的每一类车型按不同形状的影响线计算出相应的内力历程，然后再将所有内力历程予以累计，即可得到所需要的荷载谱。但要将设计基准期内的每一辆车按不同形状的影响线计算出相应的应力历程，不仅困难，也不便于设计人员进行相关设计。因此,可以将运营荷载用一种"标准车"或几种"典型车辆"编组,即"标准疲劳车"。将标准疲劳车代替实际运营车辆进行抗疲劳设计研究,各标准车或典型车辆编组作用次数需根据实际车辆荷载等效的原则确定。

荷载谱实际上是内力谱,故原则上只要将荷载谱乘上一些系数(如冲击系数、截面几何特性、反映实际应力与计算应力差异的构造系数等)就可以得到设计基准期内运营荷载所产生的按大小和出现次数开列的实际应力集合,或称之为"应力谱"。制定应力谱时,通常需对相应应力影响线加载,然后得到一大批不规则的应力历程,乘上累积次数后就形成了一组应力幅$\Delta\sigma_i$、循环次数的数据n_i,通过对这些数据的处理,就可以得到应力谱[8-10]。

应力历程的计算主要有雨流法和泄水法两种,如图2-5所示。雨流法是将应力历程转动90°,使时间坐标轴竖直向下,应力历程就像一系列屋面,雨水沿着各层屋面的谷点或峰点往下流动,据此将各应力幅加以调整。具体规则如下:

(1)从谷点开始流动的雨水到达峰点时竖直下滴,流到下层屋面并继续往下流,当流到某一层屋面遇到一个来源比本次谷点更低谷点的雨水,则停止流动。同理,从峰点开始流动的雨水到达谷点时竖直下滴,流到下一层并继续往下流,当流到某一屋面遇见一个来源比本次峰点更高峰点的雨水,则停止流动。

(2)任何情况下,在某一层屋面流动的雨水遇见上一层屋面流下的雨水,则停止流动。

(3)每次雨流的起点和终点作为半个循环。

泄水法的计算规则如下:

(1)将同样的应力历程示例接在图2-5右侧再画一个应力循环图,将两个最大峰值点5和5′用水平虚线相连,把该虚线以下部分图形看作一个水池的横断面。

(2)选择最低的谷点泄水。如果有两个或更多相等的最低谷点,则可以选择任何一个谷点泄水,以水面到该谷点的泄水深度作为一次循环的应力幅$\Delta\sigma_i$。

(3)对泄不出去的剩余水,重复第(2)步,直到水池的水全部泄完为止,并将每次泄水深度作为一次循环的应力幅$\Delta\sigma_i$。

泄水法适用于应力历程较小的情况,而雨流法适用于大量应力历程和编程计算。

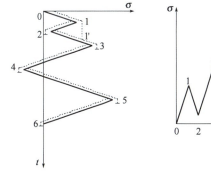
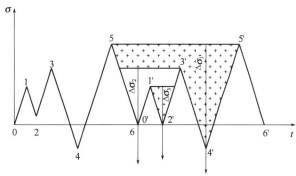

图2-5 雨流法与泄水法

2.2 钢桥面板疲劳性能评估方法

2.2.1 名义应力法

名义应力法是以疲劳荷载作用下结构某一部位的应力响应作为其疲劳寿命估算的依据,结合对应构造细节的疲劳强度等级 S-N 曲线,按线性累积损伤理论进行疲劳性能评估的一种方法[16-23]。采用名义应力法评定结构的疲劳强度时,首先需根据待评估疲劳易损部位的焊缝形式、受力方向、焊接工艺等确定其疲劳强度等级,并选取合适的等幅容许疲劳抗力 S-N 曲线,典型的 S-N 曲线如图 2-6 所示。在此基础上依据疲劳荷载和分析模型,计算其名义应力幅值 $\Delta\sigma_i$ 和相应的循环次数 n_i,根据 Miner 线性疲劳累积损伤准则,由式(2-1)确定等效应力幅 $\Delta\sigma_{eq}$ 和相应的作用次数 N_i,根据式(2-2)确定待评估疲劳易损部位的疲劳抗力是否满足设计要求。其中,$[\Delta\sigma_f]$ 为等幅容许疲劳抗力。

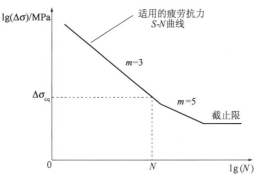

图 2-6 典型的疲劳易损部位 S-N 曲线

$$\Delta\sigma_{eq} = \left[\frac{\sum \Delta\sigma_i^m n_i}{\sum n_i}\right]^{\frac{1}{m}} \quad (2-1)$$

$$\Delta\sigma_{eq} \leq [\Delta\sigma_f] \quad (2-2)$$

名义应力法应用简便,便于工程应用,是国内外规范中广泛采用的疲劳性能评估方法[24-30]。Connor 等[17-18]根据足尺疲劳模型试验,探讨了纵肋与横隔板交叉部位名义应力的确定和取值问题,对于名义应力的取值位置、试验测试时应变片的大小、有限元网格的尺寸等给出了详细规定,试图建立评估这一部位疲劳性能的标准名义应力法,研究成果为美国规范 AASHTO 和美国交通部颁布的最新正交异性钢桥面板设计、施工和养护手册提供了依据[26];欧洲学者 Kolstein 对于正交异性钢桥面板典型疲劳易损部位的疲劳强度等级进行了深入研究,研究成果为欧洲规范 Eurocode3[16,24]所采用。但名义应力无法计入由几何构型不连续所导致的应力集中效应,应用名义应力法进行正交异性钢桥面板疲劳性能评估面临以下难题:(1)S-N 曲线的确定和选取问题。由同一疲劳易损部位的多疲劳开裂模式所决定,小型试件在残余应力、边界条件等方面与实际结构存在差异,而对正交异性钢桥面板各典型疲劳易损部位进行大量足尺节段疲劳试验具有较高难度。当前国内外规范中常用的等幅容许疲劳抗力 S-N 曲线,主要根据杆系结构简单受力状态的疲劳试验结果确定,以此作为正交异性钢桥面板疲劳性能的评估依据,难以得出准确的评估结果。(2)名义应力的定义问题。正交异性钢桥面板的疲劳易损部位均处于应力梯度较大的部位,名义应力的取值位置稍有不同,所得到的疲劳强度等级和疲劳评估结果即可能出现较大差异,疲劳强度的评估结果与所依据的名义应力的取值位置直接相关。理论上只有在待评估部位的名义应力取值位置与定义疲劳强度等级的位置二者完全一致时,基于名义应力法才能得到准确的评估结果。各国规范中同一构造细节疲劳强度等级不同的根本原因在于名义应力的定义位置存在差异。因此,英国规范 BS5400 明确指出,基于名义应力法给出的构造细节疲劳强度分级不适用于正交异性钢桥面板,其应力幅的确定和构造细节的分级均需咨询专家或进行试验[25]。基于上述考虑,国内外学者借鉴名义应力法的评估思路,提出了热点应力法和切口应力法等多种评估方法。

2.2.2 切口应力法

为了准确计算焊趾或焊根处的局部应力特性并评估其疲劳性能,国内外学者基于断裂力学,在焊趾或焊根处虚拟建立开口角度不同的 V 形切口,以切口应力作为疲劳性能的评估依据,提出了切口应力法。由于 V 形切口角度和半径选取的随机性,导致其裂纹尖端应力场的分析具有较高难度。为了消除裂纹尖端的约束效应,将局部范围内的平均应力等效为裂纹尖端的应力,提出了一种切口应力的简化计算方法:在缺口尖端确定一个特定半径的微结构约束,其中的平均应力即为切口的等效应力,从而可以直接在切口根部建立虚拟切口,保证虚拟切口中最大的切口应力等于原切口平均应力,即虚拟切口和实际切口等效。这一做法避免了对实际切口的重复积分,且便于建立有限元模型,大大简化了切口应力的求解过程[31-33]。

与名义应力法的评估过程类似,切口应力法亦采用相应的 $S\text{-}N$ 曲线对疲劳易损部位的疲劳性能进行评估。IIW 焊接接头疲劳指导建议中的切口应力 $S\text{-}N$ 曲线是基于相关焊接接头疲劳试验的统计数据分析得出的。由于三种基本裂纹形式和混合型裂纹存在差异,IIW 焊接接头疲劳指导建议中同时给出了焊接结构中对应于强度等级 FAT225(200 万常幅循环作用次数对应的疲劳强度为 225MPa,具有 97.7% 的保证率,适用于板厚大于 5mm 的焊接结构)的焊趾和焊根处虚拟切口尺寸及其半径的统一取值,以保证评估结果的准确性。相关研究表明:对于正交异性钢桥面板的疲劳性能评估而言,参照 IIW 所推荐的网格尺寸,建立切口模型并在此基础上计算其结构切口应力,统一采用 FAT225 的切口应力 $S\text{-}N$ 曲线是可行的[34-39]。

但采用切口应力法对正交异性钢桥面板寿命进行评估时,切口处受力状态与其实际受力模式息息相关,而规范中所推荐的 $S\text{-}N$ 曲线大多是基于受力明确、模式单一的试验所确定的;对于复杂结构如正交异性钢桥面板,其结果离散性较大,且结果亦受单元网格影响较大,切口效应受结构本身尺寸影响较为明显。同时正交异性钢桥面板结构疲劳性能由其多个疲劳细节共同决定,能否采用基于统一强度的切口应力法对正交异性钢桥面板结构疲劳性能进行评估有待进一步验证。

2.2.3 结构应力法

Dong 等将结构应力视为裂纹扩展的远端驱动力,基于功的等效原理,将线弹性有限元求得的节点力、节点弯矩转换为线力、线弯矩,并引入形函数保证其在相邻单元上的连续性,提出了等效结构应力的确定方法[40-45]。该方法综合考虑了影响焊接结构焊趾处疲劳性能的3个主要参数,因此,能够通过一条主 S-N 曲线进行疲劳寿命评估。

结构应力法将焊接细节开裂断面高度非线性应力分解为膜应力 σ_m、弯曲应力 σ_b 和局部切口效应产生的非线性峰值应力 σ_{nl},由于 σ_{nl} 沿板厚分布属于自平衡应力,而膜应力 σ_m 和弯曲应力 σ_b 之和与外荷载平衡。因此将焊接细节沿板厚方向的非线性应力简化为线性应力。正交异性钢桥面板纵肋与顶板焊接细节结构应力计算图示如图2-7所示。膜应力 σ_m 和弯曲应力 σ_b 可根据式(2-3)和式(2-4)计算。

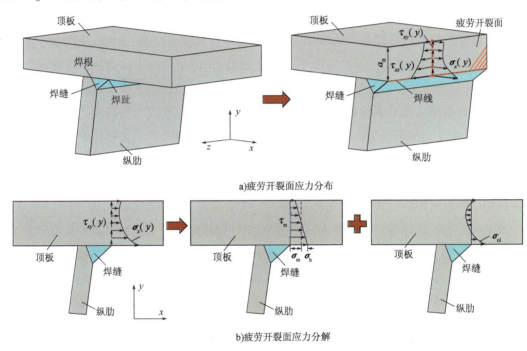

图2-7 等效结构应力计算图示

$$\sigma_m = \frac{f'}{t} \tag{2-3}$$

$$\sigma_b = \frac{6m'}{t^2} \tag{2-4}$$

$$\Delta\sigma_s = \sigma_m + \sigma_b \tag{2-5}$$

式中:t——板厚;

f'、m'——分别为焊线节点上的线力和线弯矩;

$\Delta\sigma_s$——结构应力幅。

结构应力法用于复杂结构疲劳性能评估时具有突出优势,已在船舶、压力容器、地面车辆结构中得到了成功应用,并被 ASME Ⅷ Division 2 标准采用[17]。对于正交异性钢桥面板,文献[45]采用该评估方法对钢桥面板纵肋与顶板焊接细节和纵肋与横隔板交叉构造细节各疲劳开裂模式的疲劳性能进行评估,并将相关试验结果绘制于主 S-N 曲线,如图 2-8 所示。主 S-N 曲线用于建立等效结构应力幅值与疲劳寿命之间的关系

$$N = (\Delta S_{eq}/C_d)^{-1/h} \quad (2\text{-}6)$$

式中:N——疲劳开裂对应的作用次数;

ΔS_{eq}——等效结构应力幅;

C_d、h——主 S-N 曲线参数,取值见表 2-1。

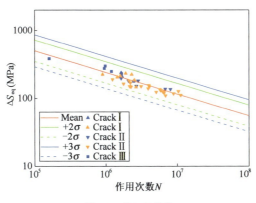

图 2-8 主 S-N 曲线

主 S-N 曲线参数　　　　　　　　　　　　　表 2-1

统 计 依 据	C_d	h
Mean	19930	0.3195
$+2\sigma$	28627	0.3195
-2σ	13876	0.3195
$+3\sigma$	34308	0.3195
-3σ	11578	0.3195

2.2.4 断裂力学法

疲劳裂纹扩展取决于材料特性、应力幅值、应力比、结构件几何尺寸和环境等因素,通常采用裂纹扩展速率表征常幅荷载作用下疲劳裂纹的扩展规律。国内外研究者针对疲劳裂纹扩展特性开展了大量的疲劳试验研究工作,旨在建立裂纹扩展速率与各种相关力学参量之间的数学表达式,并在此基础上提出了相应的经验性疲劳裂纹扩展速率表达式或理论模型[46-53],其一般形式可表示为

$$\frac{da}{dN} = f(\Delta K, K_{max}, R, S, a\cdots) \quad (2\text{-}7)$$

式中:$f(\cdot)$——非负函数;

ΔK、K_{max}——分别为应力强度因子幅值和最大应力强度因子;

R——应力比;

S——名义应力;

a——裂纹扩展过程中某一时刻的裂纹尺寸。

根据工程结构构件所处环境条件与受力模式的差异以及对于不同因素影响效应的考虑,目前研究者提出了多种形式的疲劳裂纹扩展模型,如可考虑裂纹扩展门槛值、裂纹闭合效应或复合开裂模式等复杂条件的裂纹扩展速率模型。其中,Paris 和 Erdogan 基于高周常幅疲劳试验所提出的裂纹扩展速率模型是目前工程结构构件疲劳评估中应用最为广泛的理论模型[47]。此模型可在线弹性断裂力学范围内,以应力强度因子幅值和材料特性参数为基础较为合理地定量描述稳定扩展区的裂纹扩展特征,其基本形式为

$$\frac{\mathrm{d}a}{\mathrm{d}N} = C(\Delta K)^n \tag{2-8}$$

式中:C、n——与材料特性相关的断裂参数。

当结构构件处于复合开裂状态时,可采用有效应力强度因子幅值 ΔK_{eff} 对简单受力模型条件下的式(2-9)进行修正,从而在此基础上对其疲劳性能进行评估,即得

$$\frac{\mathrm{d}a}{\mathrm{d}N} = C(\Delta K_{\mathrm{eff}})^n \tag{2-9}$$

确定性裂纹扩展理论模型反映了常幅荷载作用下疲劳裂纹扩展的均值速率,对于工程实践中简单疲劳裂纹问题的评估具有较高的可靠性。但对于局部构造形式和服役环境均较为复杂的正交异性钢桥面板结构,各构造细节因其复杂的受力模式而处于复合开裂状态,确定性模型无法描述不确定性因素影响下疲劳裂纹扩展趋势的差异性以及裂纹扩展速率曲线的不规则波动特征,在确定性理论模型的基础上合理考虑各随机性因素的影响仍是结构构件疲劳可靠度评估面临的关键难题。

实际工程结构构件的疲劳裂纹扩展过程受必然性与偶然性协同控制,其必然性反映了裂纹扩展的总体基本规律,而偶然性则反映了单一个体的随机性差异,两者的耦合作用决定了结构构件所呈现出的疲劳裂纹扩展特征。疲劳裂纹扩展的基本规律可由既有的确定性理论模型进行表述,无序的随机性差异则可根据其所遵循的统计规律,基于概率统计方法形成疲劳可靠度评估的理论框架。为较为合理地考虑在不确定性因素影响下疲劳裂纹扩展的随机特征,研究者提出了两种典型的处理方法[54]:(1)在确定性断裂力学(Deterministic Fracture Mechanics,DFM)的基础上,将疲劳裂纹扩展速率表达式中的参数随机化;(2)采用离散的马尔可夫随机过程或链(Markov Chain)将疲劳裂纹扩展累积损伤定义为整个寿命区内的不可逆过程。相较而言,前者以断裂力学为基础,可充分利用既有的裂纹扩展速率测试数据,具有更为明确的物理意义;后者可反映疲劳裂纹随机扩展的一般过程,但荷载次序强烈的迟滞和加速效应与马尔可夫过程的无后效性相矛盾。对于常幅荷载作用下的疲劳裂纹扩展分析,根据材料微观结构不均匀性的类型,可将基于确定性断裂力学的疲劳裂纹随机扩展模型分为三类:仅考虑材料第一类或第二类微观结构的不均匀性以及综合考虑两类材料不均匀性的随机扩展模型[55]。

材料微观结构的第一类不均匀性主要来源于材料构成物质、微观结构以及初始缺陷分布

的不均匀性,体现了材料不均匀性的总体差别(均值行为)。目前主要通过将 Paris 公式中的材料相关参数随机化以考虑第一类材料不均匀性的影响,基于材料特性参数的不同组合可以得到不同的随机扩展模型[56-57]。

材料微观结构的第二类不均匀性主要来源于材料内部阻力的不恒定、裂纹面不规则以及判读的不确定等因素,体现了材料不均匀性的个体差异(不规则波动)。为反映第二类材料不均匀性对于裂纹扩展的影响,一般将此类不均匀性视为一个平稳正态过程[58]。

综合考虑两类材料微观结构不均匀性的随机模型较多,根据对于裂纹扩展不确定性的处理,此类模型可大致分为两类:(1)假设 Paris 公式中的材料断裂参数 C 和 n 均为随机过程参数。其中,$C(x) = C_0 + C_1(x)$,$n(x) = n_0 + n_1(x)$。C_0 和 n_0 为随机变量,描述了材料的第一类不均匀性,$C_1(x)$ 和 $n_1(x)$ 为随机过程,描述了材料的第二类不均匀性。(2)C 和 n 为相关随机变量,在此基础上引入随机过程 $Z(a)$(a 为裂纹长度)描述裂纹扩展速率随裂纹扩展过程的不规则波动[59-64]。

疲劳裂纹随机扩展模型为处理裂纹扩展过程的本质不确定性问题提供了重要的理论基础,此类模型建立在确定性裂纹扩展的理论基础上,因而具有较为明确的物理意义。但基于此类模型的疲劳评估涉及材料断裂参数的概率分布特征与随机过程数字特征,上述参数的确定依赖于对大量既有疲劳试验数据的统计分析,且理论模型的合理性应通过疲劳试验进行验证。

2.2.5 可靠度评估方法

可靠度评估是指结构在规定的时间内、规定的条件下具备预定功能的概率评估。结构可靠度评估的数学基础是概率论及数理统计学,因构件安装误差、材料性能退化及外部环境变异导致结构本身受力特性的不确定性,需涉及概率和可靠性评估[65-70]。而实际中影响结构失效的因素和参数基本为随机变量,如残余应力、荷载特性等,表示为向量形式如 $\boldsymbol{X} = \{x_1, x_2, \cdots, x_n\}$。一般情况下 x_i 的累积分布函数和概率密度函数通过概率分布的拟合优度检验后可认为是已知的分布类型,诸如正态分布、对数正态分布等。在采用可靠度对结构的可靠性进行评估时,一般采用工程结构完成预定功能的概率进行度量,而结构不能完成预定功能的概率即称为失效概率。为此,在进行可靠度评估时首先应定义与结构失效有关的临界状态以判别结构是否失效。工程结构中一般采用极限状态函数来定义此临界状态,如:

$$Z = g(\boldsymbol{X}) = R - S \tag{2-10}$$

式中:Z——功能随机函数,当 $Z > 0$ 表示结构处于可靠安全状态,当 $Z = 0$ 表示结构处于极限状态,当 $Z < 0$ 表示结构处于失效状态;

R——结构的抗力,如材料强度、疲劳抗力等;

S——作用于结构上的外部载荷效应。

当荷载效应大于结构抗力时,功能函数 $g(\boldsymbol{X}) < 0$。此时结构或构件处于失效状态,失效概率可表示为

$$P_f = P[g(\boldsymbol{X}) < 0] \tag{2-11}$$

此时结构的可靠概率 P_r 为

$$P_r = 1 - P_f \tag{2-12}$$

假设基本随机变量 $\boldsymbol{X}$ 的联合概率密度函数为 $f_X(\boldsymbol{X})$,失效概率可表示为

$$P_f = P[g(\boldsymbol{X}) \leq 0] = \int_{g(\boldsymbol{X}) \leq 0} f_X(\boldsymbol{X}) \mathrm{d}\boldsymbol{X} \tag{2-13}$$

一般情况下,多因素的基本随机变量 $\boldsymbol{X}$ 的联合概率密度函数及联合累积分布函数难以直接得到,且多为非独立的随机变量,多重积分也非易事,因此通常不采用直接积分方法计算失效概率。通过引入与失效概率有对应关系的可靠度指标可简单有效地得出失效概率。

根据式(2-13)可知,结构失效概率取决于功能函数 $g(X)$ 的分布形式。假设单因素作用时的功能函数 $g(z)$ 服从正态分布,表示为 $g(z) \sim N(\mu_z, \sigma_z)$,此时 $g(z)$ 的概率密度函数为

$$f(z) = \frac{1}{\sqrt{2\pi}\sigma_z}\exp\left[-\frac{(z-\mu_z)^2}{2\sigma_z^2}\right] \tag{2-14}$$

通过变换将 z 转化为标准正态分布,此时,失效概率可表示为

$$P_f = \int_{-\infty}^{0} \frac{1}{\sqrt{2\pi}\sigma_z}\exp\left[-\frac{(z-\mu_z)^2}{2\sigma_z^2}\right]\mathrm{d}z = \int_{-\infty}^{-\frac{\mu_z}{\sigma_z}} \varphi(y)\mathrm{d}y = \Phi\left(-\frac{\mu_z}{\sigma_z}\right) \tag{2-15}$$

定义可靠度指标为

$$\beta = \frac{\mu_z}{\sigma_z} \tag{2-16}$$

此时,失效概率可表示为

$$P_f = \Phi(-\beta) = 1 - \Phi(\beta) \tag{2-17}$$

由式(2-17)可得可靠度指标与失效概率间的关系,如图2-9所示。

式(2-17)仅在功能函数服从正态分布条件下成立,若功能函数不服从正态分布,即式(2-17)不再精确成立。当结构的失效概率较大或可靠度指标较小时,失效概率的计算结果对功能函数的分布形式不敏感;但结构的失效概率较小或可靠度指标较大时,在计算结构的可靠度时需考虑功能函数的概率分布形式。

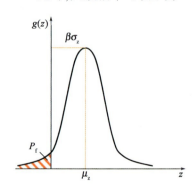

图2-9 失效概率与可靠度指标间关系

随机荷载是正交异性钢桥面板疲劳寿命的关键影响因素,国内外学者对相关问题进行了卓有成效的研究;基于来自健康监测的实测数据,深入研究了随机荷载对于构造细节疲劳寿命的影响[71-77]。国内外针对疲劳可靠度进行了大量的研究。Zhao 等[78]结合断裂力学和有限元理论,研究了裂纹尺寸对疲劳可靠度的影响,并提出了根据实时观测的裂纹尺寸信息建立疲劳可靠度更新算法。Wirsching 等[79]基于线性累积损伤理论对各类随机荷载作用下的海洋工程结构疲劳可靠性进行评估,进而提出基于可靠度的疲劳寿命评估方法。在此基础上,Wirsching

等[80]结合海洋工程结构影响疲劳可靠度的随机参数进行分析,并提出新的平均值法评估该类型结构疲劳可靠度。Kwon 等[81]基于健康监测确定了其在实际交通荷载作用下的等效应力场历程,进而对其疲劳可靠度进行评估;其确定的等效应力场历程为复杂结构的疲劳可靠度评估提供了简化方法。Garbatov 等[82]基于既有海上钻井平台的维修养护进行疲劳可靠度评估,并对维护费用进行预测,其针对养护维修的可靠度评估可有效地迁移至大型桥梁结构的运营监测。Soares 等[83]根据实际船舶体的检测和修复,结合实际出现的裂纹特征和断裂力学理论对结构疲劳可靠度进行了评估,对影响疲劳可靠度敏感性参数进行了分析。Liu 等[84]基于疲劳裂纹引起的不同形式,根据加固前后的对比和监测数据对疲劳寿命进行可靠度评估,其针对维护前后的更新可靠度评估是大跨度桥梁结构运营阶段监测的重要手段。Mao 等[85]基于试验数据引入新的非线性蠕变疲劳破坏准则,提出了考虑材料时程蠕变的疲劳可靠度分析概率模型,并采用一阶二次矩方法和 Monte-Carlo 法进行疲劳可靠度评估,分析了不同随机变量对疲劳损伤可靠度的敏感性。Murty 等[86]推导了疲劳强度分布与循环失效次数间的关系函数,认为应力-强度干涉技术不能用于解析此复杂随机过程分析,并对此提出了改进方法。邓扬等[71-72]基于实测交通数据建立疲劳荷载模型和疲劳可靠度分析模型,在此基础上采用名义应力法对正交异性钢桥面板疲劳寿命可靠度进行评估。刘扬等[87-88]等建立了公路桥梁随机车辆荷载模型,并以此为基础针对大跨度悬索桥和斜拉桥建立了随机车辆作用下的疲劳寿命及其可靠度评估方法。

2.3 小结

疲劳基础理论方面的研究是钢桥面板疲劳问题的重要基础,本章首先介绍了钢桥面板疲劳裂纹的行程以及疲劳裂纹扩展的过程,并针对钢桥面板承担的实际车辆荷载进行应力历程与应力谱计算,采用疲劳累积损伤理论中的线性累积损伤理论计算实际桥梁的疲劳损伤。疲劳性能评估方法的研究是钢桥面板发展的重要先导之一,文中介绍了名义应力法、切口应力法和结构应力法等进行钢桥面板疲劳性能评估的疲劳评估流程和计算方法,并总结各评估方法的适用性。针对实际桥梁结构疲劳损伤累积的过程中存在很多不确定的因素,前文介绍了基于可靠度理论的钢桥面板疲劳寿命评估方法的疲劳评估流程。

模型试验与理论研究相结合是进行钢桥面板疲劳性能研究的有效途径。通过合理的疲劳试验模型设计和加载方案设计,可以准确模拟钢桥面板的实际受力状态和疲劳损伤累积过程,重现其主导疲劳开裂模式,并确定其实际疲劳抗力。合理的试验模型设计和加载方案设计是基础和关键,对于钢桥面板常用的焊缝模型、试件模型和足尺节段模型的特点进行了统计分析和系统总结,指出了疲劳模型试验时需重点考虑的关键问题。

本章参考文献

[1] 吴冲.现代钢桥[M].北京:人民交通出版社,2006.

[2] 李永利. 疲劳试验测试分析理论与实践[M]. 张然怡,译. 北京:国防工业出版社,2011.

[3] DOWLING N E. Mechanical behavior of materials: engineering methods for deformation, fracture, and fatigue[M]. 2nd ed. New York:Prentice Hall,1998.

[4] FISHER J W. 钢桥的疲劳和断裂实例研究[M]. 项海帆,史永吉,潘际炎,等,译. 北京:中国铁道出版社,1989.

[5] FISHER J W. 钢桥疲劳设计解说[M]. 钱冬生,译. 北京:人民铁道出版社,1980.

[6] FISHER J W,FRANK K H,HIRT M A, et al. Effect of weldments on the fatigue strength of steel beams[R]. NCHRP Report 102. Washington DC:Highway Research Board, National Academy of Sciences,1970.

[7] FISHER J W,ALBREICHT P A,YEN B T,et al. Fatigue strength of steel beams with welded stiffeners and attachments[R]. NCHRP Report 147. 1974,ibid.

[8] 孟凡超,张清华,谢红兵,等. 正交异性钢桥面板抗疲劳关键技术[M]. 北京:人民交通出版社股份有限公司,2018.

[9] 张清华,卜一之,李乔. 正交异性钢桥面板疲劳问题的研究进展[J]. 中国公路学报,2017,30(3):14-30.

[10] 姚卫星. 结构疲劳寿命分析[M]. 北京:国防工业出版社,2003.

[11] 赵少汴. 抗疲劳设计[M]. 北京:机械工业出版社,1994.

[12] 赵少汴. 常用累积损伤理论疲劳寿命估算精度的试验研究[J]. 机械强度,2000,22(3):206-209.

[13] 冯胜,程燕平,赵亚丽,等. 非线性疲劳损伤累积理论研究[J]. 哈尔滨工业大学学报,2004,35(12):1507-1509.

[14] MASON S S,FRECHE J C,ENSIGN C R. Application of a double linear damage rule and damage curve approach for testing cumulative fatigue damage[J]. International Journal of Fracture,1981,17(2):169-192.

[15] 美国各州公路和运输工作者协会. 美国公路桥梁设计规范—荷载与抗力系数法[M]. 辛济平,万国朝,张文,等译. 北京:人民交通出版社,1998.

[16] KOLSTEIN M H. Fatigue classification of welded joints in orthotropic steel bridge decks[D]. Delft:Delft University of Technology,2007.

[17] CONNOR R J, FISHER J W, GATTI W, et al. Manual for design, construction, and maintenance of orthotropic steel deck bridges:FHWA-IF-12-027[R]. Washington, D. C.:US Department of Transportation Federal Highway Administration,2012.

[18] CONNOR R J,FISHER J W. Consistent approach to calculating stresses for fatigue design of welded rib-to-web connections in steel orthotropic bridge decks[J]. Journal of Bridge Engineering,2006,11(5):517-525.

[19] LEENDERTZ J S. Fatigue behavior of closed stiffener to crossbeam connections in orthotropic steel bridge decks[D]. Delft:Delft University of Technology,2008.

[20] YA S,YAMADA K,ISHIKAWA T. Fatigue evaluation of rib-to-deck welded joints of orthotropic steel bridge deck[J]. Journal of Bridge Engineering,2011,16(4):492-499.

[21] YA S,YAMADA K,ISHIKAWA T,et al. Fatigue evaluation of trough rib to deck plate joint failed in weld throat[J]. Steel Construction Engineering,2009,16(64):11-20. (In Japanese)

[22] FU Z Q,JI B H,ZHANG C Y,et al. Fatigue performance of roof and U-rib weld of orthotropic steel bridge deck with different penetration rates[J]. Journal of Bridge Engineering,2017,22(6):04017016.

[23] FU Z Q,JI B H,ZHANG C Y,et al. Experimental study on the fatigue performance of roof and U-rib welds of orthotropic steel bridge decks[J]. KSCE Journal of Civil Engineering,2018,22(1):270-278.

[24] European Committee for Standardization (CEN). Eurocode 3:design of steel structures—part1-9:fatigue (EN 1993-1-9)[S]. Bruxelles:CEN,2005.

[25] British Standard Institution (BSI). Steel,concrete and composite bridge0s—part10:code of practice for fatigue (BS5400)[S]. London:BSI,1980.

[26] American Association of State Highway and Transportation Officials (AASHTO). AASHTO LRFD bridge design specifications[S]. 7th ed. Washington,DC:AASHTO,2015.

[27] Japan Society of Steel Construction (JSSC). Fatigue design recommendations for steel structures[S]. Tokyo:JSSC,1995.

[28] 日本道路協會.道路橋示方書・同解説[S].日本東京:丸善株式会社,2002.

[29] 日本道路協會.钢构造物的疲劳设计指针・同解説[S].日本東京:丸善株式会社,2011.

[30] 中华人民共和国行业规范. JTG D64—2015 公路钢结构桥梁设计规范[S]. 北京:人民交通出版社股份有限公司,2015.

[31] FRICKE W. IIW recommendations for the fatigue assessment of welded structures by notch stress analysis:IIW-2006-09[M]. Cambridge:Woodhead Publishing,2012.

[32] SONSINO C M,FRICKE W,BRUYNE F D,et al. Notch stress concepts for the fatigue assessment of welded joints-background and applications[J]. International Journal of Fatigue,2012,34(1):2-16.

[33] RADAJ D,LAZZARIN P,BERTO F. Generalised neuber concept of fictitious notch rounding[J]. International Journal of Fatigue,2013,51:105-115.

[34] 崔闯,刘益铭,廖贵星,等. 正交异性钢桥面板焊接接头疲劳评估方法[J]. 西南交通大学学报,2015,50(6):1011-1017.

[35] SIM H B,UANG C M. Stress analyses and parametric study on full-scale fatigue tests of rib-to-

deck welded joints in steel orthotropic decks[J]. Journal of Bridge Engineering, 2012, 17(5):765-773.

[36] HENG J L, ZHENG K F, GOU C, et al. Fatigue performance of rib-to-deck joints in orthotropic steel decks with thickened edge U-ribs[J]. Journal of Bridge Engineering, 2017, 22(9):04017059.

[37] ZHANG Q H, CUI C, BU Y Z, et al. Fatigue tests and fatigue assessment approaches for rib-to-diaphragm in steel orthotropic decks[J]. Journal of Constructional Steel Research, 2015, 114: 110-118.

[38] 廖小伟,王元清,宗亮,等.基于有效缺口应力法的钢桥焊接细节疲劳分析[J].浙江大学学报(工学版),2017,51(1):1-8.

[39] 祝志文,钱六五.基于有效缺口应力法的正交异性钢桥面板疲劳评价[J].湖南大学学报(自然科学版),2015(9):59-67.

[40] DONG P. A structural stress definition and numerical implementation for fatigue analysis of welded joints[J]. International Journal of Fatigue, 2001, 23(10):865-876.

[41] DONG P, HONG J K. The master S-N curve approach to fatigue of vessel and piping welds[J]. Welding in the World, 2004, 48(1/2):28-36.

[42] DONG P, HONG J K, DE JESUS A M P. Analysis of recent fatigue data using the structural stress procedure in ASME Div 2 rewrite[J]. Journal of Pressure Vessel Technology, 2007, 129(3):355-362.

[43] ASME Boiler and Pressure Vessel Code. ASME BPVC Ⅷ-2—2015[S]. New York: The American society of mechanical engineers, 2015.

[44] XING S, DONG P, THRESTHA A. Analysis of fatigue failure mode transition in load-carrying fillet-welded connections[J]. Marine Structures, 2016, 46:102-126.

[45] LI J, ZHANG Q H, BAO Y, et al. An equivalent structural stress-based fatigue evaluation framework for rib-to-deck welded joints in orthotropic steel deck[J]. Engineering Structures, 2019, 196:109304.

[46] FISHER J W. Fatigue and fracture in steel bridges: case studies[M]. New York: John Wiley & Sons, 1984.

[47] PARIS P, ERDOGAN F. A critical analysis of crack propagation laws[J]. Journal of Basic Engineering, 1963, 85(4):528-533.

[48] PROVAN J W. Probabilistic fracture mechanics and reliability[M]. Dordrecht: Martinus Nijhoff Publishers, 1987.

[49] 陈传尧.疲劳与断裂[M].武汉:华中科技大学出版社,2002.

[50] SCHIJVE J. Fatigue of structures and materials[M]. Netherlands: Springer Science &

Business Media,2001.

[51] NAGY W,SCHOTTE K,VAN BOGAERT P,et al. Fatigue strength application of fracture mechanics to orthotropic steel decks[J]. Advances in Structural Engineering,2016,19(11): 1696-1709.

[52] 刘益铭,张清华,崔闯,等.正交异性钢桥面板三维疲劳裂纹扩展数值模拟方法[J].中国公路学报,2016,29(7):89-95.

[53] 王春生,翟慕赛,唐友明,等.钢桥面板疲劳裂纹耦合扩展机理的数值断裂力学模拟[J].中国公路学报,2017,30(3):82-95.

[54] KOZIN F,BOGDANOFF J L. A critical analysis of some probabilistic models of fatigue crack growth[J]. Engineering Fracture Mechanics,1981,14(1):59-89.

[55] 杨晓华,姚卫星.疲劳裂纹随机扩展模型[J].强度与环境,1995(2):39-50.

[56] LIDIARD A B. Fracture mechanics:current status,future prospects[C]//RA Smith,éditeur, Proceedings of a Conference at the Cambridge University. England,1979.

[57] SOBCZYK K. Modelling of random fatigue crack growth[J]. Engineering Fracture Mechanics, 1986,24(4):609-623.

[58] YANG J N,DONATH R C. Statistical crack propagation in fastener holes under spectrum loading[J]. Journal of Aircraft,1983,20(12):1028-1032.

[59] DOLINSKI K. Stochastic loading and material inhomogeneity in fatigue crack propagation[J]. Engineering Fracture Mechanics,1986,25(5-6):809-818.

[60] MADSEN H O. Stochastic modeling of fatigue crack growth and inspection[M]//Probabilistic methods for structural design. Dordrecht:Springer Science + Business Media,1997:59-83.

[61] YANG J N,MANNING S D. A simple second order approximation for stochastic crack growth analysis[J]. Engineering Fracture Mechanics,1996,53(5):677-686.

[62] ORTIZ K,KIREMIDJIAN A S. Time series analysis of fatigue crack growth rate data[J]. Engineering Fracture Mechanics,1986,24(5):657-675.

[63] ORTIZ K,KIREMIDJIAN A S. Stochastic modeling of fatigue crack growth[J]. Engineering Fracture Mechanics,1988,29(3):317-334.

[64] DITLEVSEN O. Random fatigue crack growth — a first passage problem[J]. Engineering Fracture Mechanics,1986,23(2):467-477.

[65] 高镇同.疲劳可靠性[M].北京:北京航空航天大学出版社,2000.

[66] 常大民,江克斌.桥梁结构可靠性分析与设计[M].北京:中国铁道出版社,1995.

[67] PROVAN J W. Probabilistic fracture mechanics and reliability[M]. Dordrecht:Martinus Nijhoff Publishers,1987.

[68] YE X W,SU Y H,HAN J P. A state-of-the-art review on fatigue life assessment of steel

bridges[J]. Mathematical Problems in Engineering,2014:1-13.

[69] BYERS W G, MARLEY M J, MOHAMMADI J, et al. Fatigue reliability reassessment procedures:state-of-the-art paper[J]. Journal of Structural Engineering, 1997, 123(3): 271-276.

[70] YAZDANI N, ALBRECHT P. Probabilistic fracture mechanics application to highway bridges [J]. Engineering Fracture Mechanics,1990,37(5):969-985.

[71] 邓扬,李爱群,丁幼亮.钢箱梁桥海量应变监测数据分析与疲劳评估方法研究[J].工程力学,2014(7):69-77.

[72] 邓扬,丁幼亮,李爱群.钢箱梁焊接细节基于长期监测数据的疲劳可靠性评估:疲劳可靠度指标[J].土木工程学报,2012(3):86-92.

[73] LI Z X, CHAN T H T, ZHENG R, et al. Statistical analysis of online strain response and its application in fatigue assessment of a long-span steel bridge[J]. Engineering Structures, 2003,25(03):1731-1741.

[74] 王莹,李兆霞,赵丽华.大跨钢桥钢箱梁损伤时变模型及疲劳可靠性评估[J].东南大学学报(自然科学版),2013(5):1017-1023.

[75] 郑蕊,李兆霞.基于结构健康监测系统的桥梁疲劳寿命可靠性评估[J].东南大学学报:自然科学版,2001,31(6):71-73.

[76] KIAEE M, CRUDEN A, CHLADEK P, et al. Investigation of fatigue performance of welded details in long-span steel bridges using long-term monitoring strain data[J]. Structural Control & Health Monitoring,2015,22(11):40-50.

[77] MACDOUGALL C, GREEN M F, SHILLINGLAW S. Fatigue damage of steel bridges due to dynamic vehicle loads[J]. Journal of Bridge Engineering,2014,11(3):320-328.

[78] ZHAO Z, HALDAR A, BREEN F L, et al. Fatigue-reliability evaluation of steel bridges[J]. Journal of Structural Engineering,1994,120(5):1608-1623.

[79] WIRSCHING P H. Fatigue reliability for offshore structures[J]. Journal of Structural Engineering,1984,110(10):2340-2356.

[80] WIRSCHING P H, TORNG T Y, MARTIN W S. Advanced fatigue reliability analysis[J]. International Journal of Fatigue,1991,13(5):389-394.

[81] KWON K, DAN M F. Bridge fatigue reliability assessment using probability density functions of equivalent stress range based on field monitoring data[J]. International Journal of Fatigue, 2010,32(8):1221-1232.

[82] GARBATOV Y, SOARES C G. Cost and reliability based strategies for fatigue maintenance planning of floating structures[J]. Reliability Engineering & System Safety,2001,73(3): 293-301.

[83] SOARES C G, GARBATOV Y. Fatigue reliability of the ship hull girder[J]. Marine Structures,1996,9(3-4):495-516.

[84] LIU M, FRANGOPOL D M, KWON K. Fatigue reliability assessment of retrofitted steel bridges integrating monitored data[J]. Structural Safety,2010,32(1):77-89.

[85] MAO H, MAHADEVAN S. Reliability analysis of creep-fatigue failure[J]. International Journal of Fatigue,2000,22(9):789-797.

[86] MURTY A S R, GUPTA U C, RADHA A. A new approach to fatigue strength distribution for fatigue reliability evaluation[J]. International Journal of Fatigue,1995,17(2):85-89.

[87] 刘扬,张海萍,邓扬,等.公路桥梁车辆荷载建模方法及疲劳寿命评估[J].应用力学学报,2016,33(4):652-658.

[88] 鲁乃唯,刘扬,邓扬.随机车流作用下悬索桥钢桥面板疲劳损伤与寿命评估[J].中南大学学报自然科学版,2015(11):4300-4306.

第3章 高疲劳抗力正交异性钢桥面板细节研究

钢桥面板疲劳开裂是结构实际抗疲劳性能不足与实际需求较高之间矛盾的外在表现,解决这一矛盾的途径主要有二:一是从决定疲劳性能的内因入手并系统构思,发展长寿命钢桥面板结构和适用的自动化制造技术,有效提升结构的抗疲劳性能;二是从疲劳性能的控制性外因入手,构建涵盖监测与检测、开裂预后、裂后性能强化等关键内容的结构运维保障体系。

长寿命钢桥面板属于典型的面向性能的结构设计目标之一。为实现此目标,需由钢桥面板疲劳开裂问题的基本属性出发,从结构体系和构造细节两个层面系统思考,寻求综合解决方案。从结构体系层面考虑,顶板板厚、横隔板板厚和横隔板间距等结构体系设计参数共同决定了构造细节的实际受力状态。因此,优化并确定钢桥面板结构体系的合理设计参数,可有效降低疲劳荷载对于构造细节的疲劳致损效应,从而达到延长结构疲劳寿命的目的。从构造细节角度,控制闭口肋正交异性钢桥面板疲劳性能的构造细节主要包括纵肋与顶板焊接构造细节和纵肋与横隔板交叉构造细节;由两个构造细节的疲劳失效机制出发,引入先进自动化制造技术,在传统构造细节的基础上发展纵肋与顶板新型双面焊构造细节和纵肋与横隔板新型交叉构造细节,显著提高控制疲劳易损构造细节的疲劳性能,从而达到提高结构疲劳抗力的目的。

3.1 纵肋与横隔板新型交叉构造细节

3.1.1 有限元模型的建立

以深中通道为背景建立节段模型,研究横隔板缺口处的疲劳性能。横隔板弧形缺口处的疲劳裂纹在纵桥向分布较为广泛,几乎分布在每一段钢箱梁上,其中主跨纵桥向节段裂纹分布较为集中;裂纹在横桥向也均有分布,不过裂纹明显集中在重车道和中间车道。深中通道主梁共有10种类型(A~J),213个梁段。其中 B 梁段为标准梁段,共有184段;因此采用标准梁段尺寸进行建模。节段模型纵桥向长12.8m,横桥向宽20.25m(取半结构),共包含4道横隔板,31道纵肋,横隔板间距为3.2m,从前往后依次编号为 N1~N4;纵肋宽300mm,两纵肋中心间距为600mm,从桥梁中心线到两侧依次编号为 U1~U31。其中 U22~U27 位于重车道,选择重车道内侧轮迹线处的纵肋为研究对象,即 U23。纵向以第三道横隔板 N3 为研究对象。

采用 ABAQUS 有限元软件建立钢箱梁节段板壳模型,如图 3-1 所示。顶板在外侧重车道厚 18mm,内侧快车道厚 16mm,纵肋板厚 8mm,底板厚 10mm,斜底板厚 10mm,底板纵肋板厚 6mm。模型材料为钢材,弹性模量取为 210GPa,泊松比为 0.3。模型中心位置采用对称约束,两端约束三个平动自由度。在 U23 和 N3 交会处,取大小为 400mm×500mm×400mm(长×宽×高)的空缺,并建立相应的实体模型,采用 shell-to-solid 与壳单元模型进行连接。板壳单元全局种子设置为 200mm,采用 S4R 单元类型;实体单元的网格尺寸为 5mm,采用 C3D8R 单元类型。

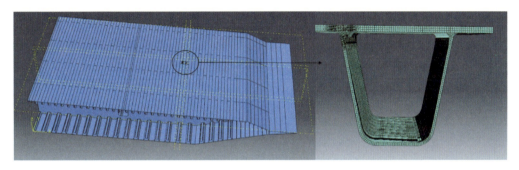

图 3-1 壳-实体耦合模型

3.1.2 加载工况

采用《公路钢结构桥梁设计规范》(JTG D64—2015)中的疲劳荷载模型Ⅲ进行加载,如图 3-2 所示,疲劳车车轮轮距 2.0m,车轴轴距依次为 1.2、6.0、1.2m,共 4 轴,轴重 120kN。采用 Fortran 语言编制 Dload 子程序实现双侧双轮加载,由于钢桥面板的纵向影响线很小,而车辆前后轴之间的轴距已经接近两个横隔板间隔,因此只考虑前轴双轮的加载情况。以 U23 中心位置为起始位置,横桥向每移动 150mm 作为加载工况,纵桥向每移动 200mm 作为一个加载工况。横桥向工况距中心距离为 -700~750mm(从桥梁中心线到外侧),共 11 种工况,如图 3-3 所示;纵桥向工况距中心距离为 -2600~3200mm(从前往后),共 30 种工况,如图 3-4 所示。取纵肋与横隔板围焊底部 B1 和弧形开口 B2 为测点,绘制两测点的影响面,并确定最不利工况,如图 3-5 所示。

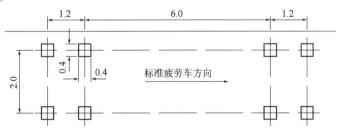

图 3-2 疲劳荷载模型示意图(尺寸单位:m)

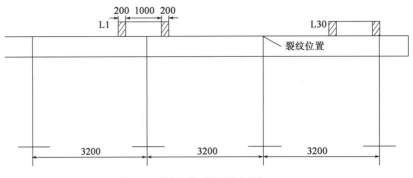

图 3-3 横向加载工况(尺寸单位:mm)

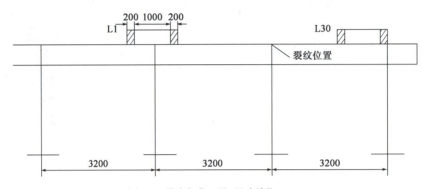

图 3-4 纵向加载工况(尺寸单位:mm)

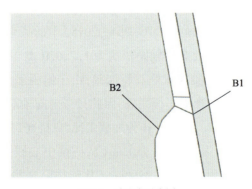

图 3-5 关注点示意图

3.1.3 加载结果

车轮在不同位置处影响面如图 3-6、图 3-7 所示,可以看到 B1 主要承受主拉应力,B2 主要承受主压应力,因此可以主要关注最大与最小主应力。B1 的影响面有明显的对称特点,横桥向主要关于中心位置对称,纵桥向关于 $x=700$ 对称,最大值位于(150,600),即车辆两轴轴心线位于横隔板且一侧轮载作用于所研究的纵肋上方时取得最大值。同时该影响面还有另外两个峰值,分别为车辆在两个横隔板跨中位置,其大小与作用在横隔板时大小相近;横桥向其影响范围较短,相距一个纵肋间隔后期主应力水平已经接近 0,纵桥向远离一个横隔板间距后,应力水平为峰值的一半,但下降趋势明显。对于 B2,其有明显的单峰值特点,且影响范围较小,在远离峰值位置时其应力迅速降低,纵桥向在远离一个横隔板间距后,其最小主应力已经接近 0;横桥向远离一个纵肋间距时,其最小主应力也接近为 0。B2 处,应力最大值与 B1 的位置相同。

B1 最大主应力和 B2 最小主应力影响线如图 3-6 和图 3-7 所示。由图 3-6 和图 3-7 可知:

(1) 纵肋与横隔板焊缝处最大主应力约为 52MPa,弧形缺口自由边处的最小主应力约为 −88MPa。

(2) 对于纵肋与横隔板焊缝,其最不利工况为纵向中心位置,横向一侧车轮作用于测点所在纵肋。

(3) 对于弧形缺口自由边,其最不利位置为纵向中心位置,横向一侧车轮作用于测点所在纵肋。

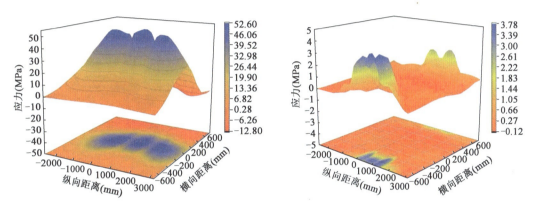

图 3-6 B1、B2 最大主应力影响面

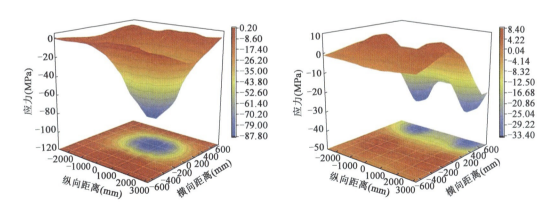

图 3-7 B1、B2 最小主应力影响面

3.1.4 基于断裂力学的有限元分析

3.1.4.1 含裂纹有限元模型

基于线弹性断裂力学基本理论模拟裂纹扩展或计算裂纹尖端应力强度因子时,都需要引

入初始裂纹,初始裂纹尺寸的选取对疲劳寿命与应力强度因子的计算结果都有较大影响。在二维裂纹扩展模型中采用线裂纹,三维裂纹扩展模型中采用面裂纹。为加强模拟的真实性,本文采用的是钢箱梁三维裂纹扩展模型。其初始裂纹为面裂纹,根据实际裂纹形状,面裂纹一般可以假定为椭圆、半椭圆或1/4椭圆形,考虑到初始的可检测性,本文初始裂纹采用长度10mm、深度2.5mm($a/c=1/2$)的半椭圆裂纹。

将半椭圆裂纹引入纵肋-横隔板疲劳细节的横隔板焊趾、纵肋焊趾处以及弧形切口处,如图3-8所示。设置裂纹类型为XFEM,在有限元模拟中关闭裂纹扩展选项与几何非线性,裂纹与整体模型之间采用"硬接触"。采用J积分法计算应力强度因子,输出裂纹尖端前15道围线积分,取积分结果稳定后的应力强度因子。

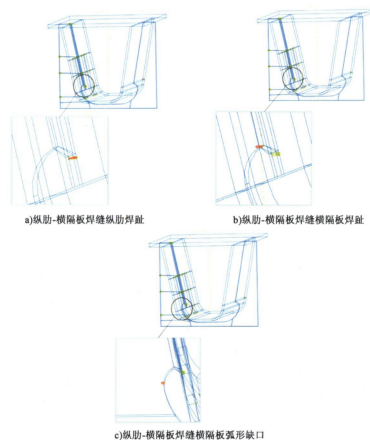

a)纵肋-横隔板焊缝纵肋焊趾　　　　b)纵肋-横隔板焊缝横隔板焊趾

c)纵肋-横隔板焊缝横隔板弧形缺口

图3-8 初始裂纹位置

3.1.4.2 纵肋-横隔板焊缝细节应力强度因子分析

断裂力学中根据裂纹的三种开裂形态,将裂纹类型分为Ⅰ型裂纹(张开型裂纹)、Ⅱ型裂纹(滑开型裂纹)、Ⅲ型裂纹(撕开型裂纹)。$K_Ⅰ$、$K_Ⅱ$、$K_Ⅲ$分别为三种开裂模式对应的裂纹应力强度因子。采用之前所述的加载方式对移动车载下疲劳焊接细节的裂纹尖端应力强度因子进行分析，提取裂纹尖端沿厚度方向中点的 $K_Ⅰ$、$K_Ⅱ$、$K_Ⅲ$。

纵肋-横隔板连接细节中，焊趾与焊根处各加载工况下的裂纹尖端应力强度因子 $K_Ⅰ$ 影响线如图 3-9 所示。焊趾与焊根处纵向中心位置的加载工况下，裂纹尖端应力强度因子 $K_Ⅰ$、$K_Ⅱ$、$K_Ⅲ$ 的横向影响线如图 3-10 所示。横向中心位置的加载工况下，裂纹尖端应力强度因子 $K_Ⅰ$、$K_Ⅱ$、$K_Ⅲ$ 的纵向影响线如图 3-11 所示。

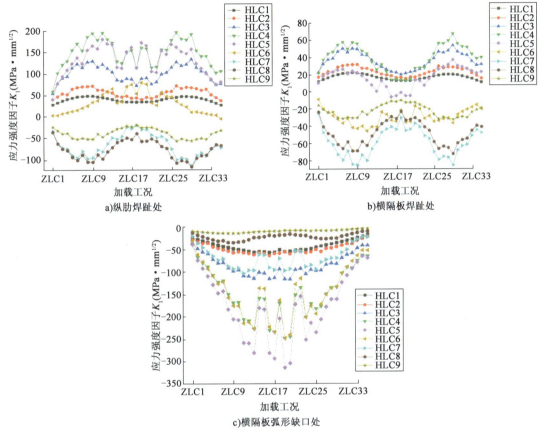

图 3-9 应力强度因子 $K_Ⅰ$ 影响线

结果表明：

（1）纵肋焊趾处初始裂纹应力强度因子 $K_Ⅰ$ 最大值达到 $200\text{MPa}\cdot\text{mm}^{1/2}$，超过日本 JSSC 规范中的桥梁钢结构应力强度因子阈值，有较大的裂纹扩展驱动力，大于横隔板焊趾处 $K_Ⅰ$ 的最大值，与实桥中发现纵肋焊趾处短裂纹数量较多的现象较为吻合。

（2）纵肋焊趾处Ⅰ型裂纹占主导地位；横隔板焊趾处Ⅰ型与Ⅱ型裂纹均占较大比例；横隔板弧形缺口处应力强度因子几乎均为负值，说明预置初始裂纹在荷载条件下以闭合状态为主。

（3）纵肋-横隔板焊缝焊趾处的初始裂纹尖端的应力强度因子 $K_Ⅰ$ 在轮载位于纵向中心处时最小，在纵向中心两侧 1.6m 位置处达到最大值。

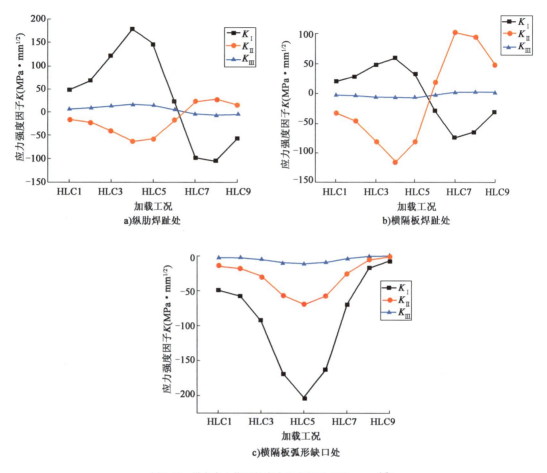

图 3-10　纵向中心位置的应力强度因子（MPa·mm$^{1/2}$）

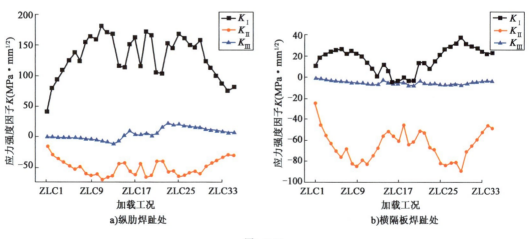

图　3-11

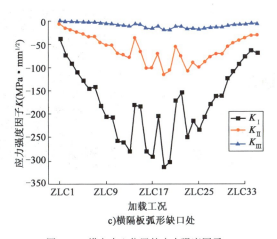

c)横隔板弧形缺口处

图 3-11 横向中心位置的应力强度因子

3.1.4.3 纵肋-横隔板焊缝细节裂纹三维扩展分析

根据应力强度因子分析结果,分别找到纵肋-顶板与纵肋-横隔板两个焊接细节的最不利荷载工况,利用 ABAQUS 中 direct cyclic 分析步在最不利荷载位置进行循环加载。循环方式如图 3-12 所示。

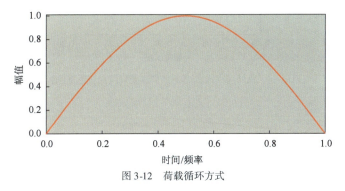

图 3-12 荷载循环方式

对纵肋-横隔板焊缝疲劳细节进行三维疲劳裂纹扩展模拟。根据前节关于应力强度因子的分析,由于横隔板弧形缺口处裂纹在仅考虑车辆荷载的条件下不具备足够的裂纹扩展驱动力,故不考虑该部位的裂纹扩展。随着荷载循环次数的增加,纵肋焊趾与横隔板焊趾的裂纹扩展情况如图 3-13 ~ 图 3-18 所示。

1) 纵肋焊趾位置裂纹

纵肋-横隔板焊缝纵肋焊趾处裂纹在扩展过程中裂纹形态、扩展速率与累计应变能释放率的变化情况如图 3-13 ~ 图 3-15 所示。纵肋焊趾处裂纹先向纵肋厚度方向扩展,后沿初始裂纹长度方向顺桥向扩展,纵肋表面裂纹延伸,扩展过程后期裂纹面出现竖向向上的轻微偏转。纵肋焊趾处裂纹前期扩展较快,后期速度减慢,扩展过程中 Ⅰ 型裂纹占主导地位。

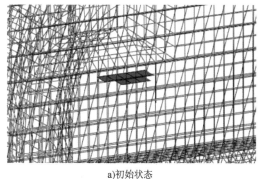

a) 初始状态　　　　　　　　　　　　b) 荷载循环20万次

图 3-13　纵肋-横隔板焊缝纵肋焊趾处裂纹内部状态

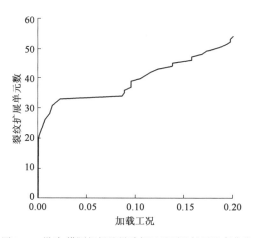

图 3-14　纵肋-横隔板焊缝纵肋焊趾处裂纹扩展速率曲线

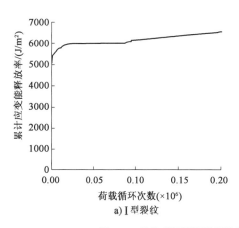
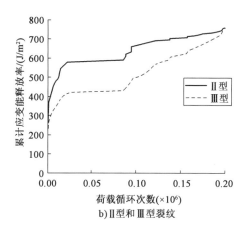

a) Ⅰ型裂纹　　　　　　　　　　　　b) Ⅱ型和Ⅲ型裂纹

图 3-15　纵肋-横隔板焊缝纵肋焊趾处裂纹扩展的累计应变能释放率

2) 横隔板焊趾位置裂纹

纵肋-横隔板焊缝横隔板焊趾处裂纹在扩展过程中裂纹形态、扩展速率与累计应变能释放率的变化情况如图 3-16～图 3-18 所示。横隔板焊趾处初始裂纹与焊缝有一定夹角,裂纹先沿初始裂纹深度方向向横隔板扩展,再向横隔板厚度方向扩展,扩展方向与初始裂纹方向基本一致。裂纹扩展速率在约 300 万次与 800 万次荷载循环处出现明显的增长点。裂纹扩展过程中的累计应变能释放率如图 3-18 所示,可见 $G_Ⅰ$ 占比较少,$G_Ⅱ$ 和 $G_Ⅲ$ 后期发展较快,占主导地位,裂纹形式与该部位的受力情况与较大的面外变形有关。

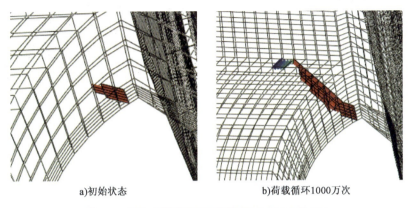

图 3-16 纵肋-横隔板焊缝横隔板焊趾处裂纹内部状态

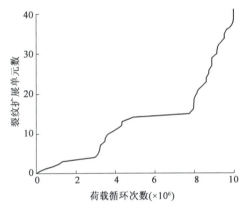

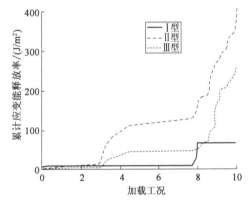

图 3-17 纵肋-横隔板焊缝横隔板焊趾处裂纹扩展速率曲线

图 3-18 纵肋-横隔板焊缝横隔板焊趾处裂纹扩展的累计应变能释放率

由裂纹扩展过程的分析结果可知:

(1)对于纵肋-横隔板焊缝,纵肋焊趾处前期裂纹扩展较快,与实桥纵肋焊趾短裂纹多的情况较为符合,模拟得到的纵肋焊趾与横隔板焊趾处裂纹扩展状态与实桥扩展模式较为吻合。

(2)横隔板焊趾处裂纹以 Ⅱ、Ⅲ 型裂纹为主导,先沿初始裂纹深度方向在横隔板扩展,再向横隔板厚度方向扩展;纵肋焊趾处裂纹以 Ⅰ 型裂纹为主导,先向纵肋厚度方向扩展,后沿初始裂纹长度方向顺桥向扩展。

(3)在初始裂纹尺寸与荷载条件相同的情况下,纵肋焊趾处裂纹扩展速度大于横隔板焊趾处裂纹扩展速度。

3.2 纵肋与顶板构造细节

纵肋与顶板构造细节直接承受车辆轮载的反复作用,在其焊根和焊趾位置将产生较大应力幅,导致该构造细节疲劳开裂问题突出。对于纵肋与顶板传统单面焊构造细节,萌生于顶板焊根位置的疲劳裂纹位于闭口纵肋内部,常规巡检无法发现,一般在裂穿顶板并导致桥面铺装开裂或破损时才能检出。此时,已严重影响桥梁的运营质量,并引发渗水导致钢箱梁锈蚀等耐久性问题。通过引入纵肋与顶板双面埋弧焊工艺,将纵肋与顶板传统单面坡口角焊缝构造细节改善为新型双面焊构造细节,使其主导疲劳失效模式发生迁移,提升其疲劳性能。

为了便于分析,将纵肋与顶板构造细节各疲劳失效模式进行分类编号,如图 3-19 所示。纵肋与顶板单面焊构造细节(Single)用字母"S"代表,纵肋与顶板双面焊构造细节(Double)用字母"D"代表。各疲劳失效模式的编号规则如下:字母"T"代表焊趾(toe)起裂的疲劳失效模式,字母"R"代表焊根(root)起裂的疲劳失效模式,字母后的阿拉伯数字代表疲劳失效模式的编号。T1 和 T2 分别代表疲劳裂纹从顶板外侧焊趾和纵肋外侧焊趾起裂并沿着板厚方向扩展;T3 和 T4 分别代表疲劳裂纹从顶板内侧焊趾和纵肋内侧焊趾起裂并沿着板厚方向扩展;R1 和 R2 分别代表疲劳裂纹从顶板外侧焊根起裂并沿着顶板厚度方向和焊缝扩展;R3 和 R4 分别代表疲劳裂纹从内侧焊根起裂并沿着顶板和焊缝方向扩展。如:D-T1 代表纵肋与顶板双面焊构造细节顶板外侧焊趾起裂并沿顶板厚度方向扩展的疲劳失效模式。

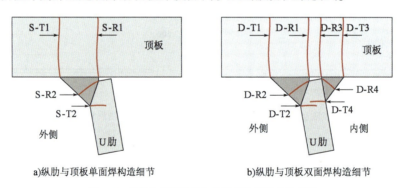

图 3-19 纵肋与顶板构造细节疲劳失效模式示意图

3.2.1 有限元模型的建立

为了研究纵肋与顶板构造细节各疲劳失效模式的疲劳性能,确定其主导疲劳失效模式,在此基础上分析熔透率对新型双面焊构造细节疲劳性能的影响,采用通用有限元软件 ANSYS 建立了正交异性钢桥面板三维实体有限元模型,如图 3-20 所示。

有限元模型纵向长度为 10.0m,包含三跨四个横隔板,具体布置为(0.5 + 3 × 3.0 + 0.5)m = 10.0m;横向宽度为 4.2m,包含 7 个纵肋;竖向高度为 0.7m;纵肋间距为 600mm,纵肋顶端开口宽度为300mm，横隔板间距为3000mm；顶板、横隔板和纵肋三者的厚度分别为18mm、14mm和8mm。所有构件在有限元模型中采用实体单元(Solid45)进行模拟，钢材的弹性模量取值为206GPa，泊松比取值为0.3。选取中跨跨中截面的纵肋与顶板构造细节作为研究对象并对其网格进行细化处理。

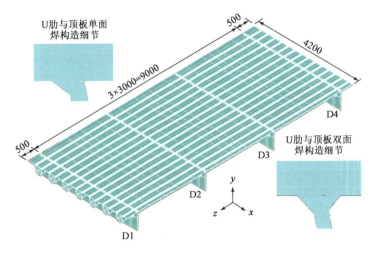

图3-20 有限元节段模型(尺寸单位：mm)

为模拟正交异性钢桥面板的受力特征，选取如下边界条件：(1)为了模拟钢箱梁横隔板和顶板对模型横向(x向)的约束作用，在有限元模型中约束横隔板和顶板横向两端节点x方向的平动自由度；(2)为了模拟钢箱梁对模型竖向(y向)的约束作用，在有限元模型中限制横隔板底端节点y向的平动自由度；(3)为了模拟钢箱梁对模型纵向(z向)的约束作用，在有限元模型中限制纵肋与顶板纵向两端节点z方向的平动自由度。由于理论计算中重点关注的纵肋与顶板构造细节距离边界条件位置较远，根据圣维南原理可知，有限元模型中的边界条件不会对本文的理论计算带来较大误差。

荷载选取标准疲劳车，车重为480kN，轴重为120kN，单个轮载重为60kN，标准疲劳车车轮之间的横向中心距为2.0m。由于纵肋与顶板构造细节的横向影响线较短，因此标准疲劳车两车轮的横向相互影响可以忽略。为了获得纵肋与顶板构造细节在轮载下的受力状态，选取标准疲劳车的单个轮载作为单位荷载，对正交异性钢桥面板进行纵横向移动加载，然后基于等效结构应力法计算得到纵肋与顶板构造细节各疲劳失效模式的等效结构应力影响面。

纵肋与顶板新型双面焊构造细节的纵横向加载工况如图3-21所示。其中横向加载，以截面中心线为基准线，荷载中心的偏移量为e，荷载位于x轴正方向则e为正，荷载位于x轴负方向则e为负，横向加载步长为0.15m，如图3-21a)所示；纵向加载位置以2号横隔板(D2)为起点，加载步长为0.1m，向3号横隔板(D3)方向进行移动加载，如图3-21b)所示。

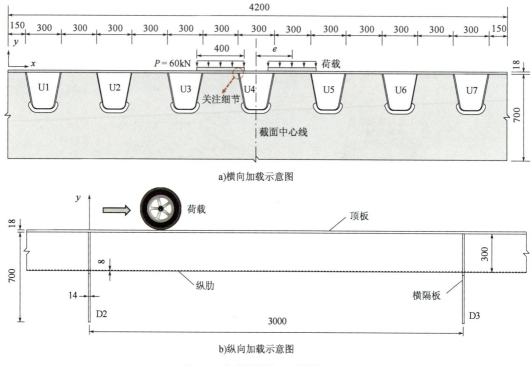

图 3-21 加载示意图(尺寸单位:mm)

3.2.2 纵肋与顶板单面焊构造细节理论分析结果

以纵肋与顶板单面焊构造细节为研究对象,基于等效结构应力法,对其疲劳性能开展理论研究。纵肋与顶板单面焊构造细节的熔透率为75%,各重要疲劳失效模式的等效结构应力影响面如图 3-22 所示。由图 3-22 可知,各疲劳失效模式在轮载作用下的纵向影响区域主要在关注构造细节相邻的两个横隔板之间;横向影响区域主要在关注构造细节相邻4个纵肋区域范围内。

纵肋与顶板单面焊构造细节各疲劳失效模式的等效结构应力影响面如图 3-22 所示。在纵向移动轮载作用下,S-T1 疲劳失效模式将承受拉-压循环应力,当轮载横向作用位置为 $e = -150$mm 时为最不利横向加载位置,此时 D-T1 疲劳失效模式承受的最大等效结构应力幅值为 52.3MPa;当轮载纵向加载位置为 1100mm 时,S-T1 疲劳失效模式将产生最大拉应力,其值为 17.2MPa;当轮载纵向加载位置为 1500mm 时,D-T1 疲劳失效模式将产生最大压应力,其值为 -35.1MPa。

S-R1 疲劳失效模式与 S-T1 疲劳失效模式的受力状态类似,在纵向移动轮载作用下主要承受拉-压循环应力,最不利横向加载位置为 $e = -150$mm,最大等效结构应力幅值为 55.5MPa;当轮载纵向加载位置为 1100mm 时,D-T1 疲劳失效模式将产生最大拉应力,其值为 19.5MPa;当轮载纵向加载位置为 1500mm 时,D-T1 疲劳失效模式将产生最大压应力,其值为 -36.1MPa。

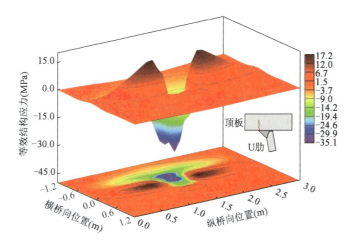

a) S-T1失效模式等效结构应力影响面

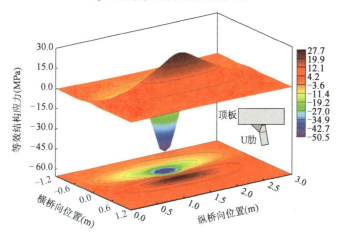

b) S-T2失效模式等效结构应力影响面

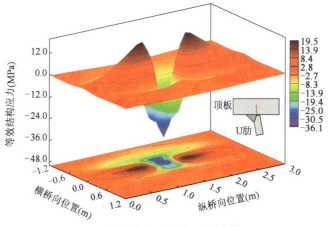

c) S-R1失效模式等效结构应力影响面

图 3-22

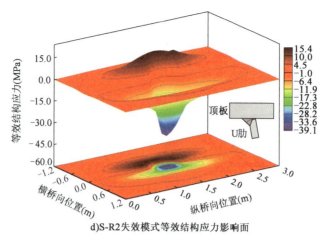

d) S-R2失效模式等效结构应力影响面

图 3-22　纵肋与顶板单面焊构造细节等效结构应力影响面

S-T2 疲劳失效模式与 S-R2 疲劳失效模式的受力状态类似。当横向加载位置为 $e = -300\text{mm}$ 时,S-T2 疲劳失效模式承受压-压循环应力,最大应力幅值为 50.5MPa;而 S-R2 疲劳失效模式以承受拉-拉循环应力为主,最大应力幅值为 15.4MPa。当横向加载位置 $e = 150\text{mm}$ 时,S-T2 疲劳失效模式承受拉-拉循环应力,最大应力幅值为 27.8MPa;S-R2 疲劳失效模式承受压-压循环应力,最大应力幅值为 32.6MPa。

在各重要疲劳开裂模式影响面分析的基础上,联合运用泄水法、等效结构应力法疲劳强度曲线(主 S-N 曲线)和线性累计损伤理论对纵肋与顶板单面焊构造细节的疲劳抗力进行评估。此处以疲劳累积损伤度作为各重要疲劳开裂模式疲劳抗力评估的统一指标,以确定两类构造细节各重要疲劳开裂模式疲劳抗力,其中每百万辆标准疲劳车作用下的疲劳累积损伤度评估结果如表 3-1 所示。

各重要疲劳开裂模式累计损伤度　　表 3-1

疲劳失效模式	不同横向加载位置的累计损伤度($\times 10^{-2}$)				
	$e = -300\text{mm}$	$e = -150\text{mm}$	$e = 0\text{mm}$	$e = 150\text{mm}$	$e = 300\text{mm}$
S-T1 失效模式	1.1089	3.9600	1.1077	0.1708	0.0005
S-T2 失效模式	2.0238	0.4879	0.0503	0.3515	0.1992
S-R1 失效模式	1.3375	4.8164	1.3581	0.2480	0.0047
S-R2 失效模式	0.0882	0.4018	1.0711	0.4958	0.1141

研究表明:在纵肋与顶板单面焊构造细节多种疲劳失效模式中,相同车辆荷载和交通量作用时,S-R1 疲劳失效模式(顶板焊根开裂)的典型工况疲劳累积损伤度均高于其他疲劳失效模式,表明 S-R1 疲劳失效模式是纵肋与顶板单面焊构造细节的主导疲劳失效模式。

3.2.3　纵肋与顶板双面焊构造细节理论分析结果

以纵肋与顶板新型双面焊构造细节为研究对象,基于等效结构应力法,对其疲劳性能开展理

第3章 高疲劳抗力正交异性钢桥面板细节研究

论研究。纵肋与顶板双面焊构造细节的熔透率选取为75%,各重要疲劳失效模式的等效结构应力影响面如图3-23所示。由图3-23可知,各疲劳失效模式在轮载作用下的纵向影响区域主要在关注构造细节相邻的两个横隔板之间;横向影响区域主要在关注构造细节相邻的4个纵肋区域内。

焊趾起裂各疲劳失效模式的等效结构应力影响面如图3-23a)~d)所示。在纵向移动轮载作用下,D-T1疲劳失效模式将承受较大的拉-压循环应力,最不利横向加载位置为$e=-150$mm,最大等效结构应力幅值为53.3MPa;当轮载纵向加载位置为1100mm时,D-T1疲劳失效模式将产生最大拉应力,其值为17.6MPa;当轮载纵向加载位置为1500mm时,D-T1疲劳失效模式将产生最大压应力,其值为-35.8MPa。

D-T3疲劳失效模式与D-T1疲劳失效模式的受力状态类似。在纵向移动轮载作用下主要承受拉-压循环应力,当轮载横向作用位置为$e=-150$mm时为最不利横向加载位置,此时D-T3疲劳失效模式承受的最大等效结构应力幅值为45.0MPa;当轮载纵向加载位置为1100mm时,D-T3疲劳失效模式将产生最大拉应力,其值为19.4MPa;当轮载纵向加载位置为1500mm时,D-T3疲劳失效模式将产生最大压应力,其值为-28.7MPa。

D-T2疲劳失效模式和D-T4疲劳失效模式的受力状态类似。当横向加载位置为$e=-300$mm时,D-T2疲劳失效模式承受拉-压循环应力,最大应力幅值为49.8MPa;D-T4疲劳失效模式承受拉-拉循环应力,最大应力幅值为26.0MPa。当横向加载位置$e=150$mm时,D-T2疲劳失效模式承受拉-拉循环应力,最大应力幅值为29.9MPa;D-T4疲劳失效模式承受压-压循环应力,最大应力幅值为37.1MPa。

焊根起裂各疲劳失效模式的等效结构应力影响面如图3-23e)~h)所示。分析可知在纵向移动轮载作用下焊根起裂各疲劳失效模式主要承受拉-压循环应力,D-R1、D-R2、D-R3和D-R4疲劳失效模式的最大等效结构应力幅值分别为26.6MPa、12.3MPa、26.2MPa和13.3MPa。研究结果表明:焊根起裂各疲劳失效模式的等效结构应力幅值均显著低于焊趾起裂各疲劳失效模式的等效结构应力幅值。

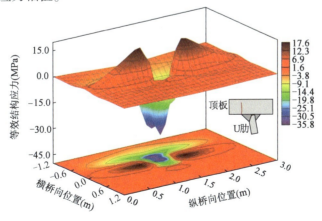

a) D-T1疲劳失效模式等效结构应力影响面

图 3-23

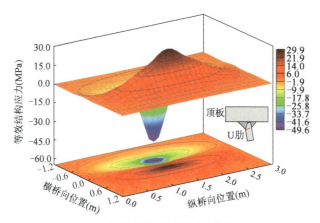

b) D-T2疲劳失效模式等效结构应力影响面

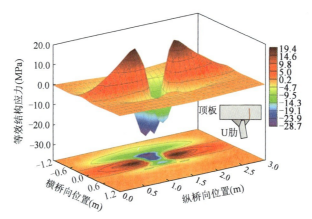

c) D-T3疲劳失效模式等效结构应力影响面

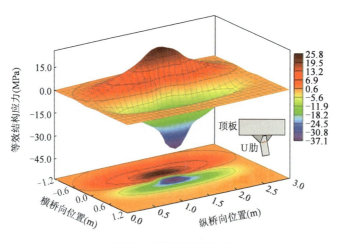

d) D-T4疲劳失效模式等效结构应力影响面

图 3-23

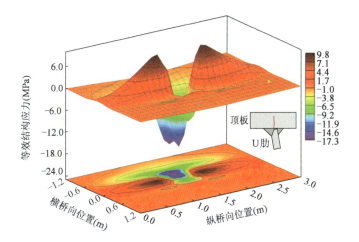

e) D-R1疲劳失效模式等效结构应力影响面

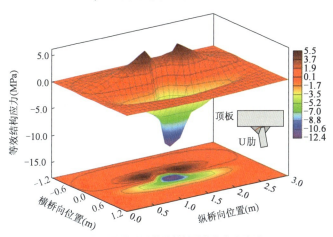

f) D-R2疲劳失效模式等效结构应力影响面

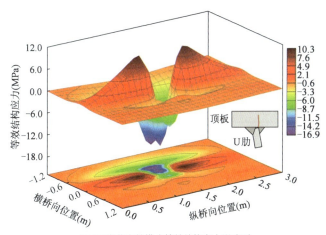

g) D-R3疲劳失效模式等效结构应力影响面

图 3-23

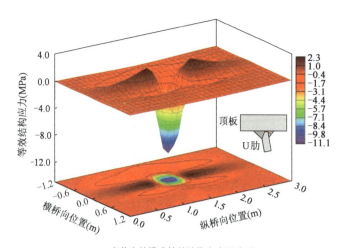

h) D-R4疲劳失效模式等效结构应力影响面

图 3-23 纵肋与顶板双面焊构造细节等效结构应力影响面

在重要疲劳开裂模式影响面分析的基础上,联合运用泄水法、等效结构应力法疲劳强度曲线(主 S-N 曲线)和线性累计损伤理论对两类构造细节的疲劳抗力进行评估。此处以疲劳累积损伤度作为各重要疲劳开裂模式疲劳抗力评估的统一指标,以确定两类构造细节各重要疲劳开裂模式的疲劳抗力,其中每百万辆标准疲劳车作用下纵肋与顶板双面焊构造细节的疲劳累积损伤度评估结果如表 3-2 所示。

纵肋与顶板双面焊构造细节各重要疲劳开裂模式累计损伤度　　表 3-2

疲劳失效模式	不同横向加载位置(mm)的累计损伤度($\times 10^{-2}$)				
	$e = -300$	$e = -150$	$e = 0$	$e = 150$	$e = 300$
D-T1 失效模式	1.2234	3.9800	1.1061	0.1663	0.0006
D-T2 失效模式	1.8730	0.3452	0.0464	0.4280	0.2243
D-T3 失效模式	0.8890	2.6310	0.5543	0.1242	0.0042
D-T4 失效模式	0.2392	0.0596	0.7717	0.7496	0.2334
D-R1 失效模式	0.1619	0.4885	0.1070	0.0198	0.0001
D-R2 失效模式	0.0038	0.0204	0.0313	0.0172	0.0042
D-R3 失效模式	0.1569	0.4741	0.1026	0.0208	0.0002
D-R4 失效模式	0.0125	0.0487	0.0200	0.0014	0.0000

研究表明:(1)双面焊构造细节焊根起裂各疲劳失效模式的损伤度均处于较低水平,主要是因为纵肋内侧焊缝使焊根位置未熔透部分处于封闭区域内,有效降低了焊根位置的损伤度,使得焊根部位出现疲劳裂纹的可能性大幅降低;(2)在纵肋与顶板双面焊构造细节多种疲劳失效模式中,相同车辆荷载和交通量作用下 D-T1 疲劳失效模式(顶板外侧焊趾开裂)的典型工况疲劳累积损伤度均高于其他疲劳失效模式,表明 D-T1 疲劳失效模式是纵肋与顶板双面焊构造细节的主导疲劳失效模式;(3)双面焊构造细节的引入,使得纵肋与顶板焊构造细节的主导疲劳失效模式由顶板焊根迁移到顶板焊趾;相较于单面焊构造细节,双面焊构造细节主导

疲劳失效模式的疲劳累积损伤度降幅为17.4%,双面焊的引入有效实现了纵肋与顶板构造细节疲劳性能的提升。

3.3 小结

长寿命钢桥面板属于典型的面向性能的结构设计目标之一,为实现此目标,需由钢桥面板疲劳开裂问题的基本属性出发,从结构体系和构造细节两个层面系统思考,寻求综合解决方案。从结构体系层面考虑,顶板板厚、横隔板板厚和横隔板间距等结构体系设计参数共同决定了构造细节的实际受力状态。因此,优化并确定钢桥面板结构体系的合理设计参数,可有效降低疲劳荷载对于构造细节的疲劳致损效应,从而达到延长结构疲劳寿命的目的。从构造细节角度,控制闭口肋正交异性钢桥面板疲劳性能的构造细节主要包括纵肋与顶板焊接构造细节和纵肋与横隔板交叉构造细节,由两个构造细节的疲劳失效机制出发,引入先进自动化制造技术,在传统构造细节的基础上发展纵肋与顶板新型双面焊构造细节和纵肋与横隔板新型交叉构造细节,显著提高控制疲劳易损构造细节的疲劳性能,从而达到提高结构疲劳抗力的目的。

第4章 高疲劳抗力正交异性钢桥面板的合理设计参数

正交异性钢桥面板的疲劳抗力由具有多个疲劳开裂模式特性且疲劳抗力存在显著差异的多个构造细节共同决定。其中,纵肋与顶板焊接细节和纵肋与横隔板交叉构造细节的疲劳开裂占总案例的绝大多数,是决定正交异性钢桥面板疲劳性能的关键构造细节。力学行为特性和焊接工艺等方面的差异是导致上述两类构造细节存在多开裂模式特性且疲劳开裂机理和疲劳抗力迥异的主要原因。车辆荷载在正交异性钢桥面板的随机分布决定了疲劳荷载对各疲劳开裂模式同时产生疲劳损伤,在车辆荷载作用下各疲劳开裂模式的疲劳损伤逐步累积(即疲劳致损效应),其剩余疲劳寿命逐步降低;但相同的疲劳荷载对各疲劳开裂模式将产生不同程度的疲劳致损效应。结构体系的疲劳开裂首先在疲劳致损效应达到其实际疲劳抗力的开裂模式时出现,该疲劳开裂模式对应的疲劳抗力即为结构体系疲劳抗力,该疲劳开裂模式即为正交异性钢桥面板结构体系的主导开裂模式。由正交异性钢桥面板的上述特性所决定,其疲劳问题属于构造细节层面和结构体系层面的多尺度问题,构造细节层面下各疲劳开裂模式的疲劳抗力和结构体系层面下各疲劳开裂模式的疲劳累积损伤共同决定了正交异性钢桥面板的主导疲劳开裂模式和疲劳抗力。在构造细节层面,构造细节设计、焊缝几何尺寸和初始制造缺陷等关键影响因素决定了各疲劳开裂模式的实际疲劳抗力;在结构体系层面,顶板板厚、横隔板板厚和间距等结构体系设计参数共同决定了构造细节的实际受力状态,进而结构体系设计参数直接影响各疲劳开裂模式的疲劳损伤累积过程。

4.1 抗疲劳设计关键参数

基于正交异性钢桥面板的疲劳问题属于构造细节层面和结构体系层面的多尺度问题的本质特性。进行钢桥面板合理构造研究时,首先从构造细节层面对纵肋与横隔板交叉构造细节的开孔形式,确定合理的横隔板合理的开孔形式;在此基础上从结构体系疲劳抗力角度出发,分别研究顶板板厚、横隔板板厚和横隔板间距等结构体系设计参数对结构体系疲劳抗力的影响,进而确定合理的结构体系设计参数。钢桥面板纵肋与横隔板交叉构造细节弧形开孔自由边应力集中程度较大且易引入装配制造误差;端部焊趾处若采用人工焊接,其焊接质量不易保证且易引入初始焊接缺陷,如气孔、夹渣等。日本钢结构委员会对重载交通高速公路钢桥面板研究表明,横隔板处相关疲劳细节的疲劳裂纹出现频率最高。合理的开孔形式是降低局部应力集中程度和装配误差及初始缺陷的关键,因此对深中通道钢箱梁正交异性钢桥面板纵肋与横隔板交叉构造细节拟采用的三种开孔形式及港珠澳大桥采用的开孔形式进行系统对比分析,确定合理的开孔形式。

4.1.1 横隔板开孔设计方案

在正交异性钢桥面板构造中,因纵肋与横隔板连接部位受力极为复杂,焊接变形及残余应力较大,更易出现应力集中现象和初始焊接缺陷,导致荷载作用下的应力幅值超出疲劳极限值,从而引起疲劳损伤甚至出现疲劳裂纹。各国均规定顶板、纵肋以及横隔板的焊接部分必须采用不设过焊孔的构造。另一方面,关于纵肋下侧的开孔形状,各国的规定虽然略有差异,但日本规范和 Eurocode 3 相似,AASHTO 则规定开孔的开口高度在纵肋高度的三分之一以上。这是为了缓和受轮载作用时,由于横隔板的焊接部分约束纵肋的弯曲变形而产生的应力。纵肋与横隔板交叉构造细节为正交异性钢桥面板结构典型疲劳易损细节,横隔板开孔可以有效降低该构造细节的应力水平,而开孔形式的不同会较大程度上影响与横隔板有关疲劳易损细节的受力状态。下面针对四种开孔形式进行对比分析,分别记为方案Ⅰ、方案Ⅱ、方案Ⅲ和方案Ⅳ。

(1) 方案Ⅰ相关参数

方案Ⅰ纵肋几何参数为:上口宽 300mm,下翼缘宽 170mm,高度 280mm,顶板厚度为 18mm,纵肋厚度为 8mm,腹板与下翼缘板之间的内圆弧半径为 40mm,开槽口距纵肋底板高度为 25mm,如图 4-1 所示。方案Ⅰ开孔形式符合 Eurocode 3(公路桥)和日本《钢构造物的疲劳设计指针·同解说》。

(2) 方案Ⅱ相关参数

方案Ⅱ纵肋几何参数为:上口宽 300mm,下翼缘宽 180mm,高度 300mm,顶板厚度为 18mm,纵肋厚度为 8mm,腹板与下翼缘板之间的内圆弧半径为 40mm,开槽口距纵肋底板高度为 30mm,如图 4-2 所示。方案Ⅱ符合 Eurocode 3(公路桥)和 AASHTO 规定,而与方案Ⅰ相比,开口高度增加了 35mm。

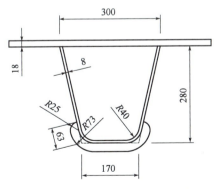

图 4-1 方案Ⅰ的纵肋和横隔板关键设计参数
(尺寸单位:mm)

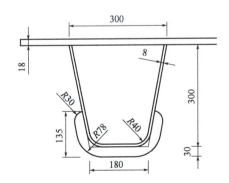

图 4-2 方案Ⅱ的纵肋和横隔板关键设计参数
(尺寸单位:mm)

(3)方案Ⅲ相关参数

方案Ⅲ纵肋几何参数为:上口宽300mm,下翼缘宽200mm,高度300mm,顶板厚度为18mm,纵肋厚度为8mm,腹板与下翼缘板之间的内圆弧半径为40mm,开槽口距纵肋底板高度为70mm,如图4-3所示。方案Ⅲ在纵肋与横隔板交叉构造细节端部焊趾处与Eurocode 3(铁路桥)相似,而弧形开孔自由边与Eurocode 3(公路桥)相似,方案Ⅲ开孔形式广泛应用于铁路桥中。

(4)方案Ⅳ相关参数

方案Ⅳ纵肋几何参数为:上口宽300mm,下翼缘宽180mm,高度300mm,顶板厚度为18mm,纵肋厚度为8mm,腹板与下翼缘板之间的内圆弧半径为40mm,开槽口距纵肋底板高度为25mm,如图4-4所示。

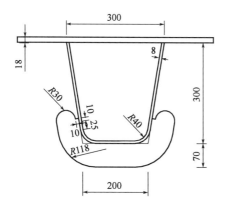

图4-3 方案Ⅲ的纵肋和横隔板关键设计参数
(尺寸单位:mm)

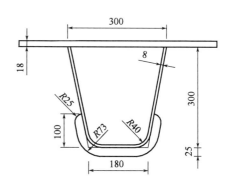

图4-4 方案Ⅳ的纵肋和横隔板关键设计参数
(尺寸单位:mm)

4.1.2 有限元模型的建立及荷载选取

4.1.2.1 有限元模型

采用有限元软件ANSYS对纵肋与横隔板交叉构造细节疲劳性能进行有限元分析。由于正交异性钢桥面板的疲劳易损部位通常出现在各板件的焊缝连接处,为了准确模拟各板件焊缝连接的实际几何构造尺寸,采用实体单元SOLID45来模拟,弹性模量取2.06×10^5MPa,泊松比取0.3,节段实体模型如图4-5所示。有限元模型纵桥向取两个节段,每个节段长3.2m,3个横隔板,纵肋和顶板在边横隔板位置向外延伸0.5m;横桥向取5个纵肋,纵肋间距、横隔板间距及其板厚等关键参数分别与各方案一致。在重点关注部位采用网格加密的方式,如图4-6所示。有限元模型边界条件按如下方式设置:节段模型面板横向两侧约束横向自由度(x方向)以模拟整体桥面板结构对节段模型的横向约束;在横隔板底部约束竖向自由度(y方向)以模拟钢箱梁对横隔板的竖向约束;顶板及纵肋腹板纵向两端约束纵向自由度(z方向)以模拟整体桥面结构对非端横隔板的纵向约束。

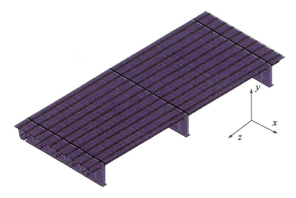

图4-5 节段三维实体模型

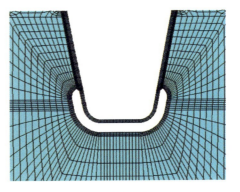

图4-6 局部网格细化

4.1.2.2 荷载选取

疲劳荷载采用《公路钢结构桥梁设计规范》(JTG D64—2015)中的标准疲劳车模型Ⅲ,单轮荷载重60kN,轮载作用面积200mm×600mm,如图4-7所示。由钢桥面板受力特点所决定的纵肋与顶板焊接细节、纵肋与横隔板交叉构造细节影响线较短,且标准疲劳车轮距2.0m,因此可以忽略横向轮载的影响效应,采用单轮荷载进行各关注细节的加载,再通过影响线叠加得到标准疲劳车的结果。

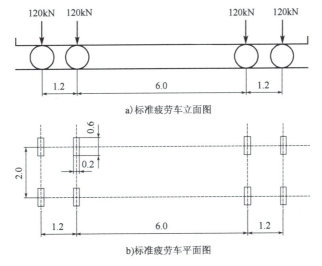

图4-7 标准疲劳车模型Ⅲ(尺寸单位:m)

选取横向三种典型工况进行加载,即纵肋正上方加载(工况一)、跨纵肋腹板加载(工况二)、两纵肋间加载(工况三)。针对工况一～工况三,在其纵向采用单轮进行移动加载,以车轮中心线在边横隔板正上方为起点向中横隔板方向移动,每次移动0.2m(步长为200mm),共移动6.4m,横向、纵向加载如图4-8和图4-9所示。然后根据标准疲劳车模型将一个车轮的计算结果进行叠加,得到标准疲劳车的纵向最不利加载应力历程。

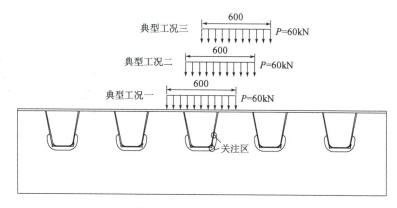

图 4-8　横向轮载加载示意图(尺寸单位:mm)

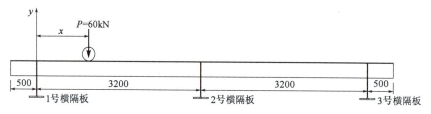

图 4-9　纵向轮载加载示意图(尺寸单位:mm)

4.1.3　计算结果分析

纵肋与横隔板交叉构造细节主要有 3 类疲劳开裂模式,分别为疲劳裂纹萌生于纵肋与横隔板交叉构造细节端部焊趾并沿纵肋腹板扩展和横隔板上扩展,以及从横隔板弧形开口部位起裂并在横隔板上扩展。因此将对四种方案纵肋与横隔板交叉焊缝下端包角焊焊趾和横隔板弧形开口两种典型易损细节进行系统分析。各细节的位置和编号如图 4-10 所示,其中 D1 细节为纵肋与横隔板交叉焊缝下端包角焊焊趾,关注细节 D1 提取距焊趾 4mm 位置的主应力;D2 细节为横隔板弧形开口部位,关注细节 D2 提取弧形开孔自由边的主应力。

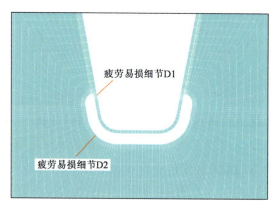

图 4-10　疲劳易损细节示意图

1) 方案Ⅰ计算结果

(1) 典型工况一作用下各关注构造细节在标准疲劳车纵向加载时的主应力如图4-11~图4-13所示。计算表明:在以横向典型工况一为基础进行的纵向加载作用下,纵肋与横隔板交叉焊缝下端包角焊焊趾处(D1细节)最大主拉应力为15.34MPa,横隔板弧形开口部位(D2细节)最大主拉应力为37.76MPa。

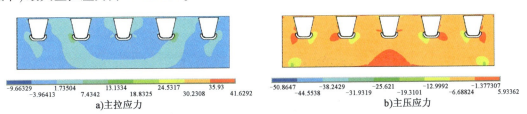

图4-11 工况一作用下($x=1.6m$)2号横隔板主应力(应力单位:MPa)

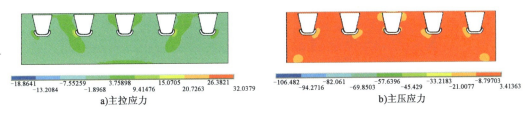

图4-12 工况一作用下($x=3.2m$)2号横隔板主应力(应力单位:MPa)

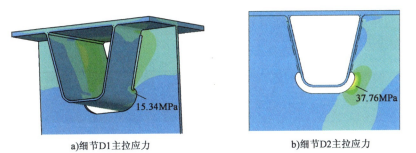

图4-13 工况一作用下典型疲劳易损细节最大主拉应力

(2) 典型工况二作用下各关注构造细节在标准疲劳车纵向加载时的主应力如图4-14~图4-16所示。计算表明:在以横向典型工况二为基础进行的纵向加载作用下,纵肋与横隔板交叉焊缝下端包角焊焊趾处(D1细节)最大主拉应力为36.05MPa,横隔板弧形开口部位(D2细节)最大主拉应力为42.11MPa。

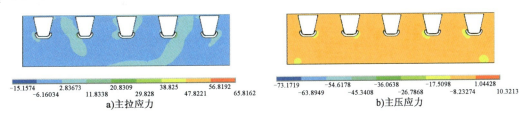

图4-14 工况二作用下($x=1.6m$)2号横隔板主应力(应力单位:MPa)

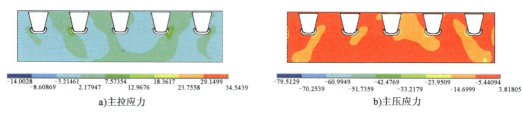

图4-15 工况二作用下($x=3.2$m)2号横隔板主应力(应力单位:MPa)

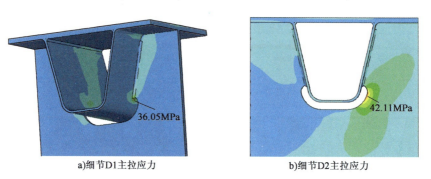

图4-16 工况二作用下典型疲劳易损细节最大主拉应力

(3)典型工况三作用下各关注构造细节在标准疲劳车单轮纵向加载时的主应力如图4-17~图4-19所示。计算表明:在以横向典型工况三为基础进行的纵向加载作用下,纵肋与横隔板交叉焊缝下端包角焊焊趾处(D1细节)最大主拉应力为39.57MPa,横隔板弧形开口部位(D2细节)最大主拉应力为44.56MPa。

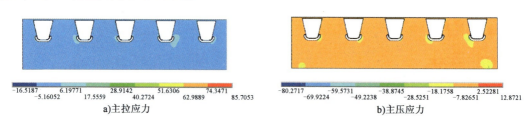

图4-17 工况三作用下($x=1.6$m)2号横隔板主应力(应力单位:MPa)

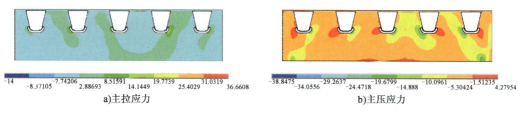

图4-18 工况三作用下($x=3.2$m)2号横隔板主应力(应力单位:MPa)

根据横向典型加载工况,在纵向采用单轮移动加载,各关注细节在单轮荷载作用下应力历程如图4-20和图4-21所示。

第4章 高疲劳抗力正交异性钢桥面板的合理设计参数

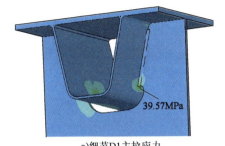

a) 细节D1主拉应力

b) 细节D2主拉应力

图4-19 工况三作用下典型疲劳易损细节最大主拉应力

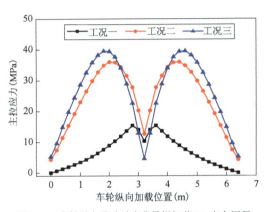

图4-20 车轮纵向移动时疲劳易损细节D1应力历程

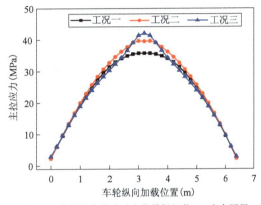

图4-21 车轮纵向移动时疲劳易损细节D2应力历程

方案Ⅰ在工况一至工况三作用下纵肋与横隔板交叉构造细节端部焊趾(细节 D1)和横隔板弧形开口部位(细节 D2)的最大主拉应力汇总如表4-1所示。

方案Ⅰ在各工况下最大主拉应力(MPa)　　　表4-1

细节类别	工况一	工况二	工况三
细节 D1	15.34	36.05	39.57
细节 D2	37.76	42.11	44.56

2) 方案Ⅱ计算结果

(1) 典型工况一作用下各关注构造细节在标准疲劳车单轮纵向加载时的主应力如图4-22～图4-24所示。计算表明:在以横向典型工况一为基础进行的纵向加载作用下,纵肋与横隔板交叉焊缝下端包角焊焊趾处(D1细节)最大主拉应力为22.99MPa,横隔板弧形开口部位(D2细节)最大主拉应力为30.76MPa。

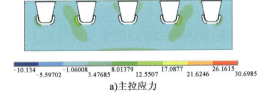

a) 主拉应力

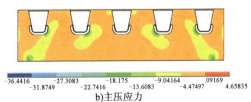

b) 主压应力

图4-22 工况一作用下($x=1.6m$)2号横隔板主应力(应力单位:MPa)

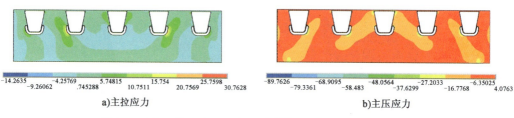

a) 主拉应力　　　　　　　　　　　b) 主压应力

图 4-23　工况一作用下($x=3.2$m)2 号横隔板主应力(应力单位:MPa)

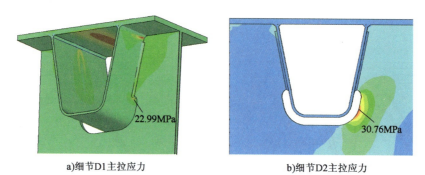

a) 细节 D1 主拉应力　　　　　　　b) 细节 D2 主拉应力

图 4-24　工况一作用下典型疲劳易损细节最大主拉应力

(2)典型工况二作用下各关注构造细节在标准疲劳车纵向加载时的主应力如图 4-25～图 4-27 所示。计算表明:在以横向典型工况二为基础进行的纵向加载作用下,纵肋与横隔板交叉焊缝下端包角焊焊趾处(D1 细节)最大主拉应力为 40.15MPa,横隔板弧形开口部位(D2 细节)最大主拉应力为 33.76MPa。

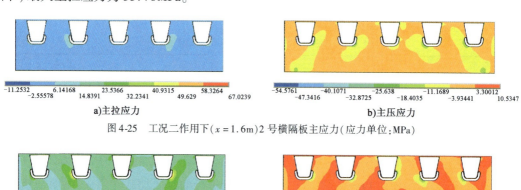

a) 主拉应力　　　　　　　　　　　b) 主压应力

图 4-25　工况二作用下($x=1.6$m)2 号横隔板主应力(应力单位:MPa)

a) 主拉应力　　　　　　　　　　　b) 主压应力

图 4-26　工况二作用下($x=3.2$m)2 号横隔板主应力(应力单位:MPa)

(3)典型工况三作用下各关注构造细节在标准疲劳车纵向加载时的主应力如图 4-28～图 4-30 所示。计算表明:在以横向典型工况三为基础进行的纵向加载作用下,纵肋与横隔板交叉焊缝下端包角焊焊趾处(D1 细节)最大主拉应力为 41.67MPa,横隔板弧形开口部位(D2 细节)最大主拉应力为 36.54MPa。

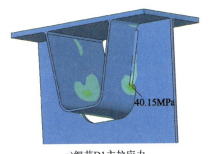
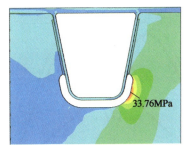

图4-27 工况二作用下典型疲劳易损细节最大主拉应力

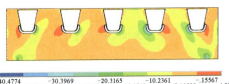

图4-28 工况三作用下($x=1.6m$)2号横隔板主应力(应力单位:MPa)

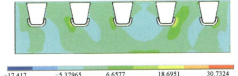

图4-29 工况三作用下($x=3.2m$)2号横隔板主应力(应力单位:MPa)

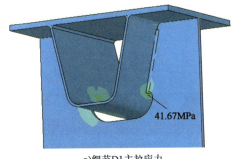
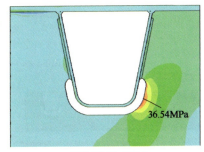

图4-30 工况三作用下典型疲劳易损细节最大主拉应力

根据横向典型加载工况,在纵向采用单轮移动加载,各关注细节在单轮荷载作用下应力历程如图4-31和图4-32所示。

方案Ⅱ在工况一至工况三作用下纵肋与横隔板交叉焊缝下端包角焊焊趾(细节D1)和横隔板弧形开口部位(细节D2)的最大主拉应力汇总如表4-2所示。

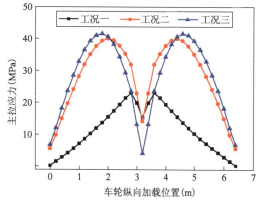 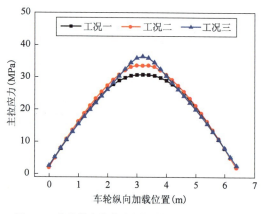

图4-31 车轮纵向移动时疲劳易损细节D1应力历程　　图4-32 车轮纵向移动时疲劳易损细节D2应力历程

方案Ⅱ在各工况下最大主拉应力(MPa)　　　　　　　　　　　　　表4-2

细节类别	工况一	工况二	工况三
细节D1	22.99	40.15	41.67
细节D2	30.76	33.76	36.54

3)方案Ⅲ计算结果

(1)典型工况一作用下各关注构造细节在标准疲劳车单轮纵向加载时的主应力如图4-33~图4-35所示。计算表明:在以横向典型工况一为基础进行的纵向加载作用下,纵肋与横隔板交叉焊缝下端包角焊焊趾处(D1细节)最大主拉应力为21.03MPa,横隔板弧形开口部位(D2细节)最大主拉应力为38.67MPa。

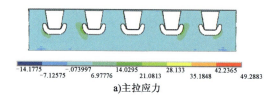 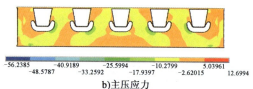

a)主拉应力　　　　　　　　　　　　　　　　　b)主压应力

图4-33 工况一作用下($x=1.6$m)2号横隔板主应力(应力单位:MPa)

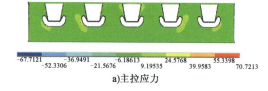 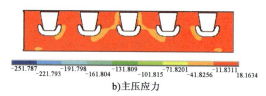

a)主拉应力　　　　　　　　　　　　　　　　　b)主压应力

图4-34 工况一作用下($x=3.2$m)2号横隔板主应力(应力单位:MPa)

(2)典型工况二作用下各关注构造细节在标准疲劳车纵向加载时的主应力如图4-36~图4-38所示。计算表明:在以横向典型工况二为基础进行的纵向加载作用下,纵肋与横隔板交叉焊缝下端包角焊焊趾处(D1细节)最大主拉应力为32.27MPa,横隔板弧形开口部位(D2细节)最大主拉应力为46.08MPa。

第4章 高疲劳抗力正交异性钢桥面板的合理设计参数

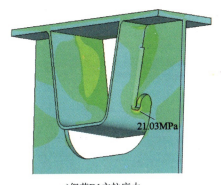

a) 细节D1主拉应力

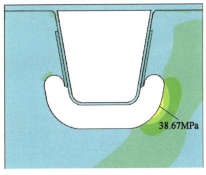

b) 细节D2主拉应力

图4-35 工况一作用下典型疲劳易损细节最大主拉应力

a) 主拉应力

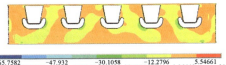

b) 主压应力

图4-36 工况二作用下（$x=1.6$m）2号横隔板主应力（应力单位：MPa）

a) 主拉应力

b) 主压应力

图4-37 工况二作用下（$x=3.2$m）2号横隔板主应力（应力单位：MPa）

a) 细节D1主拉应力

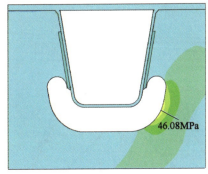

b) 细节D2主拉应力

图4-38 工况二作用下典型疲劳易损细节最大主拉应力

（3）典型工况三作用下各关注构造细节在标准疲劳车纵向加载时的主应力如图4-39～图4-41所示。计算表明：在以横向典型工况三为基础进行的纵向加载作用下，纵肋与横隔板交叉焊缝下端包角焊焊趾处（D1细节）最大主拉应力为31.07MPa，横隔板弧形开口部位（D2细节）最大主拉应力为47.98MPa。

79

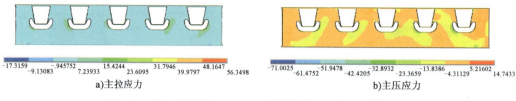

图 4-39　工况三作用下($x=1.6\mathrm{m}$)2 号横隔板主应力(应力单位:MPa)

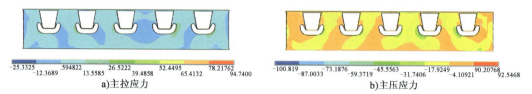

图 4-40　工况三作用下($x=3.2\mathrm{m}$)2 号横隔板主应力(应力单位:MPa)

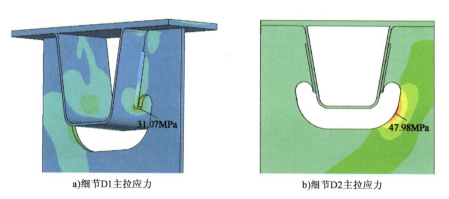

图 4-41　工况三作用下典型疲劳易损细节最大主拉应力

根据横向典型加载工况,在纵向采用单轮移动加载,各关注细节在单轮荷载作用下应力历程如图 4-42 和图 4-43 所示。

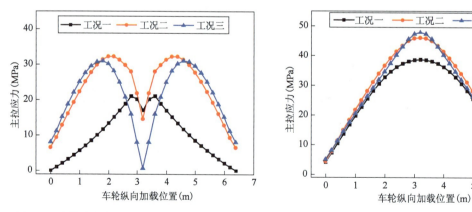

图 4-42　车轮纵向移动时疲劳易损细节 D1 应力历程　　图 4-43　车轮纵向移动时疲劳易损细节 D2 应力历程

方案Ⅲ在工况一至工况三作用下纵肋与横隔板交叉构造细节端部焊趾(细节 D1)和横隔板弧形开口部位(细节 D2)的最大主拉应力汇总如表 4-3 所示。

方案Ⅲ在各工况下最大主拉应力(MPa)　　　表 4-3

细 节 类 别	工况一	工况二	工况三
细节 D1	21.03	32.27	31.06
细节 D2	38.67	46.08	47.98

4)方案Ⅳ计算结果

(1)典型工况一作用下各关注构造细节在标准疲劳车单轮纵向加载时的主应力如图 4-44～图 4-46 所示。计算表明:在以横向典型工况一为基础进行的纵向加载作用下,纵肋与横隔板交叉焊缝下端包角焊焊趾处(D1 细节)最大主拉应力为 21.40MPa,横隔板弧形开口部位(D2 细节)最大主拉应力为 30.95MPa。

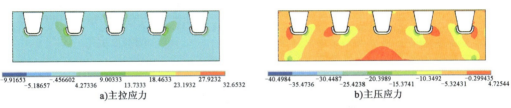

a)主拉应力　　　　　　　　　　　　b)主压应力

图 4-44　工况一作用下($x=1.6$m)2 号横隔板主应力(应力单位:MPa)

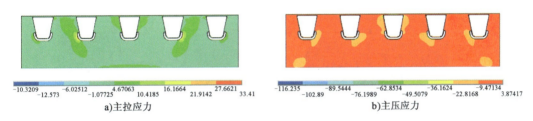

a)主拉应力　　　　　　　　　　　　b)主压应力

图 4-45　工况一作用下($x=3.2$m)2 号横隔板主应力(应力单位:MPa)

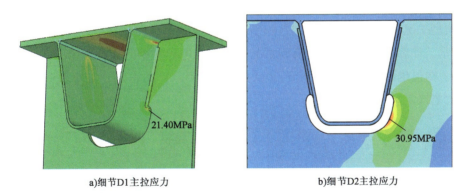

a)细节D1主拉应力　　　　　　　　b)细节D2主拉应力

图 4-46　工况一作用下典型疲劳易损细节最大主拉应力

(2)典型工况二作用下各关注构造细节在标准疲劳车纵向加载时的主应力如图 4-47～图 4-49 所示。计算表明:在以横向典型工况二为基础进行的纵向加载作用下,纵肋与横隔板交叉焊缝下端包角焊焊趾处(D1 细节)最大主拉应力为 38.51MPa,横隔板弧形开口部位(D2 细节)最大主拉应力为 32.26MPa。

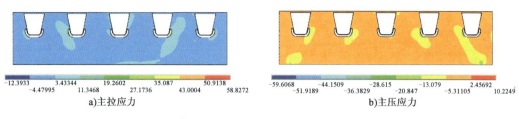

图4-47 工况二作用下($x=1.6$m)2号横隔板主应力(应力单位:MPa)

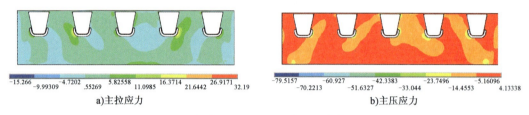

图4-48 工况二作用下($x=3.2$m)2号横隔板主应力(应力单位:MPa)

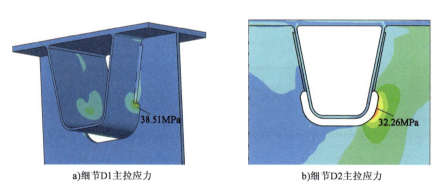

a)细节D1主拉应力　　　　　　b)细节D2主拉应力

图4-49 工况二作用下典型疲劳易损细节最大主拉应力

(3)典型工况三作用下各关注构造细节在标准疲劳车纵向加载时的主应力如图4-50~图4-52所示。计算表明:在以横向典型工况三为基础进行的纵向加载作用下,纵肋与横隔板交叉焊缝下端包角焊焊趾处(D1细节)最大主拉应力为41.28MPa,横隔板弧形开口部位(D2细节)最大主拉应力为36.75MPa。

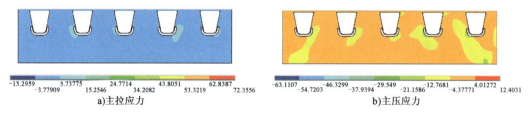

图4-50 工况三作用下($x=1.6$m)2号横隔板主应力(应力单位:MPa)

根据横向典型加载工况,在纵向采用单轮移动加载,各关注细节在单轮荷载作用下应力历程如图4-53和图4-54所示。

 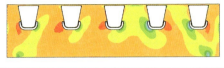

a)主拉应力 　　　　　　　　　　　b)主压应力

图 4-51　工况三作用下($x=3.2\text{m}$)2 号横隔板主应力(应力单位:MPa)

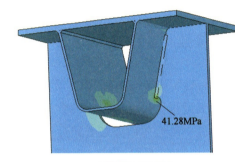 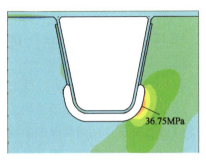

a)细节 D1 主拉应力　　　　　　　b)细节 D2 主拉应力

图 4-52　工况三作用下典型疲劳易损细节最大主拉应力

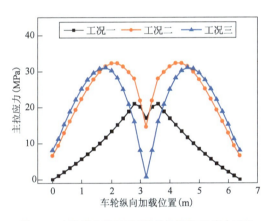 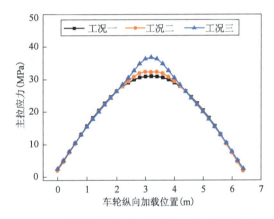

图 4-53　车轮纵向移动时疲劳易损细节 D1 应力历程　　图 4-54　车轮纵向移动时疲劳易损细节 D2 应力历程

方案 Ⅱ 在工况一至工况三作用下纵肋与横隔板交叉构造细节端部焊趾(细节 D1)和横隔板弧形开口(细节 D2)的最大主拉应力如表 4-4 所示。

方案Ⅳ在各工况下最大主拉应力(MPa)　　　　　　表 4-4

细 节 类 别	工况一	工况二	工况三
细节 D1	21.40	38.51	41.28
细节 D2	30.95	32.26	36.75

深中通道横隔板拟采用的四种开孔形式和港珠澳大桥开孔形式关注细节 D1 和 D2 对应的最大主应力如表 4-5 所示。

不同孔型下典型疲劳易损细节最大主拉应力（MPa） 表4-5

开孔形式	方案Ⅰ	方案Ⅱ	方案Ⅲ	方案Ⅳ
细节 D1	39.57	41.67	32.27	41.28
细节 D2	44.56	36.54	47.98	36.75

根据方案Ⅰ至方案Ⅳ计算结果可知，对于纵肋与横隔板交叉构造细节关注细节 D1，最大主拉应力由小到大为方案Ⅲ、方案Ⅰ、方案Ⅳ、方案Ⅱ；对于关注细节 D2，最大主拉应力由小到大为方案Ⅱ、方案Ⅳ、方案Ⅰ、方案Ⅲ。

4.2 钢桥面板结构体系合理构造参数

由正交异性钢桥面板的构造特点、受力和疲劳特性所决定，在确保焊接质量及板件加工制造和现场组装精度的条件下，通过改进构造方案和关键板件尺寸等设计参数使局部刚度合理匹配，可以显著改善正交异性钢桥面板的抗疲劳性能。结合国内外正交异性钢桥面板抗疲劳设计的最新研究成果，建立有限元数值模型，探究面板厚度、横隔板厚度及其间距、纵肋几何尺寸等结构体系设计参数对于正交异性钢桥面板关键疲劳易损细节的影响规律。参照国内外典型正交异性钢桥面板的关键板件厚度设计参数、各研究机构的最新研究成果及招标文件要求，选取关键板件构造设计参数如表 4-6 所示；其余设计参数均按深中通道项目初步设计方案选取，参数组合方案共 108 组。横隔板几何尺寸影响因素主要为纵肋与横隔板交叉部位处横隔板开孔形式，三类典型开孔形式如图 4-55 所示，纵肋几何尺寸如图 4-56 所示。

关键板件构造参数优化设计 表4-6

优化设计参数	面板厚度（mm）	横隔板（mm）			纵肋几何尺寸（mm）
		间距	厚度	几何尺寸	
参数指标变化范围	16	2500	12	方案Ⅰ	形式一
	18	2800	14	方案Ⅱ	形式二
	20	3200	16	方案Ⅲ	—

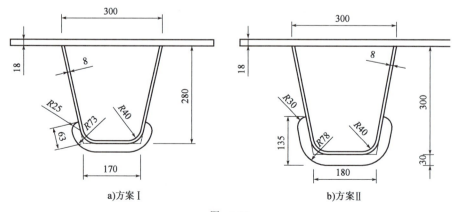

图 4-55

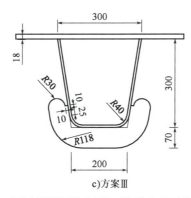

c) 方案Ⅲ

图 4-55 钢箱梁横隔板拟采用的开孔形式(尺寸单位:mm)

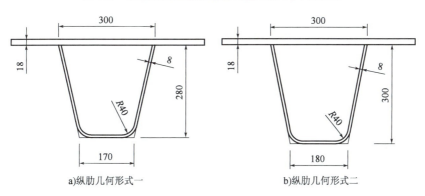

a) 纵肋几何形式一　　　　　　　　　b) 纵肋几何形式二

图 4-56 纵肋形式及其关键设计参数(尺寸单位:mm)

4.2.1 顶板厚度

工程实践中正交异性钢桥面板的顶板厚度一般设计为 12~22mm,以钢箱梁正交异性钢桥面板顶板厚 18mm 为基准,研究顶板厚度变化对纵肋与横隔板交叉构造细节关注细节 D1 和 D2 疲劳性能的影响,取顶板厚度范围为 16~20mm,各开孔形式关注细节随顶板厚度变化的曲线,如图 4-57 所示。

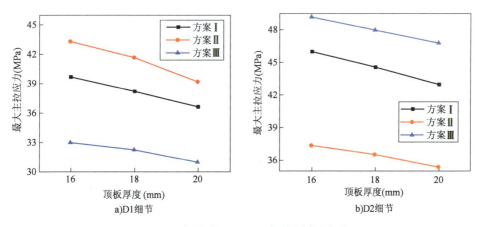

a) D1细节　　　　　　　　　b) D2细节

图 4-57 关注细节 D1 和 D2 随顶板厚度变化图

研究结果表明:随着正交异性钢桥面板顶板厚度的增加,各开孔形式关注细节 D1 和 D2 均呈减小趋势,但减小幅度不一。

方案Ⅰ关注细节 D1 由 39.68MPa 下降到 36.63MPa,降幅为 7.69%;关注细节 D2 由 45.99MPa 下降到 42.97MPa,降幅为 6.57%。

方案Ⅱ关注细节 D1 由 43.3MPa 下降到 39.2MPa,降幅为 9.47%;关注细节 D2 由 37.37MPa 下降到 35.4MPa,降幅为 5.27%。

方案Ⅲ关注细节 D1 由 33.0MPa 下降到 31.0MPa,降幅为 6.06%;关注细节 D2 由 49.2MPa 下降到 46.8MPa,降幅为 4.88%。

导致各关注细节主拉应力显著降低的原因是顶板厚度的增加使得整体钢梁截面的中性轴略有上升;顶板刚度显著增大,有效减小了纵肋面外变形;同时在正交异性钢桥面板作为主梁上翼缘参与主梁受力这一体系(即第一体系)中,顶板厚度的增加也分担纵肋原来承担的部分应力,降低了两者焊接处的应力。总体来讲,顶板厚度的增加对各关注细节均有利,且影响较为显著,在考虑到整体经济性的前提下,适当增加顶板的厚度对正交异性钢桥面板的整体抗疲劳性能的提升效果明显。

对于纵肋与顶板新型双面焊形式,控制其疲劳抗力的开裂模式是起裂于顶板焊趾并沿顶板厚度方向扩展,即疲劳开裂模式 T1 和疲劳开裂模式 T2。因此在结构体系参数分析研究中,主要对 T1 和 T2 这两类疲劳开裂模式进行了分析。各疲劳开裂模式在不同顶板厚度时的等效结构应力如表 4-7 所示。

顶板厚度对各疲劳开裂模式的影响(MPa)　　　　表 4-7

模 型 编 号	疲劳开裂模式 T1	疲劳开裂模式 T2
D16-DI14-U300	60.9	70.5
D18-DI14-U300	45.1	53.4
D20-DI14-U300	33.8	41.0

计算结果表明:随着正交异性板顶板厚度的增加,各疲劳易损部位等效应力幅值均呈减小趋势。其中疲劳开裂模式 T1 的等效结构应力幅值由 60.9MPa 下降至 33.8MPa,减少了 44.6%;疲劳开裂模式 T2 的等效结构应力幅值由 70.5MPa 下降到 41.0MPa,降幅为 42.0%。总的来看,顶板厚度对各疲劳细节的疲劳特性影响非常显著,结合既有研究表明,当顶板厚度 $t \leqslant 16$mm 时,变化速度较快;16mm $\leqslant t \leqslant 22$mm 时,变化速度趋缓;$t \geqslant 22$mm 时,变化速度进一步趋缓。顶板厚度的增大有利于增大桥面板的刚度,从而降低顶板与纵肋连接焊缝处的应力集中程度,提升该连接构造的疲劳性能。考虑到当顶板厚度太大时,会增大用钢量,不够经济,综合考虑顶板厚度取 16~20mm 较为合适。综上所述,在满足桥梁静力设计要求时,重车道顶板厚度不小于 18mm。

4.2.2 纵肋高度

工程实践中正交异性钢桥面板的纵肋高度一般为 260~300mm,以钢箱梁正交异性钢桥面板纵肋高度为基准,研究纵肋高度变化对纵肋与横隔板交叉构造细节关注细节 D1 和 D2 疲劳性能的影响。取纵肋高度范围为 280~300mm,各开孔形式关注细节随纵肋高度变化的曲线,如图 4-58 所示。

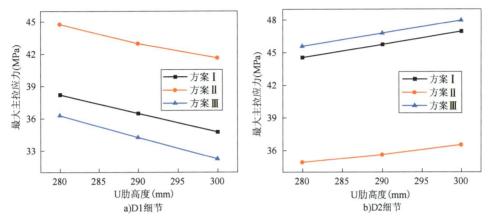

图 4-58 关注细节 D1 和 D2 随纵肋高度变化图

计算结果表明:随着正交异性钢桥面板纵肋高度的增大,各开孔形式关注细节 D1 呈减小趋势,D2 呈略微增加趋势。

方案 I 关注细节 D1 由 38.21MPa 下降到 34.76MPa,降幅为 9.03%;关注细节 D2 由 44.56MPa 增加到 46.95MPa,增幅为 5.36%。

方案 II 关注细节 D1 由 44.78MPa 下降到 41.67MPa,降幅为 6.95%;关注细节 D2 由 34.93MPa 增加到 36.54MPa,增幅为 4.61%。

方案 III 关注细节 D1 由 36.3MPa 下降到 32.27MPa,降幅为 11.10%;关注细节 D2 由 45.6MPa 增加到 47.98MPa,增幅为 5.22%。

各疲劳开裂模式在不同纵肋高度的等效结构应力如表 4-8 所示。

纵肋高度对各疲劳开裂模式的影响(MPa)　　　　表 4-8

模型编号	疲劳开裂模式 T1	疲劳开裂模式 T2
D16-DI14-U280	59.6	70.5
D16-DI14-U300	60.9	70.5
D18-DI14-U280	43.9	53.2
D18-DI14-U300	45.1	53.4
D20-DI14-U280	32.7	40.8
D20-DI14-U300	33.8	41.0

研究结果表明:随着纵肋高度增大,主梁整体中性轴向上偏移,导致关注细节 D1 相应疲劳易损部位主应力下降较快。而对于关注细节 D2,纵肋高度的增加使得主拉应力略有增加,考虑到整体经济性和工厂焊接及现场安装变形控制精度的要求,纵肋高度不宜过低;纵肋

高度变化对纵肋与顶板焊接细节各开裂模式基本没有影响。综上分析,在满足静力设计时,建议纵肋高度不小于280mm。

4.2.3 横隔板厚度和间距

工程实践中钢桥面板的横隔板厚度一般为8~16mm。相关研究表明,横隔板厚度从8mm增至16mm,纵肋与横隔板交叉构造细节关注细节D1最大主应力增加了3.5%。这是由于横隔板厚度增加,自身刚度提高,增强了横肋对纵肋的支撑作用,从而增大了该构造细节端部焊趾处的主拉应力。对于关注细节D2,随着横肋厚度的变化,最大主拉应力降幅约为21.7%;横隔板厚度增大,刚度显著增加,从而面外变形减小,使得横隔板开孔自由边的主拉应力降低。

工程实践中钢桥面板的横隔板间距一般为2~4m,以深中通道钢箱梁钢桥面板横隔板间距为基准,研究横隔板间距变化对纵肋与横隔板交叉构造细节关注细节D1和D2疲劳性能的影响。取横隔板间距变化范围为2.5~3.2m,各开孔形式关注细节随横隔板间距变化的曲线,如图4-59所示。

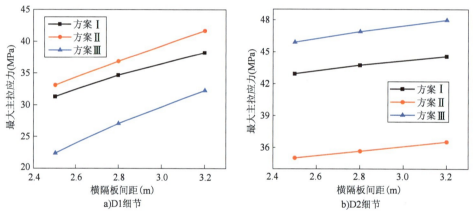

图4-59 关注细节D1和D2随横隔板间距变化图

研究结果表明,随着正交异性钢桥面板横隔板间距的增加,各开孔形式关注细节D1和D2均呈现增大趋势,但增幅不一。

方案Ⅰ关注细节D1由31.3MPa增加到38.21MPa,增幅为22.08%;关注细节D2由42.93MPa增加到44.56MPa,增幅为3.80%。

方案Ⅱ关注细节D1由33.1MPa增加到41.67MPa,增幅为25.89%;关注细节D2由35.03MPa增加到36.54MPa,增幅为4.31%。

方案Ⅲ关注细节D1由22.4MPa增加到32.27MPa,增幅为44.06%;关注细节D2由45.9MPa增加到47.98MPa,增幅为4.53%。

各疲劳开裂模式在不同横隔板间距和厚度下的等效结构应力如表4-9和表4-10所示。

横隔板间距对各疲劳开裂模式的影响(MPa)　　　　　表 4-9

横隔板间距	模型编号	疲劳开裂模式 T1	疲劳开裂模式 T2
2500mm	D16-DI14-U300	60.8	70.5
	D18-DI14-U300	45.0	53.3
	D20-DI14-U300	33.7	40.9
3000mm	D16-DI14-U300	60.8	70.5
	D18-DI14-U300	45.0	53.3
	D20-DI14-U300	33.7	40.9
3200mm	D16-DI14-U300	60.9	70.5
	D18-DI14-U300	45.1	53.4
	D20-DI14-U300	33.8	41.0

横隔板厚度对各疲劳开裂模式的影响(MPa)　　　　　表 4-10

模型编号	疲劳开裂模式 T1	疲劳开裂模式 T2
D16-DI14-U300	60.8	70.5
D16-DI16-U300	60.8	70.5
D16-DI18-U300	60.8	70.5
D18-DI14-U300	45.0	53.3
D18-DI16-U300	45.0	53.3
D18-DI18-U300	45.0	53.3
D20-DI14-U300	33.7	40.9
D20-DI16-U300	33.7	40.9
D20-DI18-U300	33.7	40.9

研究结果表明:导致纵肋与横隔板交叉构造细节各关注部位主拉应力明显增大的原因可能是横隔板间距的增大,使得横隔板跨间的纵肋和顶板竖向变形明显增大,此处纵肋的面外变形将使其主拉应力显著增大;另外横隔板间距增大后,会导致横隔板产生较大的面外变形,致使和横隔板相关的疲劳易损部位处的主拉应力增大;横隔板厚度对纵肋与顶板焊接细节各疲劳开裂模式基本没有影响。横隔板间距变化时,疲劳开裂模式 T1 和 T2 在单轮荷载作用下其应力幅(残余应力的存在考虑压应力幅)基本没有发生变化,但是其拉应力随横隔板间距增大而增大,且纵肋与横隔板交叉构造细节受横隔板间距影响较大,因此横隔板间距不应设置太大。综上分析,在满足桥梁静力设计要求时,建议横隔板板厚度不小于10mm(其中与纵肋连接部分的厚度不宜小于12mm)、横隔板间距不大于3200mm。

4.3　小结

根据上述研究成果,对钢桥面板合理设计参数的总体建议如下:在满足桥梁静力设计要求条件下,考虑到整体经济性和工厂焊接及现场安装变形控制精度的要求,建议纵肋高度不小于

280mm，上口宽 300mm，下翼缘宽 180mm；重车道顶板厚度不小于 18mm、横隔板厚度不小于 10mm（其中与纵肋连接部分的厚度不宜小于 12mm），横隔板间距不大于 3200mm。因纵肋与横隔板交叉构造细节采用人工焊接，施工质量不易控制，装配制造误差、焊接初始缺陷对其疲劳性能有显著的影响，因此对于该构造细节应严格控制焊接质量；纵肋与顶板焊接细节应严格控制顶板内侧焊趾和外侧焊趾的焊接质量。

第5章 高疲劳抗力正交异性钢桥面板疲劳模型试验

模型试验与理论研究相结合是进行钢桥面板疲劳性能研究的有效途径。通过合理的疲劳试验模型设计和加载方案设计,准确模拟钢桥面板关键疲劳易损部位在车辆反复作用下的实际受力状态和疲劳损伤累积过程,重现其主导疲劳开裂模式并确定其实际疲劳抗力。在此基础上通过多个关键疲劳易损部位的对比分析,确定钢桥面板结构体系的主导疲劳开裂模式、构造细节疲劳损伤累积与结构体系受力性能劣化的相关关系,实现对于钢桥面板疲劳破坏机理的深刻认识。然而,试验模型设计和加载方案设计不同,可能导致完全不同的疲劳开裂模式和疲劳抗力试验结果,因此合理的试验模型设计和加载方案设计是基础和关键。

纵肋与顶板新型双面焊能够消除该细节焊根的"类裂纹"构造,且焊根处裂纹萌生点的切口应力幅值降幅达到71%以上,使其主导疲劳开裂模式由焊根开裂迁移至焊趾开裂,显著提高构造细节的疲劳抗力。为确定纵肋与顶板新型双面焊的疲劳开裂模式及其实际疲劳抗力,并与传统单面焊的疲劳抗力形成直接对比,进行足尺节段模型疲劳试验。焊接残余应力对高周疲劳强度有较大影响,而在低周疲劳的高应变幅作用下残余应力将大幅度松弛消散。对于典型高周疲劳结构——正交异性钢桥面板,低应力幅作用下的焊接残余应力对其疲劳强度影响较大。为准确评估钢桥面板典型焊接细节疲劳寿命,首先需对典型焊接部位的残余应力进行研究,进而进行焊接应力场与轮载作用应力场的耦合研究,揭示钢桥面板构造细节循环作用下的疲劳开裂机理。

5.1 纵肋与顶板焊接细节疲劳试验

5.1.1 试验模型设计与制造

5.1.1.1 试验模型设计基本原则

试验模型设计的主要原则在于模型能够较为准确地反映实际结构的主要力学特征,试验模型中的部分次要影响因素可忽略。试件的尺寸一般根据研究目标、试验设备及场地大小综合确定。通常试验模型的受力特性及其应力分布与实际结构间不可避免地存在一定程度的差异,设计试验模型时应遵循如下原则控制上述差异:(1)该差异应在可以接受的范围内,否则将显著影响试验研究目标的实现;(2)模型待研究部位的应力应略大于或等于实际结构的应力,以便得到偏于安全的试验结果。

在试验中通过试验模型与对应的实桥疲劳关注细节处的几何相似、质量分布相似、物理相似和受力模式相似来保证试验结果的可信度。试验模型主要板件的板厚、构造细节尺寸与实桥疲劳关注细节处完全一致以保证几何相似;试验模型的板件材料与实桥一致以保证质量分布相似;试验模型的制造和焊接工艺与实桥完全一致,且试件与实桥疲劳关注细节处的局部比例为1∶1以保证物理相似。

为使疲劳试验模型加载时能够真实反映实际桥梁的受力状态,在进行本次疲劳荷载试验时,将进行静载加载以确定各个疲劳易损细节试验模型目标位置的主拉应力最大值实测结果是否与实际桥梁等效,并且验证试验模型目标位置处及其附近处主拉应力分布情况是否与实桥相同。为了实现以上所述试验模型与实际桥梁间的疲劳损伤等效原则,相应的实现路线如图5-1所示。

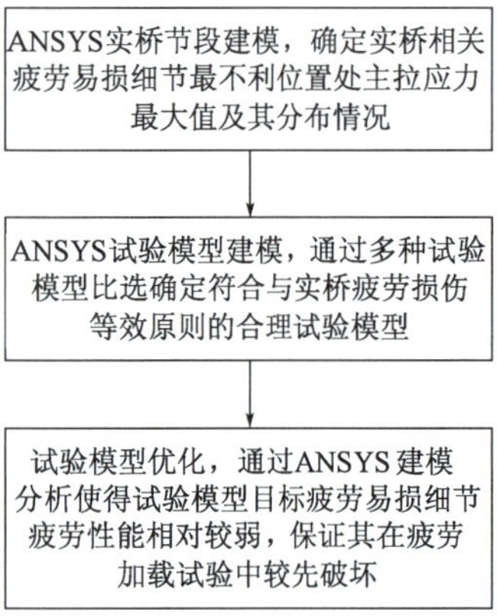

图5-1 试验模型与实际桥梁疲劳损伤等效原则的实现思路

5.1.1.2 正交异性钢桥面板疲劳试验模型设计

从焊缝模型到试件模型,再到节段模型,模型的尺度和规模逐渐增大,模型的受力情况与实际结构更加相符,但模型的构造细节针对性变差。综合考虑正交异性钢桥面板疲劳试验的研究目的、关注构造细节等,以模拟钢桥面板纵肋与顶板焊接细节和纵肋与横隔板交叉构造细节实际受力特征为目标,在前期研究的基础上设计试验模型,用于研究正交异性钢桥面板结构体系疲劳抗力,疲劳试验模型三维示意图如图5-2所示。

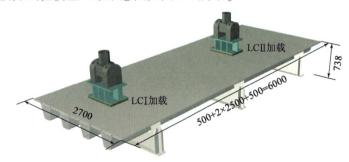

图5-2 足尺节段疲劳试验模型(尺寸单位:mm)

试验模型宽度为2700mm,纵向长度为(500+2×2500)mm,竖向高度为738mm,整个试件模型包含3道横隔板和4个纵肋,纵肋面板部分以横隔板中心线外伸500mm,涵盖正交异性钢桥面板两类典型疲劳易损细节,能够更为准确地模拟各待研究疲劳易损部位的实际受力状态,详细构造参数如图5-3所示。两类试验模型中各主要板件的厚度均与实桥一致,纵肋形状、布置间距、构造细节及横隔板开孔形式等均与实桥结构一致。

第5章 高疲劳抗力正交异性钢桥面板疲劳模型试验

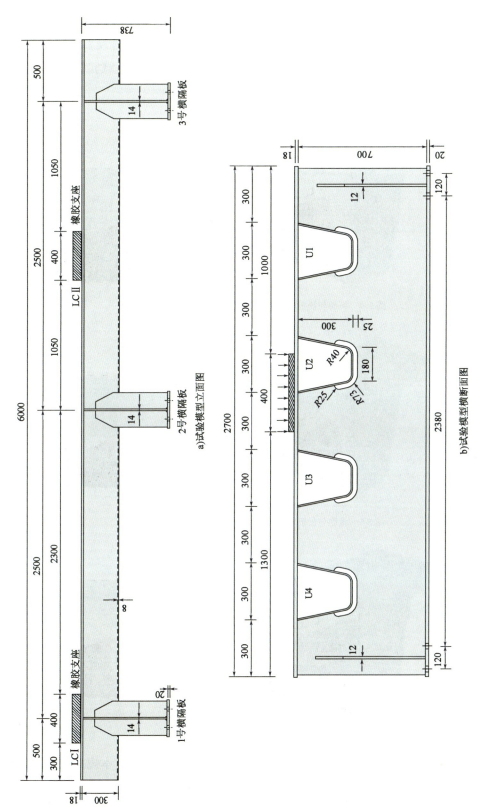

图5-3 疲劳试验模型(尺寸单位:mm)

根据本次试验研究目的,对于纵肋与顶板焊接细节采用上述试验模型进行疲劳试验,分别针对该细节单面焊(75%熔透率)、双面焊(部分熔透-外侧75%熔透率)及双面焊(全熔透)3种不同的焊接工艺进行劳试验,每组工艺分别设计3个试验模型,各试验模型局部构造如图5-4~图5-6所示。

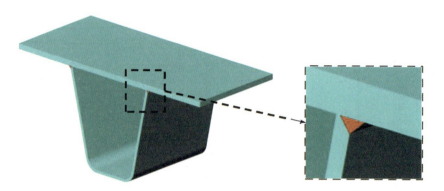

图5-4 纵肋与顶板单面焊(75%熔透)试验模型局部构造

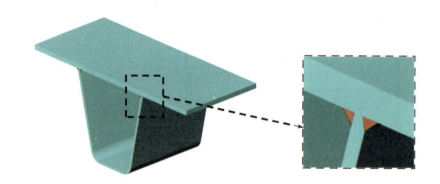

图5-5 纵肋与顶板双面焊(部分熔透)试验模型局部构造

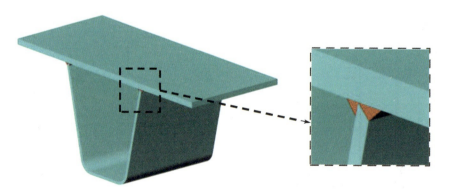

图5-6 纵肋与顶板双面焊(全熔透)试验模型局部构造

在上述试验模型中每组试件均涵盖纵肋与横隔板交叉构造细节,日本规范孔型构造细节、Eourcode 规范孔型 B 和新型构造细节如图5-7~图5-9所示。

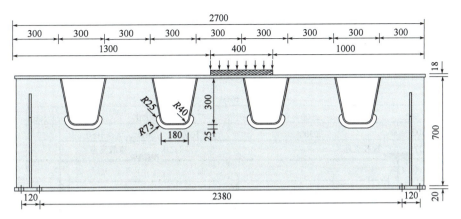

图 5-7 纵肋与横隔板交叉构造细节——日本规范孔型(尺寸单位:mm)

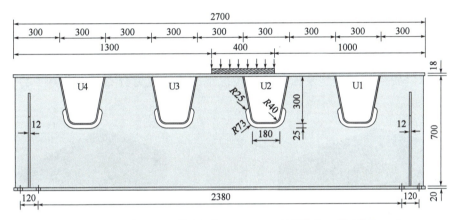

图 5-8 纵肋与横隔板交叉构造细节——Eourcode 规范孔型 B(尺寸单位:mm)

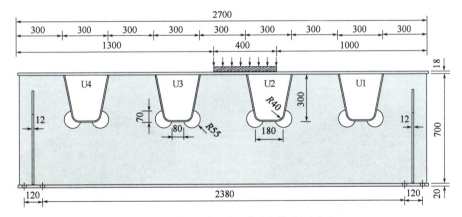

图 5-9 纵肋与横隔板新型交叉构造细节(尺寸单位:mm)

5.1.1.3 节段模型与试验模型理论分析对比

通过对比节段模型和疲劳试验模型的有限元仿真结果,理论上验证试验模型能否反映实桥的受力状态。理论分析时,实桥节段模型采用欧洲规范 Eurocode 中规定的疲劳荷载模型Ⅲ进行单轮加载,单轮作用荷载为 60kN,不考虑铺装层的扩展效应,车轮加载面积为 400mm×400mm。对于疲劳试验模型纵肋与顶板焊接细节和纵肋与横隔板交叉构造细节分别采用横隔板正上方加载和跨中加载,如图 5-10 所示纵向典型 LCⅠ和 LCⅡ。

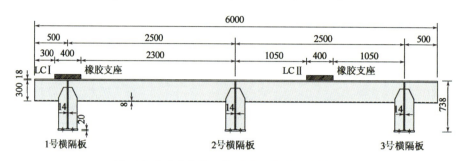

图 5-10　疲劳荷载纵向典型加载工况(尺寸单位:mm)

通过对纵肋与顶板焊接细节疲劳试验模型研究表明,采用横向 4 个纵肋疲劳试验模型,可以准确模拟钢桥面板实际结构力学行为特征,所设计的疲劳试验模型能够真实代表实际结构疲劳破坏特征。疲劳试验模型及横向典型工况下的局部应力分布状态如图 5-11～图 5-13 所示。

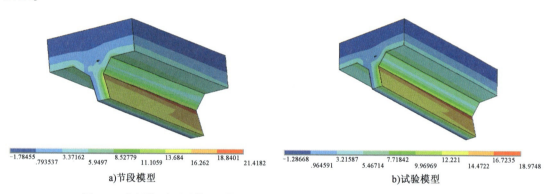

图 5-11　节段模型与试验模型在横向典型工况一作用下主拉应力云图(应力单位:MPa)

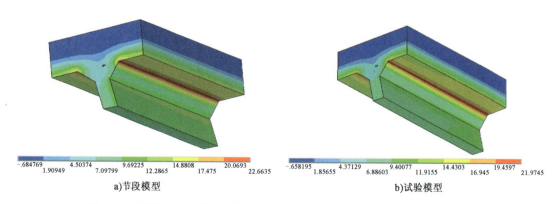

图 5-12　节段模型与试验模型在横向典型工况二作用下主拉应力云图(应力单位:MPa)

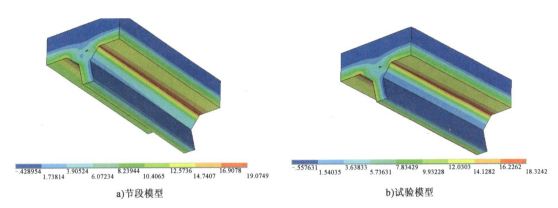

a) 节段模型　　　　　　　　　　　　　　　b) 试验模型

图 5-13　节段模型与试验模型在横向典型工况三作用下主拉应力云图（应力单位：MPa）

通过对节段模型和试验模型基于纵肋与顶板的变形、焊接细节局部应力分布状态进行深入系统的对比分析表明：疲劳试验模型在 3 种典型加载工况作用下，竖向变形及局部应力分布状态均与节段模型基本一致，可以真实反映实际结构的力学行为特征。

根据纵肋与横隔板交叉构造细节力学行为特征，该疲劳易损细节在典型的加载工况下呈现两种典型的受力模式：第一类受力模式，横隔板面内变形和面外变形共同作用，面外变形起主导作用；第二类受力模式，面内变形起主导作用。因此，试验模型设计中需全面考虑两类不同的受力模式。根据试验模型设计尺寸，采用有限元 ANSYS 软件建立对应数值模型，并对纵肋与横隔板交叉构造细节进行网格细化，试验模型如图 5-14 所示。通过对比正交异性钢桥面板节段模型和试验模型的有限元分析结果，理论上验证试验模型能否反应实桥的受力特征。试验模型进行受力模式等效分析时，只需模拟两种典型受力模式中各自最不利工况，试验模型的加载工况如图 5-14 所示，荷载及加载面积与节段模型一致。

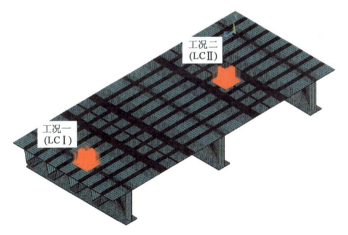

图 5-14　试验模型有限元模型

试验模型在两类加载工况作用下的关注区域应力如图 5-15 所示。由理论分析结果得知，在关注区域应力相同的情况下，试验模型可以模拟节段模型中的两类受力模式，可以通过设计对应试验荷载达到最大程度模拟实桥受力的目的,并且对于同一个试验模型中的两个横隔板,可以采用两类不同的构造细节,同时进行试验,加快试验进度,最大限度地利用试验模型。

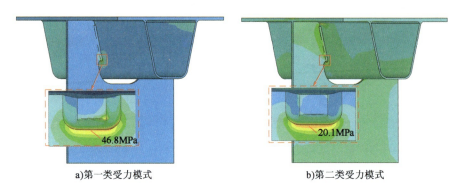

a) 第一类受力模式　　　　　　　　　　b) 第二类受力模式

图 5-15　试验模型纵肋与横隔板疲劳易损细节应力图

5.1.1.4　试验模型制造

试验模型试件共 9 个,其中纵肋与顶板焊接细节包括 3 个传统单面焊 + 日本规范孔型、3 个 75% 熔透双面焊 + Eourcode 规范孔型 B 3 个和 3 个全熔透双面焊 + 新型孔型,如表 5-1 所示。试件长 6000mm,宽 2700mm,高 738mm,顶板厚 18mm,纵肋尺寸 300mm×300mm×8mm,横隔板厚 14mm,所有试验模型的制造工艺和材料性能要求均与实桥一致。试件设计中所采用的普通钢材、高强度钢材及其他附属设施设备等产品必须符合相关的技术标准和质量要求,并遵照施工规范及相关产品使用要求进行运输、存放、加工、安装、使用,严禁使用不合格产品或不能满足设计既定要求的产品。在试验模型制造与加工设计图纸中,各焊缝方法未区分自动焊及手工焊,试件加工制造单位可根据自身加工能力确定施工方案,有条件的焊缝均应采用自动焊。未表示焊角高度的焊缝均应熔透。焊接时应尽量采用俯焊,避免仰焊。试件在存放、运输、吊装中应注意保证其平衡稳定;临时支承时应设置平面尺寸不小于 200mm×200mm、厚度不小于 100mm 的木块。试验模型加工制造如图 5-16 所示。

试验模型汇总表　　　　　　　　　　　　　　　　　　　　　　表 5-1

模 型 类 型	数量(个)	模 型 编 号
类型一(单面焊 - 75% 熔透 + 横隔板 - 日本规范孔型)	3	Single - 75% PP-MT-1
		Single - 75% PP-MT-2
		Single - 75% PP-MT-3
类型二(新型焊缝形式 - 外侧 75% 部分熔透双面焊 + 横隔板 - Eourcode 规范孔型 B)	3	Double - 75% PP-MT-1
		Double - 75% PP-MT-2
		Double - 75% PP-MT-3
类型三(新型焊缝形式 - 全熔透 + 横隔板 - 新型开孔形式)	3	Double - 100% FP-MT-1
		Double - 100% FP-MT-2
		Double - 100% FP-MT-3

a)板件拼装　　　　　　　　　　　　b)纵肋内焊

c)内侧焊接　　　　　　　　　　　　d)纵肋与横隔板焊接

图 5-16　试验模型制造加工

5.1.2　试验模型加载与测试

5.1.2.1　试验模型加载

正交异性钢桥面板疲劳试验在中交二航局试验基地开展,采用美国进口的 MTS793 试验系统进行疲劳加载,加载垫板为试验模型之前设置 400mm×400mm 的橡胶支座。为准确模拟关键构造细节实际受力状态,试验模型横隔板下翼缘采用 6 点固结约束,各约束位置的地锚梁通过高强度螺栓与地锚连接,采用 500kN 和 1000kN 的作动器同时加载两个试验模型,如图 5-17～图 5-20 所示。

图 5-17　试验模型加载

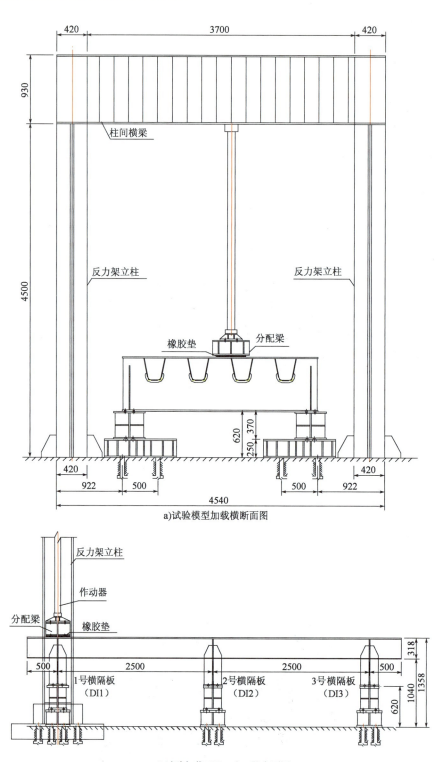

a) 试验模型加载横断面图

b) 试验加载工况一(LCⅠ)立面图

图 5-18

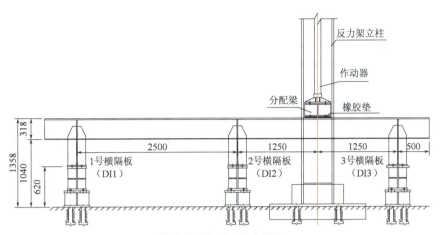

c)试验加载工况二(LCⅡ)立面图

图5-18 试验模型加载示意图(尺寸单位:mm)

图5-19 试验工况一(LCⅠ)加载

图5-20 试验工况二(LCⅡ)加载

试验模型加载前采用超声波或相控阵探伤技术对疲劳易损构造细节部位焊缝进行检测,与模型制造厂的探伤报告对比验证焊缝质量检测技术的准确性。疲劳试验采用静载和动载相结合的方式进行。首先通过一组静载试验确定试验实际的疲劳加载幅值,然后进行疲劳加载。在疲劳加载过程中每间隔一定的荷载循环次数需进行一次静载试验以确定试件的实际状态。具体步骤如下所述。

(1)施加疲劳荷载前先分级施加一组静载,加载方式为 $0\rightarrow 0.25P\rightarrow 0.5P\rightarrow 0.75P\rightarrow P\rightarrow 0.75P\rightarrow 0.5P\rightarrow 0.25P\rightarrow 0$,其中 P 为理论计算疲劳荷载幅值;每级静载需持荷 5min,待结构受力稳定后进行应变测试。通过试验实测应变与理论值对比,确定应施加的实际疲劳荷载幅值 P'。

(2)对模型试件卸载,按调整后的荷载 P' 对试件施加幅值为 $20kN \sim P' + 20kN$ 的正弦波形荷载,加载频率为 $3 \sim 5Hz$,疲劳荷载加载次数为 10 万次。

(3)疲劳加载次数达到 20 万次后,按照步骤(1)的静载方案进行一次静载加载。将当前静载试验结果与疲劳加载前的静载试验结果对比分析,当两次静载测试结果差异在容许范围内时继续施加疲劳荷载;当结果差值相差较大时分析相关原因,采用超声波探伤和声发射探伤等多种方法对关键构造细节进行裂纹检测。

(4)步骤(3)确定可以继续施加疲劳荷载时,按照步骤(2)加载 20 万次疲劳荷载。

(5)重复步骤(3)和步骤(4)的内容,其间疲劳加载累计次数达到 100 万次时,分级施加静载后暂停试验,并采用超声波探伤和声发射探伤对试验模型的纵肋与顶板焊接细节进行探伤。此后每累积增加 20 万次加载次数且分级施加静载后,对试验模型再次采用上述方法探伤,并对应变、变形及疲劳裂纹实时监测,直至试验模型破坏。

5.1.2.2 试验模型测试

疲劳试验测试以应变测试为主,疲劳试验模型关键测点选取原则为:(1)测点处与疲劳易损部位目标位置相距较近,确保测试结果能够有效反映目标位置的实际受力状态;(2)所选测点处便于布置应变片;(3)测点处主拉应力较大,确保测试结果不会被系统测试误差湮没,应变片采用 BF120-2CA 型三向应变花;对于纵肋与顶板焊接细节,为监测裂纹扩展在三向应变花之前布置 BF120-2AA 型单向应变片,采用酚醛-缩醛基底,康铜箔制成,如图 5-21 所示。试验模型关键构造细节测点布置如图 5-22 ~ 图 5-26 所示。

图 5-21 三向应变花和单向应变片

第5章 高疲劳抗力正交异性钢桥面板疲劳模型试验

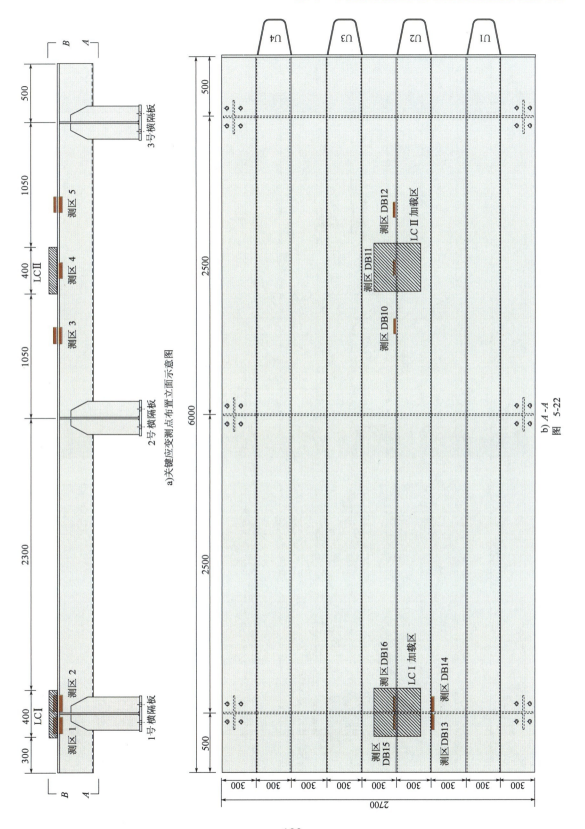

a) 关键应变测点布置立面示意图

b) A-A

图 5-22

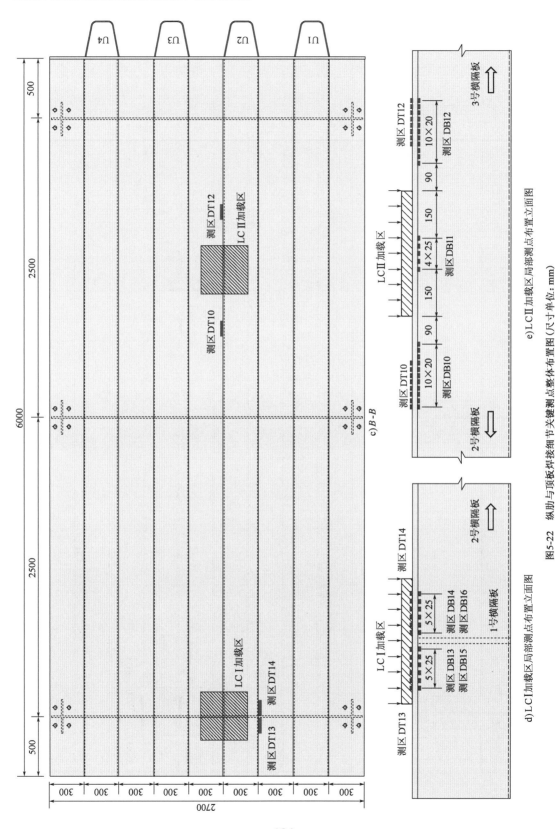

图5-22 纵肋与顶板焊接细节关键测点整体布置图(尺寸单位:mm)

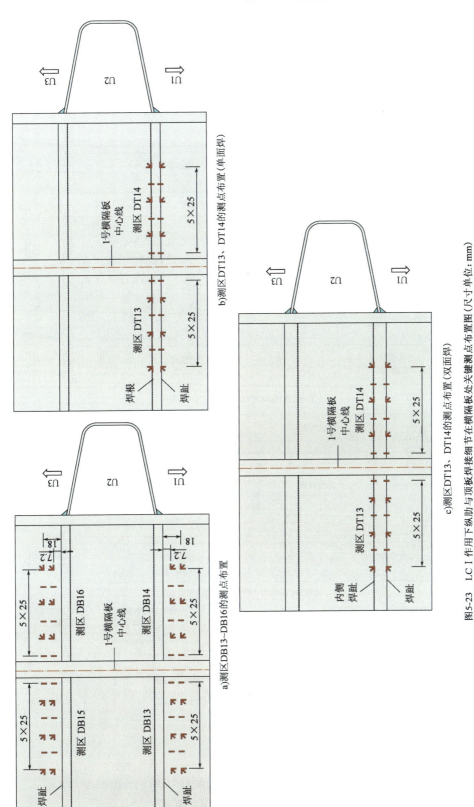

图5-23 LC I 作用下纵肋与顶板焊接细节在横隔板处关键测点布置图（尺寸单位：mm）

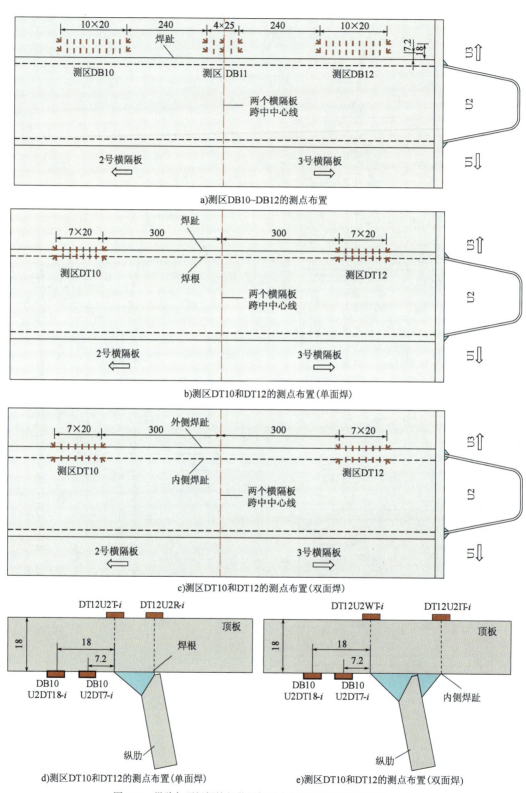

图 5-24 纵肋与顶板焊接细节局部测点布置示意图(尺寸单位:mm)

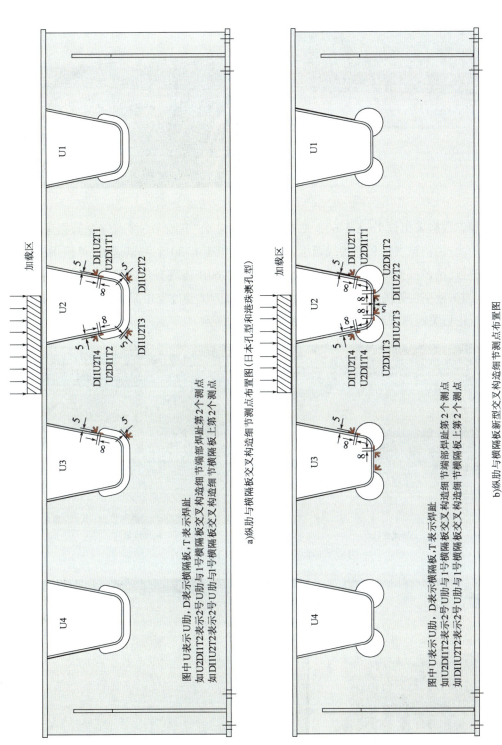

图5-25 纵肋与横隔板交叉构造细节关键测点布置图（尺寸单位：mm）

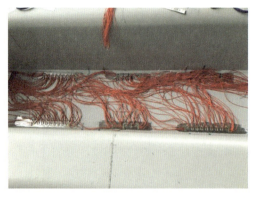
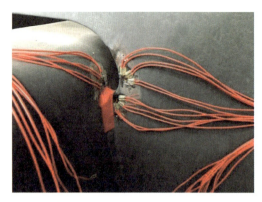

图 5-26　试验模型实际测点布置图

高速静态数据采集仪 UCAM-60B 是日本共和电业公司推出的静态应变数据采集仪,如图 5-27 所示,它由测试主机和外接线箱组成。测试主机带有 30 个测试通道,可使用外接接线箱扩展通道数,最多可扩展 1000 个测试通道。UCAM-60B 还具有应变测试分辨率高、应变测试量程大、测试速率快等优点,能满足试验要求。在疲劳试验过程中采用多通道的 DH5961 动态采集系统进行关键测点动应变实时监测,如图 5-28 所示。

a)测试主机　　　　　　　　　　　　　　b)接线箱

图 5-27　高速静态数据采集仪 UCAM-60B

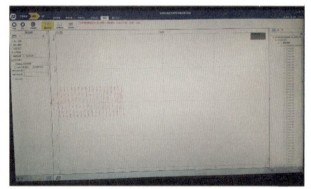

a)测试主机　　　　　　　　　　　　　　b)关键测点动应变监测

图 5-28　DH5961 动态采集系统

正交异性钢桥面板关键构造细节在疲劳荷载作用下导致疲劳裂纹萌生并扩展,声发射技术在疲劳裂纹探伤和疲劳裂纹监测方面具有显著的特点:(1)它是一种动态无损检测方法,可以长期连续地在役监测工程结构主要部位缺陷的发展变化,从而及时提出安全警报以便对其实施有效的补救措施;(2)它是一种"被动"探伤技术,即无须发射探测信号,而是利用传感器监听结构内部发出的声波信息,对服役的工程结构几乎不会造成影响和损伤。深中通道钢桥面板疲劳试验是首次将声发射检测技术引入到钢桥疲劳裂纹检测和监测中。声发射传感器设备如图5-29所示,试验模型测点布置如图5-30所示。

a)声发射传感器　　　　　　　　b)前置放大器

图5-29　声发射设备

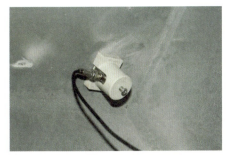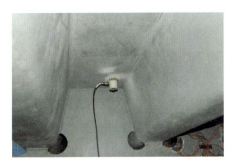

图5-30　声发射探头测点布置

5.1.3　主要试验结果

结合全桥多节段模型、试验模型的仿真计算结果及模型设计方案对各关注细节开展抗疲劳设计验证试验,对各测点在测试方案设定的疲劳加载次数下静载试验中所获取的应变数据进行计算,可得到测点对应的主拉应力值。静载试验过程中加卸载阶段每级荷载作用下应变测试均在结构受力及变形稳定的条件下进行采集。为提高测试数据的准确性,减小因人为读数等主观因素导致的偶然误差,静载试验在疲劳加载卸除并保证一定的暂停时间后进行,且静载试验中的数据均由静态应变高速采集仪自动采集。

相关试验研究表明:纵肋与顶板焊接细节和纵肋与横隔板交叉构造细节疲劳裂纹萌生并扩展使得局部刚度降低,导致局部应力重分布;构造细节关键测点的主应力或应变随荷载作用次数的增加均发生变化,采用关键测点的主应力或应变变化作为疲劳开裂的判据。对纵肋与顶板焊接细节单面焊和双面焊时,焊根开裂或内侧焊趾开裂并沿顶板厚度方向扩展具有隐蔽性,且足尺试验模型在纵肋内部布置测点十分困难,因此,以在焊根或内侧焊趾对应的顶板顶面布置关键测点测得的变化幅度作为疲劳开裂的判据。Kolstein 在对正交异性钢桥面板纵肋与顶板焊接细节疲劳强度评估时,建议采用关键测点主应力(应变)变化幅度 10% 或 25% 两个疲劳破坏准则。为直接对比纵肋与顶板焊接细节不同制造工艺条件下的疲劳强度,此处采用关键测点主应力或应变变化幅度 10% 作为疲劳开裂判据,同时在试验过程中采用超声波和声发射技术进行疲劳裂纹检测和监测。

其中,Single – 75% PP-MT-1 和 Double – 75% PP-MT-1 试件疲劳破坏试验完成后,其他试件根据上述两个试件试验结果调整荷载幅。疲劳试验过程中每加载 10 万~25 万次进行一次静载试验,试验机加载频率为 3~5Hz,下限荷载均为 20kN,上限荷载根据试验目的进行调整。疲劳试验过程中,每隔约 2h 检查一遍试件的焊缝及其周围有无出现裂纹;当暂时不能判断是否出现裂纹时,先以"疑似裂纹"作为记录,若继续试验发现裂纹明显,则以出现"疑似裂纹"时的次数作为发现裂纹的循环次数。详细试验结果如表 5-2 所示。

5.1.4 疲劳性能评估

5.1.4.1 疲劳寿命确定

本次试验模型共计 9 个,其中传统单面焊试验模型 3 个、双面焊部分熔透试验模型 3 个、双面焊全熔透气保焊 1 个和双面焊全熔透埋弧焊 2 个。纵肋与顶板焊接细节传统单面焊主要疲劳开裂模式为疲劳裂纹萌生于焊根并沿顶板厚度方向扩展;对于双面焊而言,其主要疲劳开裂模式为疲劳裂纹萌生内侧焊趾并沿顶板扩展。研究表明:正交异性钢桥面板关键构造细节出现疲劳开裂后,其局部刚度发生变化进而引起局部应力重分布,根据试验模型关键测点的应力变化趋势确定纵肋与顶板焊接细节疲劳开裂模式;由顶板焊根或顶板内侧焊趾对应的顶板顶面关键测点变化规律可知,随着疲劳荷载作用次数的增加,各试验模型关键测点的应力或应变均发生了变化,表明试验模型均在顶板焊根或顶板内侧焊趾疲劳开裂。所有试验模型加载完成后,结合超声波无损探伤、超声相控阵和疲劳长度观察,确定传统单面焊纵肋与顶板焊接细节的主导疲劳开裂模式为裂纹萌生于焊根且沿顶板厚度方向扩展,双面焊纵肋与顶板焊接细节的主导疲劳开裂模式为裂纹萌生于内侧焊趾且沿顶板厚度方向扩展。

对各试验模型关键测点的应力或应变变化趋势的分析结果显示,各试验模型出现疲劳开裂后,至少有一个测点应力应变率先发生变化,且变化速率最快,通过该测点的应力变化监测结果确定了各试件发生疲劳裂纹时对应的加载次数 N_i。各试验模型的加载工况、荷载作用次数详见表 5-2,此处不再赘述。为了便于评估疲劳性能,参考 5.1.3 节建议,以关键测点应力应变化幅度 10%(N_{10})为疲劳破坏依据,各试验模型关键测点应力变化幅度 10% 分别对应的作用次数见表 5-3。

第5章 高疲劳抗力正交异性钢桥面板疲劳模型试验

深中通道钢桥面板疲劳试验结果汇总表

表 5-2

试件汇总	加载方案	荷载幅 (kN)	作用次数 (万次)	试验结果	等效200万次疲劳强度 (MPa) 纵肋隔板	等效200万次疲劳强度 (MPa) 纵肋顶板	等效标准疲劳车的作用次数(万次) 纵肋隔板	等效标准疲劳车的作用次数(万次) 纵肋顶板
Single-75%PP-MT-1	LCI	240	0~200	试验加载至60万次,纵肋与顶板焊接细节与横隔板交叉部位在顶板焊根疲劳开裂,裂纹长度约126mm;疲劳开裂裂纹长度约5mm	144.6	104.1	1839	721
		360	200~400					
		480	400~500					
	LC II	240	0~200	试验加载至280万次,纵肋与顶板焊接细节与横隔板交叉构造细节顶板根疲劳开裂;加载至440万次结束,其他构造细节未出现疲劳开裂	—	90.4	—	990
		360	200~400					
		480	400~440					
Single-75%PP-MT-2	LCI	150	0~460	试验加载至70万次,纵肋与顶板焊接细节与横隔板交叉部位在顶板焊根疲劳开裂,裂纹I长度约42mm,裂纹II长度约67mm	—	82.6 69.1	—	361 212
	LC II	300	0~200	试验加载至40万次,2号纵肋与横隔板交叉构造细节焊缝端部焊趾疲劳开裂,裂纹长度约5mm;试验加载至50万次,2号纵肋与3号横隔板交叉构造细节焊缝端部焊趾疲劳开裂,裂纹长度约16mm;加载至500万次,顶板焊根未出现疲劳开裂,试验终止	80.0	—	315	—
		400	200~300					
		450	300~500					
	LC III	360	0~280	试验加载至20万次,3号纵肋与1号横隔板焊缝端部焊趾开裂,裂纹长约10mm,加载至280万次,顶板焊根出现疲劳开裂	69.0	96.1	202	1194
Single-75%PP-MT-3	LCI	150	0~460	试验加载至35万次,纵肋与顶板焊接细节与横隔板交叉部位在顶板焊根疲劳开裂,裂纹长约17mm,裂纹II长度约27mm	—	65.6 54.9	—	181 106
	LC II	300	0~200	试验加载至50万次,2号纵肋与3号横隔板交叉构造细节焊缝端部焊趾疲劳开裂,裂纹长约20mm;试验加载至120万次,2号纵肋与2号横隔板交叉构造细节焊缝端部焊趾疲劳开裂,裂纹长约15mm;加载至400万次,顶板焊根未出现疲劳开裂	91.4	98.7	470	1288
		400	200~300					
		450	300~460					
Double-75%PP-MT-1	LCI	240	0~200	试验加载至90万次,焊趾疲劳开裂,裂纹I和裂纹II长度均约100mm;侧焊趾疲劳开裂,加载至460万次结束,其他构造细节未出现疲劳开裂	—	89.9 121.1	—	466 1139
		360	200~400					
		480	400~460					

续上表

试件汇总	加载方案	荷载幅(kN)	作用次数(万次)	试验结果	等效200万次疲劳强度(MPa) 纵助隔板	等效200万次疲劳强度(MPa) 纵助顶板	等效标准疲劳车的作用次数(万次) 纵助隔板	等效标准疲劳车的作用次数(万次) 纵助顶板
Double-75% PP-MT-1	LC Ⅱ	240	0~200	试验加载至267万次,纵助与横隔板交叉构造细节焊缝端部焊趾疲劳开裂,裂纹长度约28mm;	110.6	112.1	2878	2633
		360	200~400					
		480	400~500	试验加载至440万次,纵助与顶板焊接细节内侧焊趾疲劳开裂				
Double-75% PP-MT-2	LC Ⅱ	300	0~200	试验加载至25万次,2号纵助与3号横隔板交叉构造细节焊缝端部焊趾疲劳开裂,裂纹长度约22mm;试验加载至228万次,2号纵助与2号横隔板焊趾焊缝端部焊趾疲劳开裂,裂纹长度约8mm;	113.5 57.1	>115.9	3163 402	—
		400	200~300					
		450	300~400	出现疲劳裂纹,裂纹长度约36mm;纵助断裂结构承载力急剧下降,试验终止				
Double-75% PP-MT-3	LC Ⅲ	360	0~800	试验加载至85万次,2号纵助与3号横隔板交叉构造细节焊缝端部焊趾疲劳开裂,裂纹长度约11mm;试验加载至600万次,3号纵助与1号横隔板交叉构造细节焊缝端部焊趾疲劳开裂,裂纹长度约8mm;试验加载至700万次,3号纵助与顶板焊接细节在顶板内焊趾疲劳开裂终止	93.3	124.8	1753	3586
Double-75% PP-MT-3	LC Ⅱ	300	0~200	试验加载至80万次,2号纵助与2号横隔板交叉构造细节焊缝端部焊趾疲劳开裂,裂纹长度约9mm;试验加载至360万次,3号纵助与2号横隔板焊趾焊缝端部焊趾疲劳开裂,裂纹长度约17mm;试验加载区正下方2号纵助底母材冷弯部位出现疲劳裂纹,裂纹贯穿纵助腹板;纵助断裂结构承载力急剧下降,试验终止	76.0 101.3	>110.8	948 2245	—
		400	200~300					
		450	300~400					
Double-75% PP-MT-3	LC Ⅲ	360	0~800	试验加载至18万次,3号纵助与1号横隔板交叉构造细节焊缝端部焊趾疲劳开裂,裂纹长度约34mm;试验加载至740万次,纵助与顶板内侧焊趾疲劳开裂,疲劳裂纹深度约2.5mm	66.6	—	638	—

第5章 高疲劳抗力正交异性钢桥面板疲劳模型试验

续上表

试件汇总	加载方案	荷载幅(kN)	作用次数(万次)	试验结果	等效200万次疲劳强度(MPa) 纵肋隔板	等效200万次疲劳强度(MPa) 纵肋顶板	等效标准疲劳车的作用次数(万次) 纵肋隔板	等效标准疲劳车的作用次数(万次) 纵肋顶板
Double-100% FP-MT-1	LCⅠ	180	0~420	试验加载53.5万次,纵肋与顶板焊接细节交叉部位在内侧焊趾疲劳开裂,裂纹Ⅰ长度约为46mm;试验加载至70万次,纵肋与横隔板新型交叉构造细节焊缝端部焊趾4处疲劳开裂	—	59.4 81.6	—	134 348
Double-100% FP-MT-1	LCⅡ	300	0~200	试验加载至40万次,纵肋与横隔板新型交叉构造细节焊缝端部焊趾2处疲劳开裂;	—	113.6	—	2786
Double-100% FP-MT-1	LCⅡ	400	200~300					
Double-100% FP-MT-1	LCⅡ	450	300~420	试验加载至330万次,纵肋与横隔板新型交叉构造细节焊缝端部焊趾Ⅱ长度约为14mm				
Double-100% FP-MT-2	LCⅠ	180	0~420	试验加载至80万次,纵肋与顶板焊接细节交叉部位在内侧焊趾疲劳开裂,裂纹Ⅱ长度约为52mm;试验加载至130万次,纵肋与横隔板新型交叉构造细节焊缝端部焊趾1处疲劳开裂	—	68.6 109.6	—	207 844
Double-100% FP-MT-2	LCⅡ	300	0~200	试验加载至70万次,纵肋与横隔板新型交叉构造细节焊缝端部焊趾6处疲劳开裂;	—	123.2	—	3580
Double-100% FP-MT-2	LCⅡ	400	200~300					
Double-100% FP-MT-2	LCⅡ	450	300~500	试验加载至435万次,纵肋与顶板焊接细节内侧焊趾8处疲劳开裂				
Double-100% FP-MT-3	LCⅢ	360	0~800	试验加载至20万次,纵肋与横隔板新型交叉构造细节8处出现疲劳开裂,随着荷载作用次数增加,纵肋与横隔板新型交叉构造细节焊缝端部焊趾交叉构造细节均未出现疲劳开裂,试验终止	—	>152.4	—	—
Double-100% FP-MT-3	LCⅢ	420	800~1000	试验加载至1000万次,纵肋与顶板焊接细节两处开裂分别计算				

注:1. 纵肋与顶板焊接细节根据内侧焊趾7.2mm或外侧焊趾8mm处纵肋腹板上的实测应力作为其名义应力。
2. 等效标准疲劳车的作用次数是以荷载横向最不利的应力历程方程进行计算。
3. 等效200万次疲劳强度和等效标准疲劳车的作用次数依据表示数据列中两组推表示数据列中两组推数列中两排数据示依据两处开裂分别计算。

各试验模型疲劳开裂作用次数　　　　　　　　　表 5-3

试件编号	加载次数 N_{10} （×10⁴次）	试验描述
Single – 75% PP-MT-1（S75-1）	280	LC Ⅱ -顶板焊根开裂
Single – 75% PP-MT-2（S75-2）	280	LC Ⅲ-顶板焊根开裂
Single – 75% PP-MT-3（S75-3）	400	LC Ⅱ -顶板焊根开裂
Double – 75% PP-MT-1（D75-1）	440	LC Ⅱ-顶板内侧焊趾开裂
Double – 75% PP-MT-2（D75-2）	700	LC Ⅲ-顶板内侧焊趾开裂
Double – 75% PP-MT-3（D75-3）	740	LC Ⅲ-纵肋内侧焊趾开裂
Double – 100% FP-MT-1（D100-1）	330	LC Ⅱ-顶板内侧焊趾开裂
Double – 100% FP-MT-2（D100-2）	435	LC Ⅱ-顶板内侧焊趾开裂
Double – 100% FP-MT-3（D100-3）	1000	未开裂,试验终止

5.1.4.2　名义应力法

疲劳寿命评估方法主要有基于 S-N 曲线的评估方法、基于断裂力学的评估方法和基于损伤力学的评估方法。名义应力法便于工程应用,是国内外规范广泛采用的评估方法,利用名义应力法进行疲劳性能评估时,需解决的首要问题就是名义应力取值点的确定。为确定合理的名义应力取值点,利用大型通用有限元软件 ANSYS 建立实体有限元模型,通过网格尺寸划分对纵肋与顶板焊接构造细节附近局部区域应力分布的影响进行研究。采用 SOLID45 八节点实体单元进行建模,模型尺寸构造及各板件厚度等严格按试验模型设计图纸进行设置。为提高计算精度,对焊缝附近区域进行网格细化,模型中钢材弹性模量取为 2.06×10^5 MPa,泊松比取为 0.3,有限元模型如图 5-31 所示。

对纵肋与顶板焊接细节顶板焊趾和顶板焊根附近区域分别采用 0.5mm、1.0mm 和 2mm 的网格尺寸进行分析,研究结果表明:受焊缝局部构造应力集中的影响,离焊趾或焊根较近区域的应力计算结果对网格划分尺寸较为敏感,而在 $\delta \geqslant 5$mm 的区域,网格尺寸对各点的计算结果基本没有影响。因此,将顶板下缘距内侧焊趾或焊根 7.2mm（0.4t）处的应力值定义为纵肋与顶板焊接构造细节的名义应力,用于后续疲劳性能评估的研究。对于变幅加载的试验模型,根据各疲劳易损细节名义应力幅和表 5-3 疲劳试验作用次数,基于线性累积损伤理论及损伤等效原理将各级应力幅进行等效后的等效应力幅 $\Delta\sigma_{eq}$ 为

$$\Delta\sigma_{eq} = \left(\frac{\sum n_i \Delta\sigma_i^m}{\sum n_i} \right)^{1/m} \tag{5-1}$$

式中：n_i——应力幅 $\Delta\sigma_i$ 作用次数；

$\Delta\sigma_{eq}$——等效应力幅。

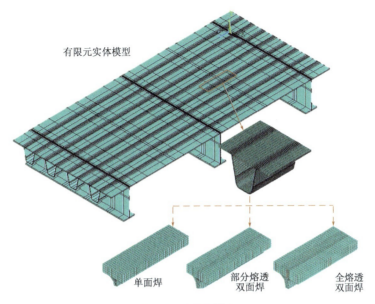

图 5-31　有限元模型

由于试验数据相对较少，难以通过统计分析获得 S-N 曲线，为进一步分析纵肋与顶板焊接细节传统单面焊和双面焊的疲劳性能，将各试验模型距顶板焊根或内侧焊趾 7.2mm 的疲劳强度评估结果分别与《公路钢结构桥梁设计规范》(JTG D64—2015)、欧洲 Eurocode3 规范和美国 AASHTO 规范的名义应力 S-N 曲线进行比较，如图 5-32～图 5-34 所示。

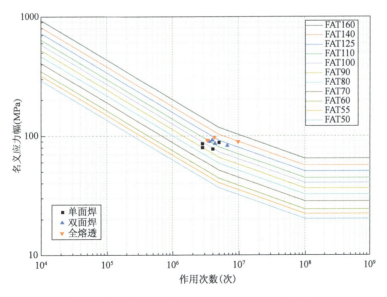

图 5-32　《公路钢结构桥梁设计规范》(JTG D64—2015)

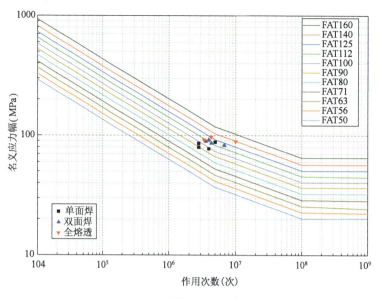

图 5-33 欧洲 Eurocode3 规范

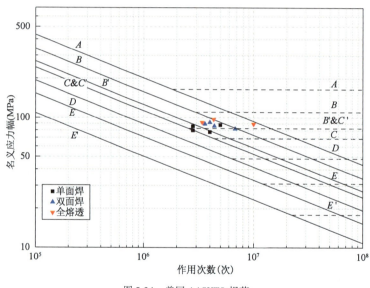

图 5-34 美国 AASHTO 规范

研究结果表明:纵肋与顶板焊接细节传统单面焊焊根开裂模式和双面焊及全熔透(埋弧焊)顶板内侧焊趾的疲劳强度高于《公路钢结构桥梁设计规范》(JTG D64—2015)的 90 类细节、欧洲 Eurocode3 规范的 90 类细节、美国 AASHTO 规范的 C 类细节的疲劳强度;其中,传统单面焊焊根开裂模式的疲劳强度基本位于《公路钢结构桥梁设计规范》(JTG D64—2015)的 90 类细节、欧洲 Eurocode3 规范的 90 类细节、美国 AASHTO 规范的 C 类(69)细节的疲劳强度;双面焊内侧焊趾的疲劳强度基本位于《公路钢结构桥梁设计规范》(JTG D64—2015)的 110 类细节、欧洲 Eurocode3 规范的 112 类细节、美国 AASHTO 规范的 B 类(82.7)与 B 类

(110)细节之间的疲劳强度;全熔透(埋弧焊)内侧焊趾的疲劳强度基本位于《公路钢结构桥梁设计规范》(JTG D64—2015)的125类细节、欧洲Eurocode3规范的125类细节、美国AASHTO规范的B类(110)细节的疲劳强度。双面焊顶板内侧焊趾开裂模式的疲劳强度明显高于单面焊焊根开裂模式的疲劳强度;全熔透(埋弧焊)顶板内侧焊趾开裂模式的疲劳强度高于双面焊(气保焊)内侧焊趾开裂模式的疲劳强度。

5.1.4.3 等效结构应力法

结构应力法基于断裂力学原理而提出,将焊接细节开裂断面高度非线性应力分解为膜应力 σ_m、弯曲应力 σ_b 和局部切口效应产生的非线性峰值应力 σ_{nl},由于 σ_{nl} 沿板厚分布属于自平衡应力,而膜应力 σ_m 和弯曲应力 σ_b 之和与外荷载平衡。因此,将焊接细节沿板厚方向的非线性应力简化为线性应力。等效结构应力法可以用于评估焊接细节的疲劳性能,适用于焊根开裂和焊趾开裂且具有网格不敏感性,该评估方法被大量应用于评估十字形焊接接头的疲劳强度。根据等效结构应力法计算公式,计算各试验模型纵肋与顶板焊接细节疲劳开裂模式的等效结构应力法。各疲劳开裂模式的等效结构应力如图5-35所示,其中主要关注焊根-顶板、焊根-焊缝和焊趾-顶板三类对钢桥面板危害较大的疲劳开裂模式。

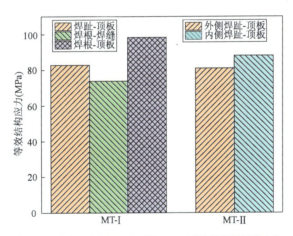

图5-35 纵肋与顶板焊接细节典型开裂模式的等效结构应力

将纵肋与顶板焊接细节疲劳开裂的试验数据绘制于主 S-N 曲线中,如图5-36所示。研究结果表明:(1)对于纵肋与顶板传统单面焊,疲劳开裂模式焊根-顶板的等效结构应力最大;而对于纵肋与顶板新型双面焊,疲劳开裂模式内侧焊趾-顶板的等效结构应力最大。各试验模型理论计算的开裂模式与试验结果一致,表明采用等效结构应力可有效判断试验模型的主导疲劳开裂模式。(2)对于纵肋与顶板焊接细节各疲劳开裂模式的试验结果基本位于主 S-N 曲线 $\pm 2\sigma$ 之间,即基于等效结构应力的主 S-N 曲线可以准确地预测纵肋与顶板焊接细节各疲劳开裂模式的疲劳寿命。同时,等效结构应力法将纵肋与顶板焊接细节各疲劳开裂模式的初始微裂纹、荷载模式和板厚效应均有所考虑,相比名义应力法,其离散性明显降低。

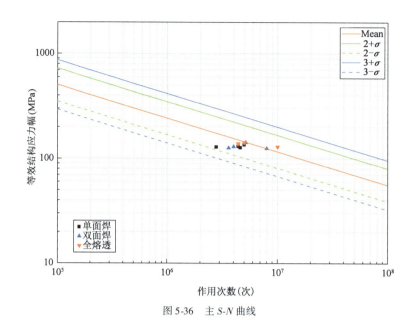

图 5-36　主 S-N 曲线

5.2　纵肋与横隔板交叉构造细节疲劳试验

正交异性钢桥面板横隔板弧形切口最小截面位置处于受压状态,由疲劳理论可知构件处于受压状态时是不会发生疲劳破坏的。实际情况却是,该构造细节尽管在轮载的作用下受压,但横隔板在火焰切割时会产生很大的残余应力(甚至接近于钢材的屈服强度),使得该构造细节处实际处于受拉状态。同时,轮载移动产生的应力变化是该构造细节产生疲劳破坏的主要原因。

研究表明应力变化范围是影响疲劳寿命的主要因素,应力幅越大疲劳寿命越低,反之亦然。因此,本试验通过施加拉力控制关注构造细节的应力幅,探究其疲劳性能。在深中通道大桥试验模型所采用的弧形孔型基础上,增加另外两种常用孔型进行对比研究。

5.2.1　试验模型设计与制造

为了研究横隔板弧形切口最小截面母材的疲劳性能,首先要保证该细节处有足够的应力幅。该细节的相关试验研究都是取正交异性钢桥面板部分结构作为试验试件,体量较大。但此设计的试件会存在 3 个问题:(1)该类试件具有多条裂缝,加载时往往先于弧形切口最小截面处产生;(2)该类试件的加工复杂,批量生产的话很难保证试件均一性,会使试验结果具有较大的离散性,对试验结果的连续性和准确性都有较大的影响;(3)该类试件的成本过高,很难批量进行试验研究。因此,试验截取横隔板弧形切口处局部作为试验试件,如图 5-37 所示。

本次试验共有 3 种带弧形切口钢板试件,每种试件除弧形切口形式不同外完全一致。每种试件各制作 3 块,共 9 块试件。

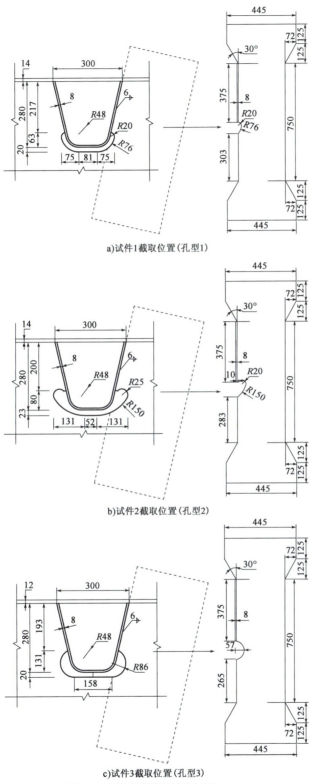

a) 试件1截取位置(孔型1)

b) 试件2截取位置(孔型2)

c) 试件3截取位置(孔型3)

图5-37 试件设计依据(尺寸单位:mm)

试件是从横隔板弧形切口处截取的一部分,为两块钢板 T1 和 T2 焊接而成。T1 为带弧形切口的钢板,中间部分尺寸为 750mm×300mm,两端均匀加宽以使外荷载更加均匀地传递到弧形切口处。T1 旁焊接一块 600mm×375mm 的钢板 T2 以模拟 U 形纵肋的一部分,具体尺寸如图 5-38 所示。

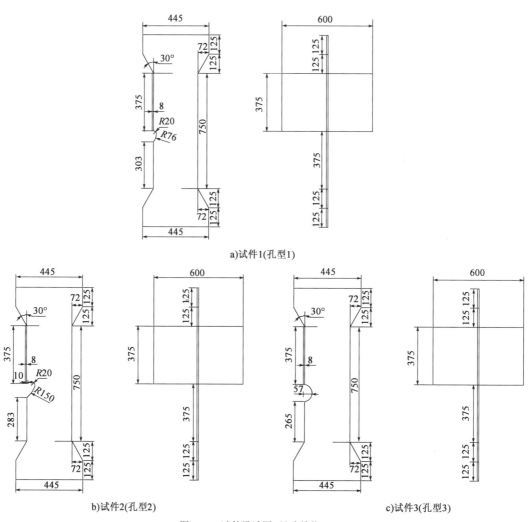

图 5-38　试件设计图(尺寸单位:mm)

5.2.2　试验模型加载与测试

5.2.2.1　加载方案

试验通过单向拉伸的加载方式控制弧形切口最小截面处的应力幅,以此研究该构造的疲劳性能。试件采用中点对称加载(试件 1-C 除外),上下夹具的宽度为 50mm,下端固定,上端施加荷载,具体的加载方式如图 5-39 所示。为了达到设计的应力幅,试件 1-C 采用向带切口一侧偏移中心 10mm 的对称加载方式。

图 5-39 荷载加载方式

试验加载装置采用同济大学耐久性实验室中 MTS 322 Test Frame 系统,通过多通道 Flex TestGT 系统控制加载过程。

试件加载分为两个阶段,首先对试件进行 50kN 预加载拉力,卸载之后根据设计应力幅施加形式为 10Hz 等幅正弦波的疲劳荷载。考虑到试件较多,在试验设计时预期每块试件的寿命在 20 万次至 120 万次之间,因此设计的应力幅较大,每种孔型的 3 块试件的设计应力幅分别为 200、250、300MPa,具体荷载范围如表 5-4 所示。

荷载设计表格　　　　　　　　　　　　　表 5-4

试件编号	荷载上限(kN)	荷载下限(kN)	设计应力幅(MPa)
试件 1-A	190	30	200
试件 1-B	205	15	250
试件 1-C	190(偏心)	30(偏心)	300
试件 2-A	175	45	200
试件 2-B	190	30	250
试件 2-C	205	15	300
试件 3-A	190	30	200
试件 3-B	197.5	22.5	250
试件 3-C	205	15	300

5.2.2.2 测点布置

孔型 1 三块试件双侧布置应变花,每侧布置 2 个,如图 5-40a)所示;孔型 2 三块试件双侧布置应变花,每侧布置 2 个,如图 5-40b)所示;孔型 3 三块试件双侧布置应变花,每侧布置 2 个。原设计只有测点 3-1 和 3-2,在试件 2-A 的疲劳试验中发现焊缝端部(远离切口一侧)产生裂缝,因此增加了两个对称的测点 3-3 和 3-4,如图 5-40c)、d)所示。

应变花距弧形切口边缘的距离为 5mm,图 5-40 表明应变花正反两面粘贴。试验过程中连续采样,动态监测关注位置的应变。

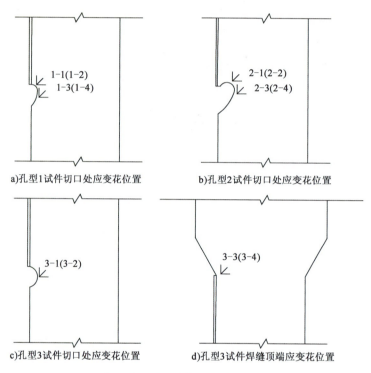

a)孔型1试件切口处应变花位置   b)孔型2试件切口处应变花位置

c)孔型3试件切口处应变花位置   d)孔型3试件焊缝顶端应变花位置

图 5-40　三种孔型应变花测点布置图

5.2.3　主要试验结果

5.2.3.1　试验破坏形态分析

试件 1-A、1-B 和 1-C 的疲劳裂缝均萌生于弧形切口最小截面处,如图 5-41 所示。

试件 2-A 的裂缝萌生于焊缝顶端(远离切口一侧),试件 2-B 和 2-C 的疲劳裂缝萌生于弧形切口最小截面处,如图 5-42 所示。

试件 3-A 和 3-B 的裂缝萌生于弧形切口最小截面处,试件 3-C 的疲劳裂缝萌生于焊缝顶端(远离切口一侧),如图 5-43 所示。

a)试件1-A

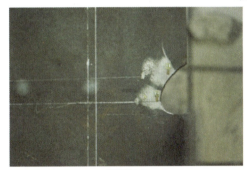

b)试件1-B

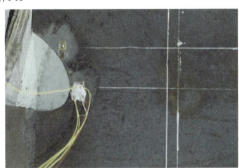

c)试件1-C

图 5-41 孔型 1 试件疲劳破坏形态

a)试件2-A

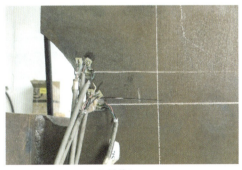

b)试件2-B

c)试件2-C

图 5-42 孔型 2 试件疲劳破坏形态

a) 试件3-A

b) 试件3-B

c) 试件3-C

图 5-43 孔型 3 试件疲劳破坏形态

疲劳裂缝产生于应力较大的一侧,当疲劳裂缝产生时,扩展速率很快,在 5 万次加载循环内,试件会丧失继续承载能力,直接破坏。

5.2.3.2 应力测试结果

由于试验过程中加载位置、试件制作和应变花粘贴位置的误差,钢板两侧的应变花所测得的数值会略有不同,选择测量结果较大的一侧作为试验结果分析对象,9 个试件的实测应力幅变化曲线如图 5-44 ~ 图 5-52 所示。

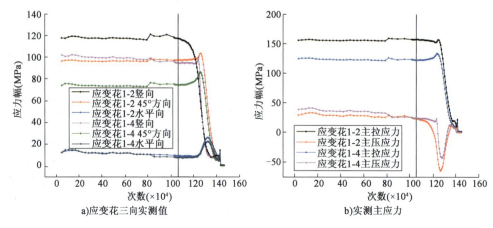

a) 应变花三向实测值 b) 实测主应力

图 5-44 试件 1-A 应变花实测应力幅变化曲线

124

第5章 高疲劳抗力正交异性钢桥面板疲劳模型试验

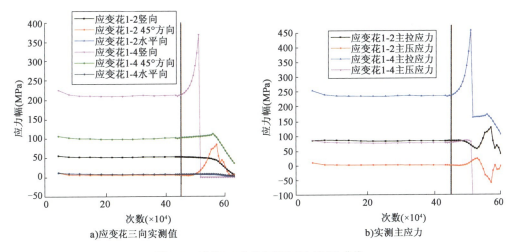

图 5-45 试件 1-B 应变花实测应力幅变化曲线

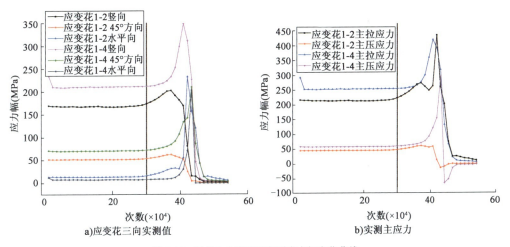

图 5-46 试件 1-C 应变花实测应力幅变化曲线

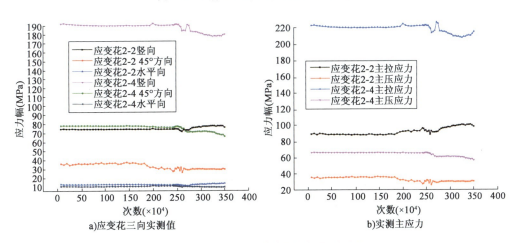

图 5-47 试件 2-A 应变花实测应力幅变化曲线

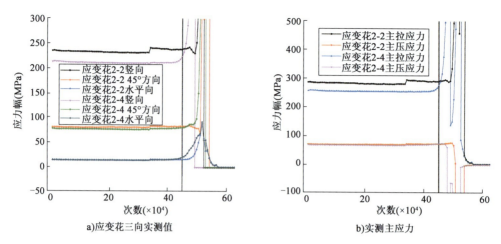

图 5-48 试件 2-B 应变花实测应力幅变化曲线

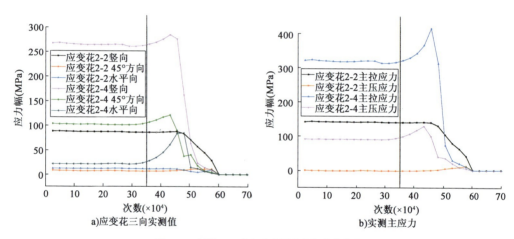

图 5-49 试件 2-C 应变花实测应力幅变化曲线

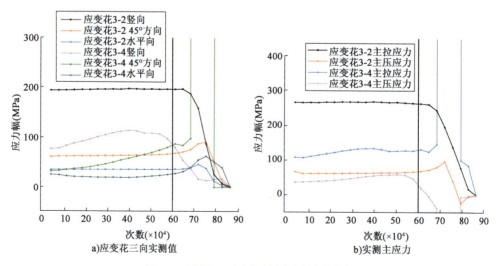

图 5-50 试件 3-A 应变花实测应力幅变化曲线

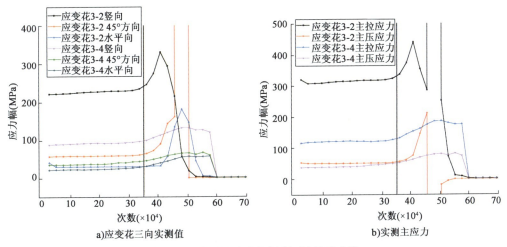

图 5-51　试件 3-B 应变花实测应力幅变化曲线

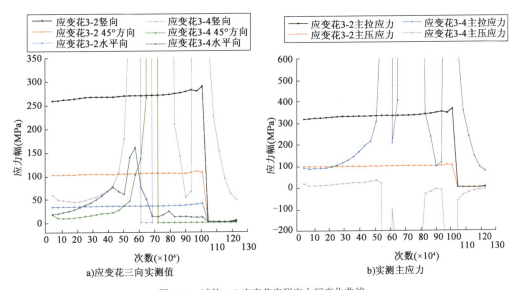

图 5-52　试件 3-C 应变花实测应力幅变化曲线

在疲劳试验过程中,除了部分应变花测点外,绝大部分应变花测点测得的应力幅在无裂缝产生时基本保持不变,表明试件基本处于常幅应力状态。

5.2.3.3　疲劳寿命结果

以弧形切口最小截面处应力幅发生明显变化为疲劳失效标准,疲劳试验结果汇总于表5-5。

试件疲劳试验结果　　　　　　　　表 5-5

试件编号	荷载(kN) 上限	荷载(kN) 下限	实测应力幅（MPa）	开始变化处（10⁴次）	试件破坏（10⁴次）	裂 纹 位 置
试件 1-A	190	30	157	105	142	弧形切口最小截面处
试件 1-B	205	15	216	45	63	弧形切口最小截面处

续上表

试件编号	荷载(kN) 上限	荷载(kN) 下限	实测应力幅(MPa)	开始变化处(10^4次)	试件破坏(10^4次)	裂 纹 位 置
试件 1-C	190(偏心)	20(偏心)	250	30	54	弧形切口最小截面处
试件 2-A	175	45	223	—	349	焊缝端点(远离切口一侧)
试件 2-B	190	30	287	45	57	弧形切口最小截面处
试件 2-C	205	15	320	35	49	弧形切口最小截面处
试件 3-A	190	30	266	60	84	弧形切口最小截面处
试件 3-B	197.5	22.5	310	35	48	弧形切口最小截面处
试件 3-C	205	15	330	—	104	焊缝端点(远离切口一侧)

5.2.4 疲劳性能评估

本节取试验结果和各国规范规定的相关疲劳等级曲线进行对比分析。

试件 2-A 和 3-C 的疲劳裂缝萌生于焊缝端点(远离切口一侧)。有限元计算结果和实测应力结果都表明,远离切口一侧焊缝端点处的应力幅较弧形切口最小截面处小很多,该处先于目标位置产生疲劳裂缝可能是由于焊缝处的残余应力和该处钢板刚度变化的共同作用所致。

弧形切口处的构造细节的疲劳破坏属于高周疲劳破坏,即该处应力水平较低,破坏循环次数一般高于 $10^4 \sim 10^5$ 的疲劳,所以无裂纹寿命占疲劳总寿命的绝大比例。因此,以弧形切口最小截面处应力幅产生明显变化为疲劳失效标准,将试验数据分组并进行分析,如图 5-53 所示。鉴于试验试件数量较少且斜率相近,参考相关的研究成果,规定拟合直线的 m 为 3。

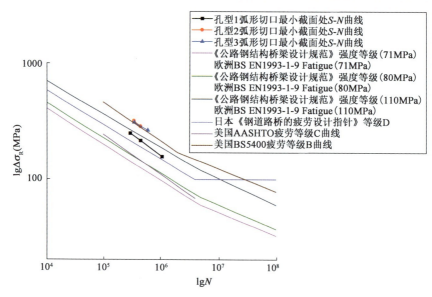

图 5-53 孔型 1 至孔型 3 弧形切口处的 S-N 曲线

红色的直线为孔型 1 弧形切口实测 S-N 曲线,拟合方程为

$$\lg N = 12.655 - 3\lg\Delta\sigma \tag{5-2}$$

当循环次数 $N = 2 \times 10^6$ 次时,容许应力幅 $\Delta\sigma$ 为 131.22MPa;

蓝色的直线为孔型 2 弧形切口实测 S-N 曲线,拟合方程为

$$\lg N = 13.043 - 3\lg\Delta\sigma \tag{5-3}$$

当循环次数 $N = 2 \times 10^6$ 次时,容许应力幅 $\Delta\sigma$ 为 176.74MPa;

紫色的直线为孔型 3 弧形切口实测 S-N 曲线,拟合方程为

$$\lg N = 13.035 - 3\lg\Delta\sigma \tag{5-4}$$

当循环次数 $N = 2 \times 10^6$ 次时,容许应力幅 $\Delta\sigma$ 为 175.65MPa。

3 个孔型的计算结果均高于我国规范《公路钢结构桥梁设计规范》(JTG D64—2015)和欧洲规范 BS EN1993-1-9 Fatigue(2005)规定的 71MPa。需要强调的是,以上结果出自室内试验条件,且只考虑面内应力的试验结果。实际设计时需避免弧形切口最小截面处裂纹萌生,面外 Mises 应力的最大值为 9.15%,因此对试验结果进行 10% 折减,则 3 个孔型 200 万次的疲劳强度分别为 118.098MPa、159.066MPa、158.085MPa。又由于只有 2 个或 3 个试验结果,从统计学角度对试验结果再进行 30% 的折减,因此笔者建议将设计应力幅降低为 80MPa(孔型 1)、110MPa(孔型 2)、110MPa(孔型 3)。试验结果均显著大于现有规范推荐的数值,表明现有规范的规定是安全可靠的。

5.3 小结

通过足尺和节段模型的疲劳试验研究,并对试验结果进行了深入系统的分析。

单面焊试件疲劳裂纹在顶板焊根萌生并沿顶板厚度方向扩展,双面焊试件疲劳裂纹在顶板内侧焊趾处萌生并沿顶板厚度方向扩展。双面焊顶板内侧焊趾开裂模式的疲劳强度明显高于单面焊焊根开裂模式的疲劳强度,部分熔透双面焊相比单面焊疲劳强度约提高 20%;全熔透(埋弧焊)顶板内侧焊趾开裂模式的疲劳强度高于双面焊(气体保护焊)内侧焊趾开裂模式的疲劳强度,其中一个双面埋弧全熔透模型相比单面焊的疲劳强度约提高 50%,相比部分熔透双面气体保护焊的疲劳强度约提高 30%。

纵肋与横隔板交叉构造细节试验结果表明:纵肋与横隔板交叉构造细节焊趾端部的制造质量对疲劳寿命具有显著的影响。相同荷载作用条件下,焊趾端部凹槽直接导致疲劳寿命降低 2 倍,实桥制造生产时必须严格控制该构造细节焊趾端部的焊接质量。

第 6 章 正交异性钢桥面板疲劳寿命可靠度评估

正交异性钢桥面板的疲劳开裂问题是长期困扰和制约其应用与发展的关键技术瓶颈。在实际制造过程中,因焊接、切割等加工环节,不可避免地在钢桥面板构造细节中引入不同类型和不同尺度的初始制造缺陷;且局部疲劳开裂后,其裂纹尺寸几何参数以及材料断裂特性等诸多因素的不确定性,导致疲劳裂纹扩展过程具有典型的随机性特征,而概率 S-N 曲线法均无法将上述关键因素的随机性纳入其疲劳可靠度评估模型。相较而言,概率断裂力学以传统确定性断裂力学理论和概率统计理论为基础,通过概率的形式表征缺陷尺寸、裂纹几何特征和材料断裂参数等因素的不确定性,并将其引入断裂力学评估框架,从合理描述疲劳裂纹扩展行为及规律的角度出发,建立疲劳可靠度评估模型,揭示构造细节在疲劳开裂过程中其疲劳可靠性的变化规律以及关键因素对于疲劳裂纹扩展过程的影响,可为既有钢桥疲劳寿命与断裂安全评估、制定检测计划与修复策略提供重要的理论基础和参考依据[1-6]。

随机荷载作用下钢桥面板的疲劳开裂本质上属于变幅疲劳问题,但对于特定区域的具体桥梁结构而言,疲劳荷载具有一定的统计规律,采用常幅疲劳分析方法可简化复杂的疲劳评估流程,且其合理性可满足工程应用的需要。常幅疲劳可视为只有一个统计样本的变幅疲劳问题,建立合理的常幅疲劳评估方法对于理解构造细节的变幅疲劳损伤特征以及构建变幅疲劳评估方法均具有重要意义。

6.1 典型构造细节应力谱及其统计特征

6.1.1 车辆特征

6.1.1.1 车辆分类

车辆荷载直接作用于桥面且与疲劳荷载效应密切相关,其往复作用是导致桥梁结构疲劳性能劣化最为关键的外部影响因素。对于正交异性钢桥面板结构而言,可基于地区长期交通荷载实测数据进行统计分析,揭示典型疲劳车辆荷载特征及其分布规律,从而形成桥梁结构疲劳分析专用荷载谱。疲劳车辆荷载涉及车型、车重、轴重、车距等多个关键参数,各参数具有较大的随机性,且呈现出显著的区域性和季节性特征,开展系统的车辆荷载调查面临诸多困难和挑战。车重、车距、车道交通量、轴重与轴距的统计规律是建立疲劳车辆荷载模型的基础。根据《深圳至中山跨江通道工程可行性研究报告》和典型公路大桥车辆荷载统计特征，车辆分类标准和交通比例如表 6-1 和表 6-2 所示。

车型分类及特征　　　　　　　　　　　　　　　　　　　　　　　　表 6-1

车型编号	车辆类别	轴数	代表车型及车轴简图
V1	小汽车 轻型客车	2	
V2	小货车 中型货车	2	
V3	大客车	2	
V4	大货车 (类型Ⅰ)	3	
V5	大货车 (类型Ⅱ)	4	
V6	大货车 (类型Ⅲ)	5	
V7	大货车 (类型Ⅳ)	≥6	

各车型年交通量比例统计（%）　　　　　　　　　　　　　　　　　表 6-2

车型	V1	V2	V3	V4	V5	V6	V7
2022 年	48.50	16.70	8.50	14.70	4.00	3.90	3.70
2027 年	49.00	16.40	8.20	13.70	4.20	4.40	4.10
2032 年	49.60	16.10	7.80	12.50	4.40	5.10	4.50
2037 年	50.10	15.80	7.40	11.60	4.70	5.70	4.70
2042 年	50.70	15.50	7.00	10.50	5.00	6.20	5.10
2047 年	51.20	15.20	6.70	9.60	5.10	6.90	5.30
2052 年	51.70	14.80	6.40	8.90	5.30	7.40	5.50

6.1.1.2 车轴几何特征

交通荷载调查统计中已将轴型相同的车辆归并为同一类车型,但同类车型中不同车辆的轴重及轴距并不完全一致。为确保同类车型轮轴间距取值的合理性,对大量车型手册资料开展了系统的调研。在此基础上,结合实际监测车辆数据统计结果确定了各代表车型轴距参数的几何特征,如表6-3所示。

代表车型轴距典型值　　　　　　表6-3

车型编号	车辆类别	轴距(m)				
V1	小汽车 轻型客车	2.6	—	—	—	—
V2	小货车 中型货车	4.7	—	—	—	—
V3	大客车	6.0	—	—	—	—
V4	大货车 (类型Ⅰ)	4.8	1.3	—	—	—
V5	大货车 (类型Ⅱ)	3.8	8.6	1.3	—	—
V6	大货车 (类型Ⅲ)	3.3	1.3	6.3	1.3	—
V7	大货车 (类型Ⅳ)	3.3	1.3	7.3	1.3	1.3

6.1.1.3 车辆轴重分配

正交异性钢桥面板在车辆荷载作用下其构造细节所经历的应力幅值与相应的作用次数取决于车辆的轴重和轴距,因而轴重与轴距的统计规律对于建立疲劳车辆荷载模型至关重要。根据表6-3所确定的代表车型轴距,为深入分析每一类代表车型各轮轴在车辆总重中所占比例的分布规律,以连续一年的全部交通车辆监测数据为样本,基于统计分析确定各代表车型的轴重分配比例特征。对于所有车型类别,其轴重分配比例均可表示为

$$r_{ij} = \frac{w_{ij}}{\sum_{j=1}^{n_i} w_{ij}} \tag{6-1}$$

式中:r_{ij}和w_{ij}——分别为第i类车型中第j轴占车辆总重的比例和第j轴的轴重;
n_i——为第i类车型对应的轴数。

基于统计分析结果并保持同一车型轴重分配比例的归一性,确定所有车型轴重分配比例的统计分布数字特征,分别如表6-4和表6-5所示。

各车型轴重分配比例统计特征值 表6-4

车型编号	轴重比例统计特征值											
	A_{i1}		A_{i2}		A_{i3}		A_{i4}		A_{i5}		A_{i6}	
	μ	σ	μ	σ	μ	σ	μ	σ	μ	σ	μ	σ
V1	0.538	0.007	0.463	0.007	—	—	—	—	—	—	—	—
V2	0.402	0.011	0.598	0.011	—	—	—	—	—	—	—	—
V3	0.354	0.002	0.646	0.002	—	—	—	—	—	—	—	—
V4	0.264	0.005	0.261	0.006	0.475	0.014	—	—	—	—	—	—
V5	0.190	0.003	0.207	0.004	0.292	0.006	0.311	0.006	—	—	—	—
V6	0.163	0.004	0.267	0.004	0.199	0.002	0.182	0.002	0.189	0.002	—	—
V7	0.116	0.003	0.139	0.002	0.200	0.002	0.192	0.001	0.176	0.001	0.177	0.001

各车型轴重分配比例典型值 表6-5

车型编号	轴重比例典型值					
	A_{i1}	A_{i2}	A_{i3}	A_{i4}	A_{i5}	A_{i6}
V1	0.538	0.462	—	—	—	—
V2	0.402	0.598	—	—	—	—
V3	0.354	0.646	—	—	—	—
V4	0.264	0.261	0.475	—	—	—
V5	0.190	0.207	0.292	0.311	—	—
V6	0.163	0.267	0.199	0.182	0.189	—
V7	0.116	0.139	0.200	0.192	0.176	0.177

车辆总重与正交异性钢桥面板各构造细节的疲劳荷载效应量值直接相关,其分布特征是影响疲劳性能与服役安全性评估的关键性因素。一般地,各车型车辆总重的多重混合高斯函数可表示为

$$f(w) = \sum_{i=1}^{n_s} g(w \mid a_i, b_i, c_i) \tag{6-2}$$

式中：　　w——车辆总重变量;

a_i、b_i和c_i——高斯函数参数;

n_s——高斯函数子体个数;

$g(w \mid a_i, b_i, c_i)$——高斯函数,其具体分布形式如式(6-3)所示。

$$g(w \mid a_i, b_i, c_i) = a_i \cdot e^{-\frac{(w-b_i)^2}{2c_i^2}} \tag{6-3}$$

各车型车辆总重统计分布参数如表6-6所示。

各车型车辆总重统计分布参数值 表6-6

车型编号	分布类型	分布参数		
		a_i	b_i	c_i
V1	高斯混合分布（两参数）	486100	1175	392.9
		130500	1696	475.9
V2	高斯混合分布（四参数）	23480	1727	432.2
		15200	5420	2548.4
		9545	2663	929.1
		6361	11780	5760.1
V3	高斯混合分布（两参数）	3892	18110	2355.4
		2098	15210	5282.1
V4	高斯混合分布（三参数）	1698	14260	2183.5
		1991	10040	1558.5
		3319	17620	8761.1
V5	高斯混合分布（五参数）	1680	12470	1349.9
		−123.4	30230	69.1
		2849	29010	11476.3
		−893.5	25540	3961.2
		659.2	15140	1955.2
V6	高斯混合分布（两参数）	729.3	43300	11151.1
		513.4	18870	6378.8
V7	高斯混合分布（六参数）	92.33	57350	308.3
		257.7	56300	195.7
		8510	53210	6291.1
		2256	16710	2348.3
		3442	31380	13625.9
		5395	59480	12742.1

6.1.1.4 车辆空间分布特征

车间距是反映各车道车流量密度的重要指标。在不同的交通车辆运行状态下，车间距呈现出不同的分布特征，从而导致正交异性钢桥面板各构造细节的疲劳应力谱具有较大差异。桥梁结构处于车辆密集运行状态时，其构造细节应力谱中高应力幅所占比例显著增大，长期的往复作用将加剧正交异性钢桥面板的疲劳损伤，严重缩短其服役寿命。车间距有多种调查方法，利用动态称重系统可对车辆通过时刻和车辆行驶速率进行实测，则相邻两辆行驶车辆的间距由下式确定：

$$l_{ij} = (t_j - t_i)v_i \tag{6-4}$$

式中:t_i 和 v_i——分别为前车通过时刻和通过速度;

t_j——后车通过时刻。

车间距与交通量、车道数以及车辆运行状态等因素相关,不同地域具有一定的差异。对数正态分布、Weibull 分布以及 Gamma 分布等统计分布类型可较好地描述不同运行状态下车间距的分布规律[7-9]。根据相关研究,各车道车间距概率分布均具有显著的偏态特征,采用对数正态分布可较为合理地描述其分布形态,相应的概率密度函数为

$$f(l|\mu,\sigma^2) = \frac{1}{\sqrt{2\pi}\sigma l} \cdot e^{-\frac{(\ln l - \mu)^2}{2\sigma^2}}, l > 0 \tag{6-5}$$

相应的概率车间距统计参数特征值如表 6-7 所示。

车间距统计参数特征值　　　　表 6-7

车道编号		Lane1	Lane2	Lane3	Lane4	Lane5	Lane6
统计特征值(m)	μ	6.119	5.664	5.892	5.822	5.552	5.808
	σ	1.067	1.005	1.487	1.353	0.964	1.172
期望值*(m)	$E(l)^*$	802.7	477.8	1094.0	843.3	410.2	661.8

6.1.2 典型构造细节疲劳应力谱

6.1.2.1 随机车流模拟方法及流程

行驶于正交异性钢桥面板的交通车辆的数量、类型、车重、轴重、车间距、车辆横向位置分布以及各车道车流量和车型比例等关键参数,在时间和空间上均具有显著的随机性特征,相较于钢结构桥梁疲劳设计规范对上述参数以确定性的方式进行简化处理,建立在概率统计基础上的随机车流模拟方法可较为合理地描述交通车辆在桥面的分布特征和运行状态。根据实际交通监测数据进行统计分析所确定的各关键参数的分布类型和统计数字特征,利用 Monte Carlo(MC)法[10]抽样原理建立混合车型随机车流模拟数学模型,并以 MATLAB 作为仿真分析平台,编制多车道随机交通荷载模拟程序,相应的流程如图 6-1 所示。

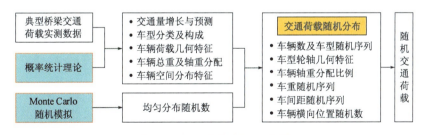

图 6-1　随机交通荷载模拟流程图

6.1.2.2 疲劳应力谱

深中通道正交异性钢桥面板纵肋与顶板构造细节(简称为"RD 细节")采用双面焊接技术

形成的新型构造形式,而纵肋(U肋)与横隔板交叉部位(简称为"RC细节")则采用Eurocode3规范所推荐公路桥的开孔形式,两类构造细节的局部构造设计如图6-2所示。为深入分析两类构造细节的疲劳性能,并基于概率断裂力学,对其典型开裂模式下的疲劳可靠度时变规律以及疲劳破坏控制模式进行研究,分别针对两类细节建立了长为30m的中跨梁段板壳与实体混合有限元仿真分析模型。整体板壳模型与局部实体模型分别采用ANSYS有限元软件中的SHELL63和SOLID45单元进行模拟,板壳-实体过渡区域采用多点约束(Multi-point Constraints,MPC)装配方式进行连接,以确保自由度的一致性和力流传递的流畅。两类构造细节局部均采用三维实体模型模拟各板件间连接焊缝的真实几何构造尺寸。纵肋、横隔板、腹板和顶板厚度分别为8mm、14mm、16mm、18mm,所有构件的几何尺寸、布置形式以及连接焊接工艺等均与实桥保持一致。

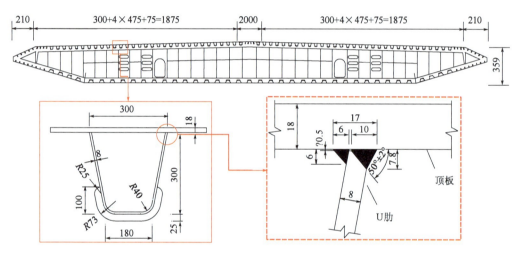

图6-2 深中通道正交异性钢桥面板(尺寸单位:mm)

根据所建立的梁段有限元仿真分析模型,按钢结构桥梁疲劳设计规范对各车道进行横向与纵向加载,确定两类构造细节相应于不同开裂模式(图6-3)其疲劳性能所对应的控制位置。采用单位轴载(1kN)按BSEN 1991-2—2003推荐的车辆中心迹线横向分布频率对各车道进行加载,根据控制位置的主应力值可建立两类构造细节在不同开裂模式下的应力影响面(图6-3)。在不同行车道进行加载时相应的应力影响面分别如图6-4和图6-5所示。

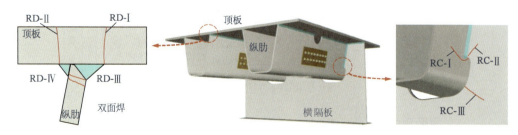

图6-3 构造细节典型疲劳开裂模式

第6章 正交异性钢桥面板疲劳寿命可靠度评估

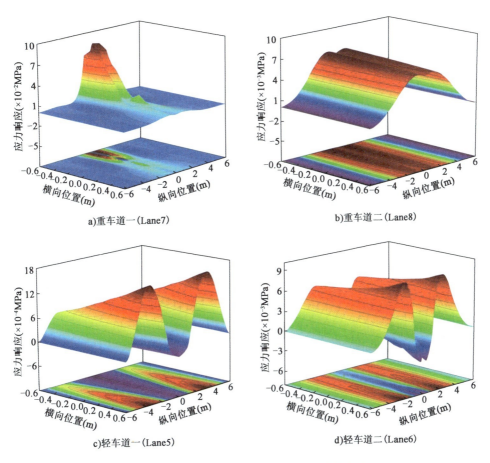

a) 重车道一 (Lane7)　　　　b) 重车道二 (Lane8)

c) 轻车道一 (Lane5)　　　　d) 轻车道二 (Lane6)

图 6-4　纵肋与顶板构造细节开裂模式 I 应力影响面

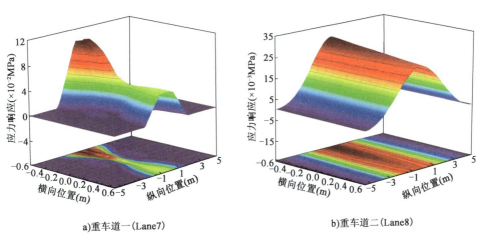

a) 重车道一 (Lane7)　　　　b) 重车道二 (Lane8)

图 6-5

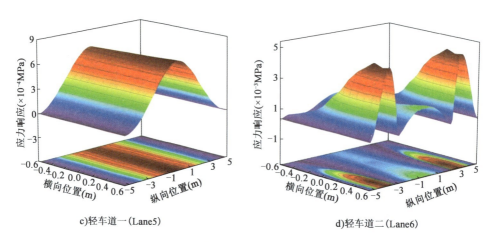

c) 轻车道一(Lane5)　　　　　　　　d) 轻车道二(Lane6)

图 6-5　纵肋与横隔板构造细节开裂模式 Ⅰ 应力影响面

正交异性钢桥面板的车道布置以及各车道车流量和车型比例等车辆横向分布特征是决定交通量特性和疲劳荷载谱的主要因素,对于构造细节疲劳性能的评估具有重要影响。此处以交通量数据预测为基础,并结合规范中公路桥梁车道分布系数的建议取值确定了该桥各车道的交通量及车型分布特征,如图 6-6 所示。

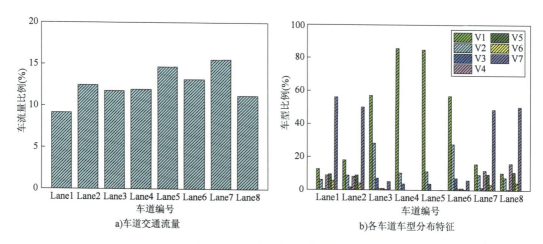

a) 车道交通流量　　　　　　　　b) 各车道车型分布特征

图 6-6　车道交通流量及车型比例

按照车辆荷载的各参数统计值,基于 Monte Carlo 法模拟一天的交通量样本(10 万辆疲劳车辆)所构成的随机车流,则右幅各车道的轴重序列如图 6-7 所示。在此基础上通过对图 6-4 和图 6-5 所确定的影响面进行加载,可获得两类典型构造细节在不同开裂模式下的应力时程,分别如图 6-8 和图 6-9 所示。采用雨流计数法对各应力历程进行统计分析,以两类构造细节疲劳开裂模式 Ⅰ 为例,其应力幅值谱及其概率分布特征如图 6-10 所示。

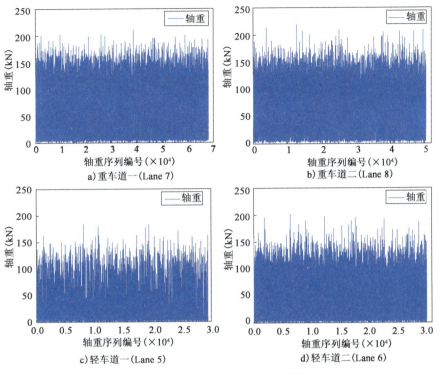

图6-7 右幅车道疲劳评估随机荷载谱

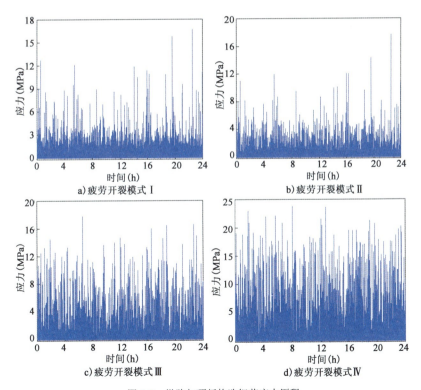

图6-8 纵肋与顶板构造细节应力历程

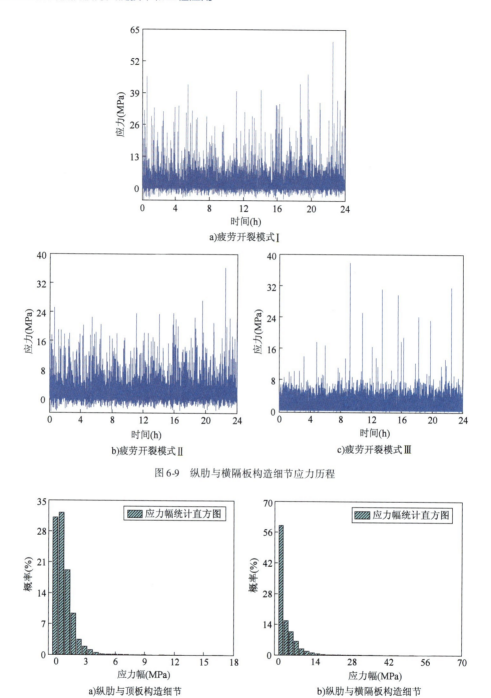

a)疲劳开裂模式Ⅰ

b)疲劳开裂模式Ⅱ

c)疲劳开裂模式Ⅲ

图6-9 纵肋与横隔板构造细节应力历程

a)纵肋与顶板构造细节

b)纵肋与横隔板构造细节

图6-10 典型构造细节的应力幅值谱及其分布特征

6.2 疲劳裂纹随机扩展模型

在常幅荷载作用下,材料微观结构的不均匀性是导致疲劳裂纹扩展过程沿裂纹增长路径呈现不确定性特征的主要因素之一,因而疲劳裂纹扩展速率通常被视为随裂纹长度 a 变化的随机过程 $\{da/dN,a>0\}$。裂纹扩展的随机性特征包括均值行为的不确定性以及随机扩展过程的不规则波动两类[11]。根据前述分析以及对两类不确定性的处理方法,可假定随机过程 $\{da/dN,a>0\}$ 由低频涨落和高频涨落两部分组成,其中前者相应于裂纹扩展速率的均值行为,解释了基于裂纹扩展速率测试数据回归分析可以确定相互间具有较小差异的材料断裂参数;后者则反映了单一试件裂纹扩展过程的不规则性,体现为裂纹扩展速率数据的离散性。对于第一类裂纹扩展特性,此处将裂纹扩展速率模型中的材料断裂参数视为联合分布的随机变量,采用 Paris 公式作为裂纹扩展理论模型,通过积分可以获得光滑的裂纹扩展速率曲线;而对于高频涨落部分,裂纹扩展的不规则波动表现为疲劳裂纹扩展速率沿裂纹扩展路径相对于均值扩展速率的随机偏差。疲劳裂纹扩展过程的不规则波动是一个随裂纹长度增加的连续变化过程,但实际疲劳试验中难以对裂纹扩展过程进行不间断的实时观测,而是每隔一段时间进行一次测量。若将裂纹扩展过程划分为连续的若干阶段,则对于任意第 i 裂纹增长微段,其扩展增量为 Δa_i,相应的裂纹扩展速率 $(da/dN)_i$ 为随机变量,沿各微段进行积分即可获得第二类裂纹扩展特性。引入 Z_i 表示第 i 微段裂纹扩展速率的随机偏差,则描述裂纹扩展不规则波动的裂纹扩展速率模型可表示为

$$(da/dN)_i = C\Delta K_i^n Z_i \tag{6-6}$$

式中:C 和 n——材料断裂参数,常数;

Z_i——第 i 微段裂纹扩展速率的随机偏差,其在裂纹扩展过程中相应于任意两个不同测量点取值 Z_i 和 Z_{i+k} 的联合概率分布,取决于测量点间的裂纹扩展增量 $\tau = a_{i+k} - a_i$。

根据 Z_i 的变化特征可知,Z_i 为沿裂纹扩展路径随裂纹扩展增量 τ 变化的一个随机过程,该过程在概率上由其概率分布函数和自相关函数所定义。

为综合考虑两类材料不均匀性对裂纹扩展速率的影响,引入随机过程 $Z(a)$ 描述裂纹扩展速率相应于均值速率的随机偏差,从而以裂纹扩展速率表示的裂纹随机扩展模型为

$$da/dN = f(\Delta K)Z(a) \tag{6-7}$$

式(6-7)中 $f(\Delta K)$ 中的材料断裂参数 C 和 n 为相关随机变量。根据 Virkler 等的研究结论,da/dN 服从对数正态分布[12],因此可假定 $Z(a)$ 为平稳对数正态过程,其中值为 1,从而式(6-7)的对数形式为

$$\lg(da/dN) = \lg f(\Delta K) + \xi(a) \tag{6-8}$$

结合式(6-7)和式(6-8),$\xi(a)$ 可表示为

$$\xi(a) = \lg Z(a) = \lg(da/dN) - \lg f(\Delta K) \tag{6-9}$$

随机过程 $Z(a)$ 的模型参数无法直接通过疲劳试验数据计算,只能通过对 $\xi(a)$ 进行估计而确定。$\xi(a)$ 为零均值平稳高斯过程(随机噪声),方差为 σ_ξ^2。根据高斯过程的重要特性,

$\xi(a)$ 完全由其均值和协方差函数所决定,当均值为零时自协方差函数与自相关函数相同且只与时间间隔(此处为裂纹扩展增量 τ)有关,其自相关函数为

$$R_\xi(a, a+\tau) = E[\xi(a)\xi(a+\tau)] = \sigma_\xi^2 \rho_\xi(\tau) = R_\xi(\tau) \tag{6-10}$$

式中:$E(\cdot)$——期望运算;

$\rho_\xi(\tau)$——$\xi(a)$ 自相关系数函数。

由上述分析可知,疲劳裂纹随机扩展模型由两部分组成:裂纹随机扩展速率 $f(\Delta K)$ 和随机噪声 $\xi(a)$。在统计上,前者以决定裂纹扩展速率的材料断裂参数的概率分布函数为特征,后者则仅取决于其自相关函数 $R_\xi(\tau)$。

根据既有疲劳裂纹扩展速率实测数据合理确定上述模型参数是基于裂纹随机扩展模型进行疲劳评估的关键。对于疲劳裂纹扩展速率 $f(\Delta K)$,通过对试验数据进行回归分析可建立其拟合曲线,且每一个疲劳试件可以获得一组相关的材料断裂参数 C 和 n,其分布函数的统计参数可基于标准统计程序确定。相较而言,随机噪声 $\xi(a)$ 不能直接通过疲劳裂纹扩展试验测量,其统计参数较为复杂。Ortiz 和 Kiremidjian 通过对 Virkler 等所开展的常幅疲劳裂纹扩展试验的实测数据进行分析,在此基础上提出了准确计算其相关函数 $R_\xi(\tau)$ 的谱估计法[11-12],其基本思路为:试验数据来源于一系列试件的疲劳裂纹扩展测试,疲劳试验中试件几何尺寸与测试条件完全相同。将随机噪声 $\xi(a)$ 沿连续的裂纹扩展过程进行抽样且抽样间距均为 Δa(裂纹扩展增量),则根据抽样形成的随机序列 $\xi_{\Delta a}(a)$ 为裂纹扩展进程中 Δa 上的局部平均过程(或滑动平均过程)[13],且其功率谱密度 $S_{\xi_{\Delta a}}(\lambda)$ 可基于疲劳裂纹扩展试验数据计算;在此基础上进行局部平均修正建立随机噪声功率谱密度 $S_\xi(\lambda)$ 与 $S_{\xi_{\Delta a}}(\lambda)$ 间的关系,结合维纳-辛钦定理即可确定随机噪声过程的自相关函数 $R_\xi(\tau)$。

对于试验中的任意疲劳试件,整个裂纹扩展过程划分为 n 个连续的微段且每个微段长度均为 Δa,第 i 测量点(或第 i 次测量)所对应的裂纹长度和疲劳寿命分别为 a_i 和 $N(a_i)$,则第 i 个微段的平均裂纹扩展速率如图 6-11 所示,相应的裂纹扩展速率方程为

$$\left(\frac{da}{dN}\right)_{\Delta a, i} = \left(\frac{\Delta a}{\Delta N}\right)_i = \frac{a_{i+1} - a_i}{N_{i+1} - N_i} \tag{6-11}$$

式(6-11)抽样相当于裂纹扩展速率过程 da/dN 在长度为 Δa 上的局部平均,即

$$(da/dN)_{\Delta a} = \frac{1}{\Delta a} \int_a^{a+\Delta a} (da/dN) da \tag{6-12}$$

式中:Δa——平均抽样间隔长度(即裂纹扩展增量),故该过程为一个局部平均过程。

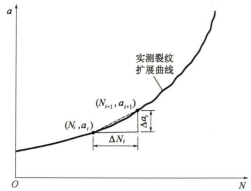

图 6-11 裂纹扩展微段平均裂纹扩展速率示意

因此,疲劳裂纹扩展速率最小二乘法拟合的残差 $\xi_{\Delta a, i}(a)$ 为沿裂纹扩展过程的局部平均过程,且可表示为

$$\xi_{\Delta a,i} = \lg(\Delta a/\Delta N)_i - \lg[f(\Delta K_i)] \tag{6-13}$$

根据前述假定，$\xi_{\Delta a,i}(a)$ 的均值为零，其方差和自相关函数分别为[14]

$$\sigma^2_{\xi_{\Delta a}} = \frac{1}{n-2}\sum_{i=1}^{n}\{\lg(\Delta a/\Delta N)_i - \lg\{f[\Delta K(a_i)]\}\}^2 \tag{6-14}$$

$$R_{\xi_{\Delta a}}(\tau) = R_{\xi_{\Delta a}}(j\Delta a) = \frac{1}{n-j}\sum_{i=1}^{n-j}\xi_{\Delta a,i}\xi_{\Delta a,i+j} \tag{6-15}$$

式中：j——任意两次测试数据的间距数。

采用式(6-15)可以直接根据裂纹扩展实测数据对残差的自相关函数 $R_{\xi_{\Delta a}}(\tau)$ 进行估计，但更为有效的方法是先计算该随机序列的功率谱密度函数，在此基础上利用傅立叶变换确定其自相关函数。

若随机过程为随机序列 $\{x_r(t), r = 0,1,\cdots,N-1\}$。其中，$t = r\Delta$，$\Delta = T/N$ 为抽样间隔（T 为周期），则该序列的离散傅立叶变换及其频域表达式为

$$X_s = \frac{1}{N}\sum_{r=0}^{N-1}x_r \mathrm{e}^{-\mathrm{i}(2\pi sr/N)} \tag{6-16}$$

$$x_r = \sum_{s=0}^{N-1}X_s \mathrm{e}^{\mathrm{i}(2\pi sr/N)} \tag{6-17}$$

类似地，残差 $\xi_{\Delta a,i}(a)$ 的离散傅立叶变换 X_k 可根据式(6-16)计算。设离散序列 $\{R_r(\tau), \tau = r\Delta\}$ 为 $\xi_{\Delta a,i}(a)$ 自相关函数的一个估计，则其离散傅里叶变换（谱密度函数）为

$$S_k = X_k^* X_k \tag{6-18}$$

式中：X_k^*——X_k 的复数共轭。

根据既有研究结论，随机序列 $\xi_{\Delta a,i}(a)$ 的功率谱密度 $S_{\xi_{\Delta a}}(\lambda)$ 与 S_k 间的关系为

$$S_{\xi_{\Delta a}}(\lambda) = \frac{n\Delta a}{2\pi}S_k \tag{6-19}$$

式中：λ——空间频率；

n——可理解为以 Δa 为抽样间隔的裂纹微段数（或抽样次数），一般取为2的整数次幂。

随机序列 $\xi_{\Delta a,i}(a)$ 为局部平均过程，因此基于 $\xi_{\Delta a,i}(a)$ 的谱估计与随机噪声 $\xi(a)$ 的实际谱密度间存在一定的差异。根据线性滤波理论，可通过频域方法对局部平均化进行补偿以修正残差的谱密度，从而实现对随机噪声的合理估计。设 $X(t)$ 为一个随机过程，其功率谱密度函数为 $S_X(\omega)$，$X_T(t)$ 是窗口长度为 T 上的局部平均，则

$$X_T(t) = \frac{1}{T}\int_t^{t+T}X(\tau)\mathrm{d}\tau \tag{6-20}$$

根据卷积运算，式(6-20)可表示为

$$X_T(t) = \int_{-\infty}^{+\infty}X(\tau)h(t-\tau)\mathrm{d}\tau \tag{6-21}$$

式中：$h(\tau)$——区间 $[-T,0]$ 上的连续函数，按下式计算：

$$h(\tau) = \begin{cases} 1/T & -T \leqslant \tau \leqslant 0 \\ 0 & 其他 \end{cases} \tag{6-22}$$

由线性滤波理论可知,$X(t)$ 与 $X_T(t)$ 的谱密度间的关系为

$$S_{X_T}(\omega) = |H(\omega)|^2 S_X(\omega) \tag{6-23}$$

式中:$H(\omega)$——为函数 $h(\tau)$ 的傅立叶变换,计算式为

$$H(\omega) = e^{i\omega T/2} \frac{\sin(\omega T/2)}{\omega T/2} \tag{6-24}$$

结合式(6-23)和式(6-24),局部平均过程 $X_T(t)$ 的谱密度为

$$S_{X_T} = \left[\frac{\sin(\omega T/2)}{\omega T/2}\right]^2 S_X(\omega) \tag{6-25}$$

式(6-25)中的窗口长度相当于疲劳裂纹扩展过程中的裂纹长度增量 Δa,因此随机噪声 $\xi(a)$ 的功率谱密度为

$$S_\xi(\lambda) = S_{\xi_{\Delta a}}(\lambda) \left[\frac{\sin(\lambda \Delta a/2)}{\lambda \Delta a/2}\right]^{-2} \tag{6-26}$$

根据维纳-辛钦定理,功率谱密度 $S_\xi(\lambda)$ 的傅立叶逆变换即为其自相关函数 $R_\xi(\tau)$

$$R_\xi(\tau) = \int_{-\infty}^{+\infty} S_\xi(\lambda) e^{i\lambda\tau} d\lambda \tag{6-27}$$

$$\sigma_\xi^2 = R_\xi(0) = \int_{-\infty}^{+\infty} S_\xi(\lambda) d\lambda \tag{6-28}$$

基于上述分析步骤可对每一疲劳试件进行随机序列分析,设 N 为疲劳试件总数,则所有试件(总体)材料断裂参数的联合分布以及随机噪声的方差 σ_ξ^2 可通过标准统计程序估计,其平均谱密度可由下式确定[15]:

$$\overline{S_\xi(\lambda)} = \frac{1}{N} \sum_{i=1}^{N} [S_\xi(\lambda)]_i \tag{6-29}$$

式(6-29)的傅立叶逆变换即为总体的自相关函数,通过 $R_\xi(0)$ 对其进行归一化处理可获得总体的自相关系数函数 $\rho_\xi(\tau)$。而 Itagaki 和 Shinozuka 对 $\rho_\xi(\tau)$ 所进行的研究表明,采用如下指数函数可与总体的自相关函数较为吻合[16],即

$$\rho_\xi(\tau) = e^{(-|\tau|/\tau_0)} \tag{6-30}$$

式中:τ_0——为相关长度,其值通过对总体自相关函数的数据点进行拟合分析确定,对于低碳钢,研究者建议取 τ_0 为 0.125mm 且通过实测数据对理论模型进行了校验。

基于裂纹随机扩展模型的疲劳评估与随机过程 $Z(a)$ 的统计特征密切相关。在获得随机噪声 $\xi(a)$ 相关模型参数的基础上,随机过程 $Z(a)$ 的模型参数可根据两个随机过程间的关系而确定。设 $Z(a)$ 的均值和方差分别为 μ_Z 和 σ_Z^2,则

$$\mu_Z = e^{(\frac{1}{2}\sigma_\xi^2)} \tag{6-31}$$

$$\sigma_Z^2 = e^{(\sigma_\xi^2)} [e^{(\sigma_\xi^2)} - 1] \tag{6-32}$$

随机过程 $Z(a)$ 的自相关函数 $R_Z(\tau)$ 为非线性函数且比 $R_\xi(\tau)$ 更为复杂,但一般取 $Z(a)$ 的一阶估计即可满足分析要求,即

$$Z(a) \approx 1 + \xi(a) \quad (6\text{-}33)$$

式(6-33)表明 $Z(a)$ 的自相关函数的一阶估计可由 $\xi(a)$ 的自相关函数给出,即

$$R_Z(\tau) \approx R_\xi(\tau) \quad (6\text{-}34)$$

根据疲劳裂纹扩展实测数据以及上述确定模型参数的分析程序可以建立合理描述两类材料不均匀性的裂纹随机扩展理论模型。设初始裂纹长度为 a_0,则当裂纹扩展至长度为 a 时,常幅荷载作用下结构构件相应的疲劳寿命可由裂纹扩展速率随机模型在此裂纹长度区间的积分所确定,即

$$N(a) = \int_{a_0}^{a} \frac{1}{f[\Delta K(a)]} \frac{1}{Z(a)} \mathrm{d}a \quad (6\text{-}35)$$

式中:$Z(a)$——随机过程。

因此上述积分为随机积分且疲劳寿命 $N(a)$ 为一个随机变量。

$Z(a)$ 与 $1/Z(a)$ 的概率分布是不相同的,但此处 $Z(a)$ 是中值为 1 的平稳对数正态过程,因而两者具有相同的概率分布和自相关函数,且疲劳寿命 $N(a)$ 的均值和方差分别为

$$E[N(a)] = \mu_Z \int_{a_0}^{a} \frac{1}{f[\Delta K(a)]} \mathrm{d}a \quad (6\text{-}36)$$

$$D[N(a)] = \sigma_Z^2 \int_{a_0}^{a} \int_{a_0}^{a} \frac{\rho_Z(t-s)}{f[\Delta K(s)]f[\Delta K(t)]} \mathrm{d}s\mathrm{d}t \quad (6\text{-}37)$$

式中:$f[\Delta K(s)]$ 和 $f[\Delta K(t)]$——分别为对应于任意两个不同裂纹长度 s 和 $t(s,t \in [a_0,a])$ 的裂纹扩展速率分布;

$\rho_Z(t-s)$——不同裂纹长度 s 和 t 时裂纹扩展速率分布的自相关函数。

6.3 基于概率断裂力学的疲劳可靠度评估

6.3.1 目标可靠度的确定

目标可靠度指标 β_t 是设计规范规定的作为设计依据的可靠指标,代表了设计所预期达到的安全水平。目标可靠度指标的合理选取是基于概率极限状态法进行桥梁结构设计的首要问题,并且应综合考虑结构件的重要程度、失效后果、失效方式以及经济指标(如运营维护费用、工程造价)和投资风险等诸多因素。目前,桥梁结构设计与研究中主要采用事故类比法、经济优化法或经验校准法确定结构件的目标可靠度指标。

合理的目标可靠度指标应兼顾安全性和经济性,并力图寻求二者间的平衡关系。国内外研究者针对不同类型桥梁结构的目标可靠度指标开展了大量的研究。国际标准化组织《结构可靠性总原则》(ISO 2394:2015)建议疲劳可靠度目标值可取为 2.7~3.1[17]。Moses 等通过

14座典型桥梁结构对隐含于AASHTO规范中的可靠度进行分析,并根据评估结果建议冗余与非冗余桥梁结构构件的目标可靠度指标分别取为2.0和3.0[18]。Smith和Hirt对欧洲钢结构协会(ECCS)1985年出版的钢结构疲劳设计规范进行了可靠度校核,结果表明钢结构或构件的可靠度指标目标值介于2.0~3.5之间[19]。目前,欧洲钢结构协会建议所有钢结构的目标可靠度指标均取为3.5。针对不同结构等级和极限状态条件,我国铁路与公路桥梁设计规范分别推荐了不同的目标可靠度指标取值[20,22]。对于处于疲劳开裂极限状态的桥梁结构,欧洲钢结构设计规范建议钢结构桥梁的目标可靠度指标可取1.5~3.8[23]。潘际炎在对我国铁路钢桥疲劳可靠度设计与荷载谱进行研究的基础上,确定了构造细节的疲劳可靠度指标取值范围,经加权优化并考虑纵横梁后建议铁路钢桥的疲劳目标可靠度指标可采用3.0或3.5[24]。Frangopol等基于健康监测数据对既有桥梁和已修复桥梁构造细节进行疲劳评估时,目标可靠度指标分别取为1.65和3.72[25-28]。鉴于不同规范、桥梁类型以及服役条件下结构件的目标可靠度指标具有较大差异,为确定正交异性钢桥面板结构典型构造细节的疲劳目标可靠度指标的合理取值,对国内外主要设计规范以及既有研究中桥梁结构处于不同极限状态和安全等级的目标可靠度指标进行汇总,如表6-8所示。

桥梁结构目标可靠度指标　　　　　　表6-8

极限状态类型		承载能力极限状态		正常使用极限状态	疲劳开裂极限状态
		延性破坏	脆性破坏		
结构安全等级	Ⅰ	4.7(5.2)	5.2(5.7)	根据结构类型和工程经验确定	2.33~3.5
	Ⅱ	4.2(4.7)	4.7(5.2)		3.0或3.5
	Ⅲ	3.7(4.2)	4.2(4.7)	(1.5~3.0)	1.65、3.72

注:表中括号内与括号外的数值分别表示公路桥梁和铁路桥梁结构的目标可靠度指标。

就正交异性钢桥面板结构而言,目前国内外规范以及相关研究成果对于疲劳目标可靠度指标的确定仍然缺乏统一的共识。构造细节的疲劳断裂一般不会造成钢箱梁或桥梁结构的整体性破坏,但疲劳损伤累积以及裂纹的不断扩展将会加剧构造细节局部区域疲劳性能的劣化并导致铺装层破坏和腐蚀疲劳等次生病害,极大地缩短正交异性钢桥面板结构的疲劳寿命。考虑到该大桥为新建桥梁结构,此处两类典型构造细节的疲劳可靠度评估中取目标可靠度指标β_t为2.33,相应的失效概率为1%。

6.3.2　典型构造细节疲劳裂纹扩展

为准确模拟两类构造细节在各开裂模式下疲劳裂纹的扩展过程,以用于应力谱分析的钢箱梁三维梁段模型为裂纹扩展分析整体模型,按钢结构桥梁疲劳设计规范对各车道进行加载,确定两类构造细节相应于不同开裂模式时其疲劳性能的控制位置。针对裂纹扩展局部区域,基于子模型分析技术分别建立了构造细节裂纹扩展分析三维实体模型,如图6-12所示。在此基础上将初始裂纹引入裂纹扩展分析子模型和断裂力学评估框架,结合复合断裂准则并基于ANSYS编写裂纹扩展与模型更新程序,对各开裂模式的裂纹扩展过程进行模拟。裂纹前缘模板半径取为 0.02mm,相应的最小网格尺寸约为 0.007mm,并由裂纹尖端逐步向周围区域过渡至 2mm,单元尺寸满足楔形体单元对于应力强度因子计算精度的要求。根据既有成果和 BS7608 等规范的建议[29],所有分析中初始裂纹尺寸均设定为 $a_0 = 0.20\text{mm}$,$a_0/2c_0 = 0.1$,裂纹扩展步长则统一划分如下:第 1~5 步为 0.1mm,第 6~10 步为 0.2mm,第 11~15 步为 0.4mm,此后步长均为 0.6mm 沿深度方向裂纹扩展,至设定的临界裂纹尺寸 a_c(0.5 倍板厚)为止。由任一扩展步中 $(\Delta K_{\text{eff}})_i$ 与等效应力幅 $\Delta\sigma_{\text{eq}}$ 间存在的比例关系,其比值即为由构件和裂纹几何尺寸所决定的函数在该扩展步的函数值 $k_i(a)$,因此疲劳裂纹扩展特性主要体现为函数 $k(a)$ 随裂纹扩展过程的变化。根据分析结果,两类构造细节在不同开裂模式下 $k(a)$ 随裂纹长度的变化规律如图 6-13 所示。

图 6-12 构造细节疲劳裂纹扩展分析模型

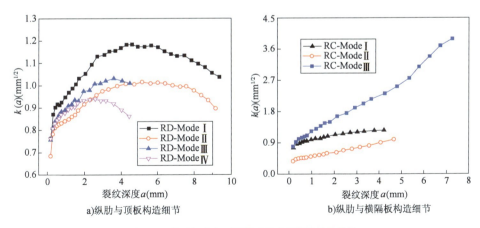

a) 纵肋与顶板构造细节   b) 纵肋与横隔板构造细节

图 6-13 构造细节各开裂模式的疲劳裂纹扩展特性

6.3.3 基于疲劳开裂模式的疲劳可靠度评估

根据构造细节的疲劳可靠度评估流程,以所建立的裂纹扩展理论模型为基础,结合不同开裂模式下裂纹长度达到临界尺寸前构造细节的裂纹扩展特性,以及所确定的各随机参数统计特征和疲劳可靠度指标计算方法,对两类典型构造细节相应的各开裂模式的疲劳可靠度及其在服役历程中随使用年限的时变规律进行评估,结果如图6-14所示。

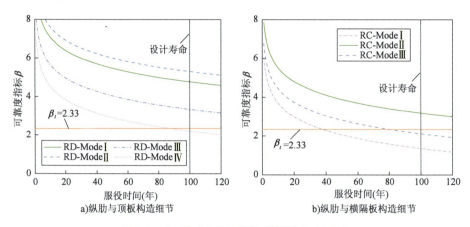

图6-14　典型构造细节的疲劳可靠度及其时变规律

设计使用寿命期限内构造细节疲劳可靠度的时变特征表明:(1)两类构造细节不同开裂模式的疲劳可靠度时变规律具有较大差异。其中,纵肋与顶板构造细节四种开裂模式的疲劳可靠度指标随服役时间下降较为缓慢,且在设计寿命期内均具有较高的疲劳可靠度水平。而对于纵肋与横隔板构造细节,其开裂模式Ⅰ与开裂模式Ⅱ的疲劳可靠度在较短的服役时间内即发生显著下降并达到目标可靠度指标,表明该构造细节在设计寿命期内具有较高的疲劳开裂风险。(2)纵肋与顶板构造细节的四种开裂模式中,萌生于顶板焊趾的两类开裂模式的疲劳可靠度指标均高于纵肋腹板焊趾的两类开裂模式。经顶板焊趾向厚度方向扩展的两类开裂模式其疲劳可靠度时变规律基本相同,且外侧开裂模式(RD-ModeⅠ)的可靠性水平相对较低。而纵肋腹板两类开裂模式的疲劳可靠度时变规律差异较大,相较而言在相同的使用年限下内侧焊趾位置对应开裂模式(RD-ModeⅣ)的疲劳可靠度指标较小,并在服役89年时达到目标可靠度指标,该开裂模式是控制纵肋与顶板构造细节疲劳性能的开裂模式。(3)纵肋与横隔板构造细节三种开裂模式的疲劳可靠度时变规律具有显著差异,在整个服役期内萌生于交叉焊缝端部焊趾(RC-ModeⅠ)的疲劳可靠性最低,经弧形开孔自由边向横隔板扩展(RC-ModeⅢ)的疲劳可靠性次之,两种开裂模式分别在服役约38年和79年时达到目标可靠度指标。根据疲劳可靠度指标的时变规律,开裂模式Ⅰ是控制纵肋与横隔板构造细节疲劳性能开裂模式。(4)就两类典型构造细节而言,纵肋与横隔板构造细节开裂模式Ⅰ的疲劳可靠性水平最低,在设计寿命期内发生疲劳开裂的可能性最高。该细节相应于开裂模式Ⅰ和开裂模式Ⅲ两种类型的疲劳开裂已被疲劳试验所证实,表明基于可靠度的评估结果与既有研究结论相吻合。对于纵肋与顶板构造细节,根据国内外研究者所开展的相关研究[30],疲劳裂纹易于在顶板焊趾位置萌生,而从纵肋腹板焊趾发生疲劳开裂的可能性相对较低,主要原因在于焊接过程中更易于在顶板焊趾和内部焊根位置形成初始焊接缺陷,且熔透率、加载方式以及焊趾局部尺寸等因素对顶板焊趾位置的疲劳开裂均具有重要影响,有待于进一步深入探究。

为综合考虑材料微观结构不均匀性所导致的裂纹随机扩展特性对于两类构造细节疲劳可靠度评估的影响,根据前述可靠度指标及其计算方法,基于确定性断裂力学扩展过程分析,对两类构造细节不同开裂模式下的疲劳可靠度进行评估,并对两种情况下构造细节各开裂模式的疲劳可靠度时变规律以及达到目标可靠度指标时的疲劳可靠性进行比较分析,分别如图6-15和表6-9所示。图6-15中"RD-Mode $i*$ ($i=$ Ⅰ,Ⅱ,Ⅲ,Ⅳ)"、"RC-Mode $i*$ ($i=$ Ⅰ,Ⅱ,Ⅲ)"和表6-9中"β^*"分别表示不考虑裂纹随机扩展特性时构造细节相应于各开裂模式的疲劳可靠度指标。因具有多个开裂模式构造细节的疲劳性能由疲劳可靠性水平最低的开裂模式所控制,故评价指标取为各构造细节最先达到目标可靠度指标时所对应各开裂模式的疲劳可靠度指标。

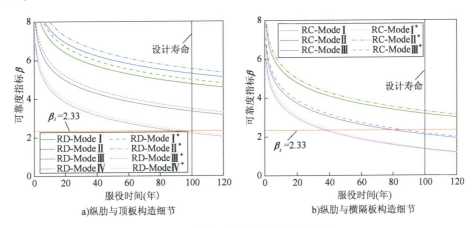

图6-15 构造细节疲劳可靠度时变规律对比

构造细节疲劳可靠度指标对比　　　　　　表6-9

疲劳可靠度指标	纵肋与顶板构造细节				纵肋横隔板构造细节		
	Mode Ⅰ	Mode Ⅱ	Mode Ⅲ	Mode Ⅳ	Mode Ⅰ	Mode Ⅱ	Mode Ⅲ
β	4.89	5.42	3.46	2.33	2.33	4.15	3.09
β^*	5.12	5.68	3.61	2.42	2.40	4.34	3.22
$(\beta^*-\beta)/\beta$	4.64%	4.72%	4.31%	3.75%	2.81%	4.50%	4.17%

研究表明:(1)裂纹随机扩展特性对于各开裂模式的疲劳可靠度时变规律均具有一定影响,基于确定性裂纹扩展分析的疲劳可靠度指标均高于考虑裂纹随机扩展特性的相应指标,表明不计入材料微观结构不均匀性对裂纹随机扩展的影响可能会过高估计两类构造细节的疲劳可靠度水平。(2)裂纹随机扩展特性对于疲劳可靠度指标的影响程度与不同开裂模式下构造细节等效应力幅的量值密切相关,且近似随应力幅值的增大而减小,因此当构造细节的等效应力幅较大时,材料微观结构不均匀性对于疲劳可靠度评估结果的影响并不显著。(3)不论构造细节等效应力幅值的取值大小,裂纹随机扩展特性对于服役早期疲劳可靠度评估结果影响较大,随服役年限的增加而逐渐减小。导致这一变化的根本原因在于随着裂纹不断扩展裂纹

尖端局部应力逐渐增大,局部应力应变场对于裂纹扩展的主导作用更为突出,且裂纹扩展过程趋于平稳。(4)根据达到设计寿命时两类构造细节的疲劳可靠度指标,裂纹随机扩展特性对于疲劳可靠度指标的影响介于 2.81%~4.72% 之间,且对纵肋与顶板构造细节评估结果的影响相对较大。若以疲劳寿命作为评价指标,对于所有开裂模式其影响量值约为 9%。考虑到偏于安全地对构造细节的疲劳性能进行合理评价,钢桥面板疲劳评估中应考虑材料微观结构的不均匀性对于裂纹随机扩展和疲劳可靠度时变规律的影响。

6.4 小结

本章以深中通道所在局部地区典型桥梁结构随机交通预测数据为样本空间,利用概率统计理论系统研究交通车辆荷载的分布特征与统计特性,建立了钢桥面板典型构造细节疲劳评估荷载谱和应力谱。在断裂力学框架内引入随机过程理论描述裂纹随机扩展特性,建立了钢桥面板构造细节的疲劳裂纹随机扩展理论模型;结合可靠度及概率统计理论,提出了基于概率断裂力学的钢桥面板常幅疲劳可靠度评估方法,并对两类典型构造细节在服役期限内的疲劳可靠度时变规律进行探究。

(1)以交通荷载数据为基础,基于 Monte Carlo 法抽样原理提出了多车道混合车型随机车流动态模拟方法,该方法适用于构建疲劳评估随机交通荷载模型且方便高效;根据各车道随机交通荷载与构造细节应力影响面,建立了两类典型构造细节疲劳评估应力谱。构造细节在不同疲劳开裂模式下的应力谱及其统计特征具有一定差异。

(2)基于概率断裂力学的常幅疲劳可靠度评估方法可方便地从定量角度分析钢桥面板构造细节在服役期内的疲劳可靠性水平及其时变规律,纵肋与横隔板交叉构造细节各疲劳开裂模式的疲劳可靠度时变规律具有显著差异,而纵肋与顶板新型双面焊各疲劳开裂模式的疲劳可靠度变化规律则基本一致。相应于纵肋与横隔板交叉构造细节疲劳开裂模式 I 的疲劳可靠性水平最低,具有较高的疲劳开裂风险。

本章参考文献

[1] PROVAN J W. Probabilistic fracture mechanics and reliability[M]. Dordrecht: Martinus Nijhoff Publishers, 1987.

[2] 李庆芬,胡胜海,朱世范. 断裂力学及其工程应用[M]. 哈尔滨:哈尔滨工业大学出版社,1998.

[3] BESUNER P M, TETELMAN A S. Probabilistic fracture mechanics[J]. Nuclear Engineering and Design, 1977, 43(1):99-114.

[4] LEANDER J, AL-EMRANI M. Reliability-based fatigue assessment of steel bridges using LEFM-a sensitivity analysis[J]. International Journal of Fatigue, 2016, 93(1):82-91.

[5] JOHNSTON G O. A review of probabilistic fracture mechanics literature[J]. Reliability Engineering,1982,3(6):423-448.

[6] KIRKEMO F. Applications of probabilistic fracture mechanics to offshore structures[J]. Applied Mechanics Reviews,1988,41(2):61-84.

[7] 李扬海.公路桥梁结构可靠度与概率极限状态设计[M].北京:人民交通出版社,1997.

[8] 孙守旺,孙利民.基于实测的公路桥梁车辆荷载统计模型[J].同济大学学报(自然科学版),2012,40(2):198-204.

[9] 宗周红,李峰峰,夏叶飞,等.基于WIM的新沂河大桥车辆荷载模型研究[J].桥梁建设,2013,43(5):29-36.

[10] ROBERT C,CASELLA G. Monte Carlo statistical methods[M]. New York:Springer Science + Business Media,2013.

[11] ORTIZ K,KIREMIDJIAN A S. Time series analysis of fatigue crack growth rate data[J]. Engineering Fracture Mechanics,1986,24(5):657-675.

[12] VIRKLER D A,HILLBERRY B,GOEL P K. The statistical nature of fatigue crack propagation[J]. Journal of Engineering Materials and Technology,1979,101(2):148-153.

[13] VANMARCKE E. Random fields:analysis and synthesis[M]. Cambridge:MIT Press,1983.

[14] BENJAMIN J R,Cornell C A. Probability,statistics,and decision for civil engineers[M]. New York:McGraw-Hill,1970.

[15] BENDAT J S,PIERSOL A G. Random data:analysis and measurement procedures[M]. New York:John Wiley & Sons,2011.

[16] ITAGAKI H,SHINOZUKA M. Application of the Monte Carlo technique to fatigue-failure analysis under random loading[M]// Probabilistic aspects of fatigue:ASTM STP 511. Baltimore:American Society for Testing and Materials,1972:168-184.

[17] International Organization for Standardization (ISO). General principles on reliability forstructures:ISO 2394:2015(E)[S]. 4th ed. Switzerland:ISO,2015.

[18] MOSES F,SCHILLING C G,RAJU K S. Fatigue evaluation procedures for steel bridges:NCHRPreport 299[R]. Washington,DC:Transportation Research Board,1987.

[19] SMITH I F C,HIRT M A. Fatigue reliability:ECCS safety factors[J]. Journal of Structural Engineering,1987,113(3):623-628.

[20] Q/CR 9007—2014:铁路工程结构可靠性设计统一标准(试行)[S].

[21] GB/T 50283—1999:公路工程结构可靠度设计统一标准[S].

[22] GB 50153—2008:工程结构可靠性设计统一标准[S].

[23] European Committee for Standardization (CEN). Eurocode:basis of structural design (EN 1990)[S]. Bruxelles:CEN,2002.

[24] 潘际炎.铁路桥梁设计中的疲劳可靠性理论[J].钢结构,1995(1):1-8.

[25] KWON K,FRANGOPOL D M. Bridge fatigue reliability assessment using probability density functions of equivalent stress range based on field monitoring data[J]. International Journal of Fatigue,2010,32(8):1221-1232.

[26] 邓扬,李爱群,刘扬,等.钢桥疲劳荷载效应监测数据概率建模与疲劳可靠性分析方法[J].土木工程学报,2014(7):79-87.

[27] NI Y Q,YE X W,KO J M. Monitoring-based fatigue reliability assessment of steel bridges:analytical model and application[J]. Journal of Structural Engineering,2010,136(12):1563-1573.

[28] LIU M,FRANGOPOL D M,KWON K. Fatigue reliability assessment of retrofitted steel bridges integrating monitored data[J]. Structural Safety,2010,32(1):77-89.

[29] British Standards Institution (BSI). Guide on methods for assessing the acceptability of flaws in metallic structures:BS7910[S]. London:BSI,2013.

[30] 坂野昌弘,西田尚人,田畑晶子,等.内面溶接によるUリブ鋼床版の疲労耐久性向上効果[J].鋼構造論文集,2014,21(81):65-77.

第7章 高疲劳抗力正交异性钢桥面板关键制造技术及验收标准

钢桥面板的疲劳问题涉及材料、力学和结构等多个学科门类，其构造形式的多样性和复杂性决定了关键疲劳易损部位的受力特性和疲劳性能与结构自身构造细节和焊接质量等密切相关。先进制造技术条件下的自动化生产是钢桥面板发展的必然趋势。新型制造工艺对于钢桥面板疲劳性能的影响问题，是当前钢桥面板疲劳问题研究的重要课题。基于传统单面焊自动化焊接工艺参数的研究成果，结合纵肋与顶板焊接细节新型双面焊制造工艺特点，研究在保证焊缝尺寸和焊缝熔深等焊接质量的前提下，确定不同焊接工艺条件下的坡口形式、焊接电流、电弧电压、焊接速度等关键参数。

研究表明，钢桥面板各构造细节焊缝区域的大量疲劳开裂现象与焊接过程中引入的各种表面与内部缺陷密切相关，疲劳裂纹往往萌生于焊接缺陷所在部位；缺陷的存在显著降低构造细节的疲劳抗力和服役寿命。纵肋与顶板新型双面焊的焊接缺陷类型、尺度和分布规律等实测数据库的建立，可极大提升其疲劳强度和疲劳评估的准确性，提升钢桥面板结构的服役品质和可靠性。通过构造细节断面的宏观检查以及细观测试等多种方式，对不同焊接工艺和焊接参数条件下焊缝内部与表面缺陷的类型（如裂纹、夹渣、气孔和熔透率等）、尺度等关键因素的系统研究，确定新型构造细节在当前焊接技术条件下焊接缺陷产生的普遍规律。针对不同初始制造缺陷产生的原因深入分析，在此基础上制定预防初始制造缺陷的有效措施。

7.1 钢桥面板纵肋与顶板焊接细节制造工艺

7.1.1 双面焊部分熔透制造工艺

7.1.1.1 纵肋双面焊制造工艺发展

常规的纵肋角焊缝接头形式为坡口部分熔透角焊缝，经过国内外多年应用，实践证明该部位容易出现疲劳裂纹，原因一纵肋内侧焊根部位存在应力集中，在局部较大车辆载荷的作用下，局部拉应力过大；另一个原因是U肋角焊缝熔透深度不够或不稳定。国外学者经过研究认为纵肋角焊缝的熔透深度达到纵肋板厚的75%以上时，其疲劳强度能够满足使用要求。在实践中，纵肋的厚度多为8mm，其厚度的75%为6mm，因此要求单面焊接的坡口部分熔透角焊缝,焊根未熔透的最大尺寸不超过 2mm。焊接过程是一个利用各种能量(如电弧)将焊丝和工件焊接部位不断熔化、冷却的动态过程。在这个过程中,工件状态、热输入大小和作用位置都是不断变化的,以工件为例,坡口钝边尺寸、组装间隙都存在误差,对熔透深度有非常明显的影响,熔深过大会焊漏,熔深偏小就达不到板厚的 75%,质量控制的难度非常高。以往没有可靠的方法对纵肋角焊缝实际熔深进行检测,多依靠产品试板间接评判,实际焊接质量存在非常大的不确定性。

为了提高纵肋角焊缝的疲劳性能,人们提出了很多方法,其中一个是对纵肋角焊缝采用双面焊接。由于纵肋角焊缝疲劳裂纹多数发生在焊根部位,在纵肋内侧焊接角焊缝以后可以减小焊根部位的应力集中,提高焊缝疲劳强度。但纵肋内侧空间非常狭小,焊接设备无法深入纵肋内部进行焊接,即使设备能进入焊接难度也很大,无法保证焊接质量,在过去很长一个时期纵肋内侧焊接只停留在概念阶段。

2010 年中铁山桥集团有限公司和天泰焊材有限公司联合进行了 U 肋角焊缝双面焊接工艺研究,探索 U 肋角焊缝双面焊接的工艺和装备。如图 7-1 所示,试验设计了特殊的自动焊小车,进入组装后的 U 肋内部,焊接 U 肋内侧角焊缝;采用常规自动焊小车焊接其外侧角焊缝,实现了纵肋角焊缝双面焊接。经断面检测和磁粉探伤检测,焊缝质量良好。但由于内部焊接设备线路过长,操作较复杂,焊接效率低,没有推广应用。

图 7-1 纵肋内焊试验

2016 年武船重型工程股份有限公司与武汉锂鑫自动化科技有限公司联合开发了纵肋内焊技术,采用外驱动多头门式内焊机设计方案,在武汉沌口长江大桥进行了纵肋内侧角焊缝的焊接,将传统的纵肋单面焊坡口部分熔透角焊缝改变为双面角焊缝,减小了焊根处的应力集中状态。在建设单位、设计院、制造单位等的推动下,双面焊技术开始在钢桥制造领域推广,随后湖北石首长江大桥、武汉青山长江大桥、武穴长江大桥、棋盘洲长江大桥、武汉江汉七桥、五峰山长江大桥、舟山主通道主通航孔桥等项目也应用了 U 肋双面焊技术。中铁山桥、中铁宝桥、上海振华、武汉天高等单位都研究应用了纵肋内焊设备,应用于正交异性钢桥面板生产。

从 2016 年开始到现在国内已经有多座钢桥应用了纵肋角焊缝双面焊技术(表 7-1),所采用焊接方法和熔透率要求不尽相同。到2021年,国内几家主要的桥梁钢结构制造厂家,中铁山桥、中铁宝桥、武船重工和振华重工等都具备了纵肋双面焊接的能力。

纵肋双面焊部分工程应用 表7-1

序号	工程名称	应用年份	桥型	主跨(m)	内焊	外焊	熔透率(%)
1	沌口长江大桥	2016	斜拉桥	760	气保焊	气保焊	≥80
2	清云西江特大桥	2017	悬索桥	738	气保焊	气保焊	80~90
3	湖北石首长江大桥	2017	斜拉桥	820	气保焊	气保焊	90~100
4	武汉青山长江大桥	2018	斜拉桥	938	气保焊	气保焊	85~90
5	湖北嘉鱼长江大桥	2018	斜拉桥	920	气保焊	气保焊	80~100
6	洞庭湖胜天大桥	2018	斜拉桥	450	气保焊	气保焊	≥80
7	舟山主通道主通航孔桥	2019	斜拉桥	550	气保焊	气保焊	≥80
8	福州沙埕湾大桥	2020	斜拉桥	535	气保焊	气保焊	≥80
9	白沟河特大桥	2020	钢拱桥	91	气保焊	气保焊	≥80
10	汕头中砂大桥	2020	斜拉桥	180	气保焊	气保焊	≥80

在进行工程实践的同时,研究人员对U肋单面焊部分熔透焊接、双面焊部分熔透焊接等不同接头形式的疲劳性能进行了试验,积累了不少数据。

如图7-2所示,中交二公局冯鹏程等进行了沌口长江公路大桥主桥设计关键技术研究。研究结果表明:与传统的单面焊相比,U肋双面焊技术增加了焊缝截面积,并且双焊缝形心与U肋肋板形心基本对应,理论计算表明其热点应力幅较单面焊大幅降低;更重要的改进在于,从制造工艺方面消除了U肋内侧与钢桥面间的开放性间隙(缺口,存在应力集中现象),避免了外侧单面焊接时易出现的过熔、焊透缺陷。因此,采用双面焊技术提高了U肋与钢桥面间的连接强度,并显著改善了焊缝及焊缝周边部位的抗疲劳性能。并通过疲劳荷载试验验证了单面焊试件在加载到470万次左右时出现疲劳破坏,而双面焊试件在加载到900万次时仍未发现疲劳裂纹。

a)焊接现场　　　　b)焊接大样

图7-2　基于气保内焊+气保外焊的部分熔透双面焊接

7.1.1.2 纵肋双面焊接关键设备

1) 纵肋内侧角焊缝专用焊接机床

纵肋内侧空间狭小,常规焊接设备无法深入纵肋进行内侧角焊缝的焊接,为此研制了纵肋内侧角焊缝专用机床,并在应用过程中不断发展完善。纵肋内侧角焊缝专用焊接机床主要由行走龙门、伸缩臂装置、工件平台、焊接系统、控制系统、视频监控、烟尘净化及其他辅助机构组成。可以实现12把气保焊枪同时对6根纵肋内部两侧的角焊缝进行焊接。

行走龙门是承载焊接机构实现移动焊接的载体和动力源,主要由轨道、动力装置和行走台车等组成。行走平台上放置有气保焊电源、冷却水箱、烟尘净化装置、桶装焊丝、控制台和电控柜等,并安装有防护栏和斜梯。动力装置采用伺服电机驱动精密减速机,通过齿轮齿条传动带动滚轮行走的形式,行走定位准确,速度无级可调,运行过程可靠、平稳、无爬行。

伸缩臂装置是深入纵肋焊接的关键部件,一台机床有6根伸缩臂,安装在直线导轨上。当工件纵肋间距发生变化时,由步进电机、精密减速机驱动齿轮齿条在直线导轨上移动,实现伸缩臂的横向移动,使伸缩臂横移至适合焊接的位置,送丝机构、气体管道、焊枪、跟踪装置、焊接电缆等均安装在伸缩臂上,随伸缩臂移动,进行纵肋内侧角焊缝的焊接。

焊接系统包括焊接机头、送丝机构、焊接电源等。焊接机头根据焊接方法分为气体保护焊和埋弧焊两种,主要由焊枪、焊枪调整装置、跟踪机构、支撑平台等组成。气保焊机头需要连接送丝机构和气体输送管道,还要采取水冷措施,需要设计的尺寸小巧才能适应纵肋内部的狭小空间。相比之下埋弧焊机头不需要连接气体管道,也不需要水冷,更加能够适应纵肋空间,但埋弧焊必须由焊剂保护,机头附近需要单独设计焊剂料仓,随着机头移动不断撒布焊剂。焊枪调整装置和跟踪机构用以调整焊枪的角度和位置,使焊枪沿着焊接位置行走,避免焊偏,是保证纵肋内侧焊接质量的关键。

设备需要深入纵肋,而纵肋长度可达20m以上,需要长距离送丝。为保证稳定可靠送丝,内焊设备对送丝系统的稳定性要求较高,可采用推拉丝式送丝装置,除了在焊枪附近设置送丝装置外,在焊丝桶附近设置推丝装置,推丝机与拉丝机协同动作是系统设计的难点。

每套系统多达12个焊接电源同时工作,系统采用数字化控制,焊接电源也需要采用数字化的气体保护焊电源,既可用于气体保护焊焊接,也可用于埋弧焊。电源具有需要由良好的焊接性能和可再现特性,搭载"混合电子电抗器",实现了焊接波形的全软件控制,提高了可靠性及抗干扰能力,保证整体系统的高性能。

纵肋内部空间狭小,为保证焊接质量,对于气体保护焊考虑采用烟尘净化装置对焊接产生的烟尘进行及时排除并集中处理。烟尘净化装置主机放置于行走龙门上,回收管道布置于伸缩臂装置内,烟尘回收嘴在气保焊机头附近,保证对焊接烟尘的有效回收。对于埋弧焊接可以设计焊剂回收系统,将焊接剩余的焊剂自动回收。

纵肋内侧焊接时操作人员无法实施观察焊接状态,可能当设备出现故障时无法及时察觉,造成焊接质量问题。因此对于气体保护焊,可以设置视频监控系统,用于在焊接过程中对焊接的实施状态进行监控,及时察觉质量问题。监控系统一般由摄像头和液晶显示器,摄像头安装在焊接位置附近,必须有良好的耐热性,还要有照明功能,用于在非焊接状态下观察焊缝成形。摄像机前端安装可更换的玻璃滤片,若焊接飞溅物沾到玻璃滤片上,可方便快捷地对其进行更换,保证良好的观察效果。埋弧自动焊时采用摄像头也无法直接观察电弧状态,但可以观察焊接部位的环境判断焊接状况。

2) 纵肋外侧角焊缝焊接设备

纵肋外侧角焊缝焊接主要采用 U 肋板单元焊接机器人(图 7-3)或专用机床(图 7-4)焊接,纵肋板单元机器人焊接系统配置有两个独立行走悬臂,每个悬臂上安装两个六轴机器人,悬臂下方配有反变形翻转胎架,焊接时将板单元固定在胎架上翻转成船位,可以用 4 个机械手同时对纵肋角焊缝进行焊接。该机器人具备离线编程和示教编程两种方式,可以根据情况灵活选用。系统采用电弧跟踪,利用气体保护焊电源的工作原理,在摆动过程中实时检测电流和电压的变化,判断焊接位置的偏移量,据此作出相应的调整,具有跟踪精度高,实时准确的优点。

图 7-3 纵肋板单元内焊专用机床　　　　图 7-4 U 肋板单元机器人焊接系统

纵肋板单元专用机床焊接用机床臂取代焊接机器人,一台设备可以安装 6 个机械臂同时焊接,工作效率比机器人更高。专机通常采用机械跟踪装置,结构简单,功能便于维护保养,具有较高的跟踪精度,功能可靠,且设备成本较低。专机多采用反面形翻转胎架船位焊接,也有采用防变形固定胎架平位焊接,两者比较,船位焊接的外观成形更好,而平位焊接的生产效率更高。

7.1.1.3 纵肋双面部分熔透焊接工艺

1) 焊接方法

纵肋内侧空间狭小,焊完以后难以对焊缝表面进行打磨处理,需要采用焊缝成形好、飞溅小、没有熔渣或脱渣容易的焊接方法和焊接工艺。桥梁钢结构焊接常用的焊接方法中,实心焊丝 CO_2 气体保护焊飞溅过大,焊后难以清理;药芯焊丝 CO_2 气体保护焊飞溅小但药皮不会自动脱落,且药芯焊丝在长距离送丝时出现故障的概率更高,因此以上两种方法都不适合用于纵肋内侧焊接。经过实践纵肋内侧角焊缝焊接主要采用富氩气体保护焊和埋弧自动焊两种焊接方法。

实心焊丝富氩气体保护焊容易实现保护气体的长距离输送,具有焊缝成形好,焊接飞溅小、焊缝力学性能优良的特点,但其对焊缝区域的铁锈、底漆等较为敏感,打磨不彻底时容易出现焊接电弧不稳定,焊缝成形变差,气孔缺陷等问题。由于是明弧焊接,焊接机头部位温度高,保护气及压缩空气体管道防护不好会漏气,造成保护中断或失效。富氩气体保护焊对设备稳定性要求较高,焊前需要较长时间检查准备。另外,富氩气体保护焊焊接 U 肋内侧角焊缝时,焊缝熔深较浅,一般不会超过 2mm,进行 U 肋角焊缝全熔透焊接时质量控制的难度较大。埋弧焊焊缝保护效果好,焊缝力学性能好,焊接质量稳定,熔深大,有利于 U 肋角焊缝熔透焊接。埋弧焊存在的问题有:焊剂烘干量大,铺洒难度较大;焊接过程中无法看到电弧状态,不易发现问题;对焊剂的脱渣性能有较高要求。

纵肋外侧角焊缝通常采用实心焊丝富氩气体保护焊或药芯焊丝 CO_2 气体保护焊。采用 CO_2 气体保护焊时,由于机器人的电弧跟踪功能,焊缝跟踪定位准确,焊接过程较为稳定,焊缝外观顺直。气体保护焊热输入小,熔深浅,焊缝熔透率低。富氩气体保护焊时,可以使用焊接电源的深熔功能,在焊缝跟踪准确的情况下,非定位焊部位和多数定位焊部位可以实现熔透焊,但焊缝余高大,外观成型差;加快焊速,可降低焊缝余高,改善外观成形,但易造成道间未熔合和夹渣缺陷。

2) 焊接规范参数

已经在工程上得到应用的焊接工艺包括主要是纵肋内侧富氩气体保护焊+外侧开坡口富氩气体保护焊或 CO_2 气体保护焊的工艺,坡口形式、焊接材料和规范参数如表 7-2~表 7-5 所示。

纵肋开坡口部分熔透双面焊坡口形式　　　　　　　　　　　表 7-2

坡口简图	坡口角度 $\alpha(°)$	钝边尺寸 P(mm)	备注
	50~55	1~2	—

纵肋内侧富氩气体保护焊规范参数　　　　　　　　　　　表 7-3

熔敷简图	焊接材料	焊道	电流(A)	电压(V)	焊速(cm/min)	气体流量(L/min)
	ER50-6 ($\phi1.2$)	1	280±30	29±2	42±3	15~25

注:富氩气混合比为 80% Ar + 20% CO_2 或 80% Ar + 18% CO_2 + 2% O_2。

纵肋外侧开坡口药芯焊丝 CO_2 气体保护焊规范参数（机器人焊接）　　表7-4

熔敷简图	焊接材料	焊道	电流 （A）	电压 （V）	焊速 （cm/min）	摆动幅度 （mm）	摆动频率 （次/min）
	E500T-1 （φ1.4）	1	310±20	34±2	55±5	2	180
		2	330±30	36±2	35±4	5	120

注：船位焊接，CO_2 气体流量 15～25L/min。

纵肋外侧开坡口富氩气体保护焊规范参数　　表7-5

熔敷简图	焊接材料	焊道	电流 （A）	电压 （V）	焊速 （cm/min）	气体流量 （L/min）
	ER50-6 （φ1.4）	1	280±20	32±2	50±5	15～25
		2	300±30	34±2	30±4	15～25

注：船位焊接，CO_2 气体流量 15～25L/min。

纵肋开坡口单面焊部分熔透角焊缝焊接时需要注意防止焊漏，纵肋双面焊接时内侧角焊缝也存在焊漏的问题，但由于内焊是平角位焊接，焊漏问题相对较轻。组装时需要注意间隙不可过大，焊接过程汇总对局部漏弧比较严重的部位可以在外侧敷设一层焊剂，起到一定的保护作用。纵肋外侧角焊缝宜采用船位焊接，船位焊接时熔池在重力的作用下自然向纵肋和面板两侧流淌，焊缝成形好；如果平角位焊接，容易形成焊缝凸度过大的不对称焊角，需要通过试验研究确定合适和焊接规范参数。

7.1.2 双面焊全熔透焊接工艺

7.1.2.1 纵肋双面全熔透焊接工艺发展

在纵肋单面焊的工况下，实现全熔透焊接只能采取单面焊双面成形的工艺。由于钢箱梁桥板单元尺寸大、焊缝数量多、组装精度较低的特点，对于纵肋角焊缝，背面不贴衬垫的单面焊双面成形焊接工艺只存在理论上的可能性，在生产实践中不具备可操作性。背面贴衬垫的单面焊双面成形工艺，难点在于如何在背面贴衬垫，且衬垫粘贴的质量须满足从纵肋外侧进行焊接的要求。

武汉天高研究在纵肋背面粘贴条状或绳状衬垫的纵肋单面焊双面成形全熔透焊接工艺。

衬垫由耐高温衬垫材料和柔性包覆层组成,耐高温材料为块状陶质或烧结焊剂。采用电驱动的自动装贴小车沿钢顶板的纵桥向行走,两侧用涂有压敏胶的铝箔胶带将焊接衬垫固定在钢顶板与 U 肋板形成的内角焊缝并顶紧;或采用液压驱动或弹性力驱动的顶紧装置沿钢顶板的纵桥向铺设,两侧用带磁性或弹夹的直钢柱固定住焊接衬垫。然后采用双丝埋弧焊从纵肋外侧进行焊接,由于背面有衬垫的支撑,可以采用较大的焊接热输入,保证焊缝熔透。该工艺从理论和试验上能够实现纵肋角焊缝的全熔透焊接,为发展纵肋全熔透焊接技术提供了有益的尝试,但在生产实践中还存在一些难以解决的问题,因此没有应用于具体项目。

纵肋角焊缝双面焊技术的发展为进一步实现全熔透焊接工艺奠定了基础。纵肋角焊缝双面焊工艺在工程项目上的应用,并在 U 肋内侧和外侧均采用气体保护焊的情况下,已经实现了部分区域的熔透。随后,纵肋内侧或外侧埋弧自动焊工艺的应用进一步增加了纵肋焊缝的熔透深度,使得实现全熔透成为可能。为此相关单位开展了各种纵肋全熔透焊接工艺的研究工作,并在工程实践中得到应用。

7.1.2.2 纵肋全熔透焊接工艺试验

为了提高纵肋全熔透角焊缝的质量稳定性,中铁山桥、武船重工、中铁宝桥等单位对不同的焊接方法、坡口形式和规范参数进行了焊接试验,主要有以下几种(表 7-6)。

试验工艺方案列表 表7-6

编号	焊接工艺方案	说　明
UG1	内侧气体保护焊 + 外侧开坡口气体保护焊	纵肋外侧开坡口,两侧均为气体保护焊
UG2	内侧开坡口气体保护焊 + 外侧开坡口双丝埋弧焊	纵肋内外两侧均开坡口,内侧气体保护焊,外侧双粗丝埋弧自动焊
UG3	内侧气体保护焊 + 外侧开坡口单丝埋弧焊	纵肋外侧开坡口,内侧气体保护焊,外侧埋弧自动焊
UG4	内侧细丝埋弧焊 + 外侧单丝埋弧焊	纵肋无坡口,内侧细丝埋弧焊,外侧粗丝埋弧自动焊
UG5	内侧气体保护焊 + 外侧单丝埋弧焊	纵肋无坡口,内侧气体保护焊,外侧粗丝埋弧自动焊
UG6	内侧气体保护焊 + 外侧气体保护焊	纵肋无坡口,内侧气体保护焊,外侧气体保护焊(深熔电源焊接)
UG7	内侧开坡口气体保护焊 + 外侧单丝埋弧焊	纵肋内侧开坡口,内侧气体保护焊,外侧粗丝埋弧自动焊

1)纵肋内侧气体保护焊 + 外侧开坡口气体保护焊工艺试验

采用纵肋内焊专用机床、纵肋气体保护船位外焊专机、纵肋气体保护横位外焊专机,纵肋板单元焊接机器人等设备,对单面 V 型坡口纵肋内外气体保护焊工艺进行试验。

(1)方案一

方案一坡口形式如图 7-5 所示。纵肋内侧采用实心焊丝三元混合气体气体保护焊(80% Ar + 17% CO_2 + 3% O_2),焊丝 ER50-6(ϕ1.2mm);外侧采用实心焊丝富氩气体保护焊,焊丝 ER50-6(ϕ1.2mm),或药芯焊丝 CO_2 气保,焊丝 T492T1-0C1AUH5(ϕ1.2mm)。内焊平位焊接,外焊在30°船位专用胎架船位焊接,或固定胎架上平角位焊接。

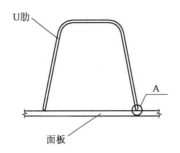
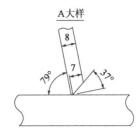

图 7-5 纵肋与面板焊缝坡口形式

试件焊后进行外观检查,内外侧焊缝外观均满足标准要求;焊趾处过渡运顺;焊后 24h 后对焊缝全长进行相控阵超声波检测,试验件的熔透率最高可以达到 96%。切取部分试样进行宏观断面照片酸蚀试验,焊缝熔合良好,无裂纹、气孔、夹杂、夹渣等焊接缺陷。

试验结论:采用该工艺可以实现纵肋角焊缝全熔透焊接,但合格率不稳定,有的试件焊缝全长熔透率达到 96%,有的试件仅为 38%。通过进行宏观断面试验发现气体保护焊的熔深有限,焊接过程中存在一定的磁偏吹,致使熔深偏差较大,内外两侧熔深均较大时熔透效果好,两侧熔深均角小时熔透效果差。

(2)方案二

母材材质 Q345qD,面板板厚 16mm,纵肋板厚 8mm,内焊采用实心焊丝(ER50-6φ1.2mm)+三元混合气体(Ar+CO_2+O_2)保护焊工艺,一道焊成形;外焊采用金属粉芯药芯焊丝(E500T-1φ1.4mm),两道焊成形。焊接坡口形式见图 7-6,焊道布置图见图 7-7。坡口钝边尺寸由 1.0~1.5mm 减少至 0.5mm,有利于焊缝熔透。

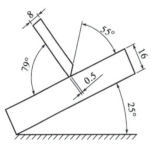
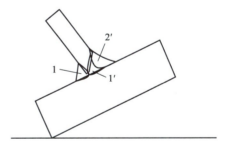

图 7-6 焊接坡口形式　　　　图 7-7 焊道布置图

纵肋板单元完成组装定位焊后,在内焊专机上进行内焊作业,工件水平摆放,焊接参数为:焊接电流 280~300A,电压 32~34V,焊接速度 350mm/min。如图 7-8 所示通过调整坡口尺寸与工艺参数,在焊接过程中,电弧熔透坡口钝边,焊缝根部利用表面张力,在纵肋外侧坡口内成形,达到内侧焊缝"透而不漏"的效果。

纵肋板单元完成内焊后,转至反变形胎架上,工件处于亚船位,由多头龙门焊机进行外焊焊接,第 1 道焊接参数为:焊接电流 310~330A,电压 34~36V,焊接速度 550mm/min;第 2 道焊接参数为:焊接电流 330~350A,电压 36~38V,焊接速度 350mm/min。

图 7-8 内焊根部"透而不漏"成形

在纵肋板单元焊接 24h 以后,对纵肋焊缝进行相控阵超声波检测,检测结果显示,所有试件焊缝全长熔透率达到了 95% 以上,质量稳定。对试件进行解剖,做焊接接头宏观断面试验,随机截取了 21 个宏观断面试件,其中全熔透试件 20 个,未熔透试件 1 个,图 7-9 为其中一个全熔透试件的宏观断面。

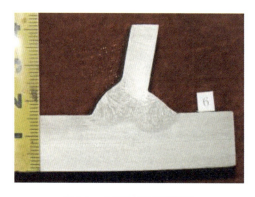

图 7-9 全熔透试件宏观断面

试验结论:采用双面气保焊工艺,内焊采用实心焊丝富氩气保焊,采用较小的坡口钝边和相对较大的焊接电流,内焊焊缝熔透坡口钝边,达到"透而不漏"的效果,从而能够和外侧气保焊焊道交互熔合,实现熔透。通过控制内焊焊道焊根成形状态,可有效提高焊缝熔透合格率和稳定性。

2) 内侧开坡口气体保护焊 + 外侧开坡口双丝埋弧焊工艺试验

采用纵肋内焊专用机床、纵肋船位埋弧焊专用机床等设备对纵肋开 K 形坡口,内侧气体保护焊 + 外侧双丝埋弧外焊工艺进行试验,坡口形式如图 7-10 所示。

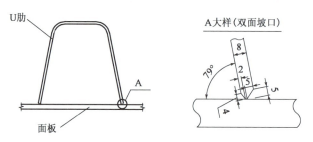

图 7-10 纵肋与面板焊缝坡口形式

纵肋内侧采用实心焊丝三元混合气体保护焊（80% Ar + 17% CO_2 + 3% O_2），焊丝 ER50-6（ϕ1.2mm）；纵肋外侧采用埋弧自动焊，SU35（ϕ3.2/ϕ4.0）焊丝 + SJ101q 焊剂。外焊试验均在30°船位专用胎架上焊接，试验过程汇总对电流、电压等参数进行调整。

试件焊后进行外观检查，内外焊缝均成型良好，焊趾处光滑过渡；焊后 24h 对焊缝全长进行相控阵超声波检测，试件焊缝全长达到 100% 熔透；宏观断面照片显示焊缝熔合良好，无裂纹、气孔、夹杂、夹渣等焊接缺陷，外侧焊缝熔深较大。

试验结论：纵肋开设 K 型坡口并留 1mm 钝边后，内侧焊缝采用气体保护焊打底焊接起到封底作用，外侧采用大线能量的埋弧焊工艺，可以使纵肋焊缝完全熔透且不至于烧穿焊缝；焊接电流、焊接电压、焊接速度选取不同，焊缝成形及焊脚尺寸有所差异，但是全熔透率无明显差异；相较于外侧焊缝采用气体保护焊工艺，埋弧焊工艺对纵肋未清除干净的定位焊部位，焊接时具有更强的穿透力，可以提升纵肋全熔透率的稳定性。

3）内侧气体保护焊 + 外侧开坡口单丝埋弧焊工艺试验

采用纵肋内焊专用机床、纵肋船位埋弧焊专用机床等设备，对单面 V 型坡口纵肋内焊气体保护焊 + 外侧单丝埋弧自动焊工艺进行试验，坡口形式和尺寸如图 7-11 所示。

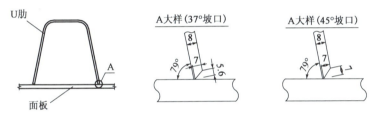

图 7-11　纵肋与面板焊缝坡口形式

纵肋内焊采用实心焊丝三元气体保护焊（80% Ar + 17% CO_2 + 3% O_2），焊丝 ER50-6（ϕ1.2mm）；外焊采用埋弧焊丝 SU35（ϕ3.2mm）+ 焊剂 SJ101q。焊接时先进行平角位内焊，再转至船位工位进行埋弧自动焊，内焊规范参数不变，对纵肋外焊选取不同的埋弧焊丝直径规格及焊接工艺参数。

试件焊后进行外观检查，内外焊缝均成型良好，焊趾处光滑过渡。焊后 24h 后对焊缝全长进行相控阵超声波检测，焊缝全长熔透率最大可以达到 100%。

试验结论：外侧采用大线能量的埋弧焊工艺，可以使纵肋焊缝完全熔透且不至于烧穿焊缝。采用 2.0mm 直径和 3.2mm 直径的埋弧焊丝，规范参数在适当范围之内的均可以稳定实现全熔透；焊接电流对熔深影响较大。坡口角度较大时熔深效果更好；外侧开口埋弧焊热输入较大，焊接变形大，需要修整工作量大。

4）内侧细丝埋弧焊 + 外侧单丝埋弧焊工艺试验

采用纵肋内焊专用机床、纵肋船位埋弧焊专用机床等设备，进行纵肋不开坡口内外埋弧焊工艺试验，接头形式如图 7-12 所示。

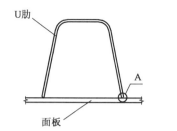

图 7-12　纵肋与面板焊缝坡口形式

内焊采用细丝埋弧焊,焊接材料 SU35(ϕ1.6)焊丝 + SJ101q 焊剂;外焊采用船位埋弧自动焊,焊接材料为 SU35(ϕ1.6)焊丝 + SJ101q 焊剂。组装前将焊缝周围 30mm 区域内的锈蚀、污垢、车间底漆等清除干净,露出金属光泽。纵肋与面板之间组焊间隙≤0.5mm。先在平角位工位完成埋弧自动内焊,再转至船位工位进行埋弧自动外焊。纵肋内焊规范参数不变,外焊选取不同的焊接工艺参数,统计并对比其纵肋熔深情况。

试件焊后进行外观检查,内外焊缝均成型良好。焊后 24h 后对焊缝全长进行相控阵超声波检测,多条焊缝全长的全熔透比例达到 100%。宏观断面酸蚀照片显示焊缝熔合良好,无裂纹、气孔、夹杂、夹渣等焊接缺陷,成形良好,焊缝过渡匀顺。

试验结论:纵肋内焊采用埋弧自动焊(焊丝 ϕ1.6),焊缝质量稳定,纵肋熔透深度为 3~4mm,在防止外焊焊穿的同时,内侧提供的熔深可以有效保证纵肋焊缝全熔透合格率。外侧焊缝熔深可达到 6~7mm,具有较大熔深,能有效保证纵肋全熔透合格率。纵肋内焊焊缝角度偏差对内焊的熔深影响较大,在焊接过程中需要特别注意。内侧细丝埋弧焊 + 外侧单丝埋弧焊工艺可免开坡口实施纵肋全熔透焊接,具有焊接效率高、焊接变形小、焊接质量稳定等优点。

5)纵肋不开坡口内侧气体保护焊 + 外侧单丝埋弧焊工艺试验

采用纵肋气体保护内焊专用机床、纵肋船位埋弧焊专用机床等设备,进行不开坡口纵肋内侧气体保护焊,外侧单丝埋弧焊工艺,试件接头形式如图 7-13 所示。

图 7-13　纵肋与面板焊缝坡口形式

纵肋内焊采用富氩气体保护焊(80% Ar + 20% CO_2),ER50-6(ϕ1.2)焊丝;外焊采用单丝埋弧焊,焊接材料为 SU35(ϕ3.2)焊丝 + SJ101q 焊剂。先在平角位工位埋弧自动内焊,再转至船位工位进行埋弧自动外焊。内焊焊接工艺规范不变,纵肋外焊选取不同的焊接工艺参数。

试件焊后进行外观检查,内外焊缝均成型良好。焊后 24h 后对焊缝全长进行相控阵超声波检测,焊缝全长的全熔透比例最高达到97%。宏观断面酸蚀照片显示焊缝熔合良好,成形良好,焊缝过渡匀顺。

试验结论:纵肋内焊采用富氩气体保护焊(焊丝 φ1.2),焊缝质量较为稳定,纵肋熔透深度约为 0~2mm,焊脚尺寸≥6mm,可以起到防止外焊焊穿的作用。纵肋外焊采用埋弧自动焊(焊丝 φ3.2),焊缝外观良好,纵肋熔透深度约为 6~8mm,外焊焊缝具有较大熔深,有利于保证纵肋全熔透合格率。外侧埋弧焊缝具有较大熔深,对纵肋焊缝全熔透起主要作用;纵肋内侧角焊缝熔透深度较浅,且浮动范围较大,主要起到防止外侧焊穿的作用。

6)纵肋不开坡口内外气体保护焊工艺试验

采用纵肋内焊专用机床、具有深熔功能的焊接电源和自动焊小车进行内外两侧气体保护焊工艺试验,纵肋不开坡口。

纵肋内外两侧均采用富氩气体保护焊(80% Ar + 20% CO_2),ER50-6(ϕ1.2mm)焊丝。内焊平角位焊接,规范参数不变,外焊45°船位焊接,焊接过程中根据情况对规范参数进行调整,力求获取良好的外观和熔透效果。

焊后进行外观检查,焊缝表面凸度过大,焊缝成形较差;焊接24h后进行相控阵超声波探伤,焊缝全长全熔透的比例最高45%,有的焊缝通长不合格,宏观断面酸蚀照片显示,焊缝根部熔宽较小,局部有未熔合和气孔缺陷。

试验结论:纵肋内焊采用富氩气体保护焊焊缝质量较为稳定,断面照片检查熔透深度约为 0~2mm,焊脚尺寸≥6mm,可以起到防止外焊焊穿的作用;纵肋外焊采用富氩气体保护焊深熔焊机配合自动焊小车焊接(焊丝 φ1.2),焊缝外观成形较差,焊缝表面凸度大。通过宏观断面熔深分析,纵肋外侧熔深较浅,局部存在焊接缺陷,焊缝根部熔宽较小,不能保证全熔透。

7)纵肋内侧开坡口气体保护焊+外侧埋弧自动焊工艺试验

采用纵肋气体保护内焊专用机床、纵肋船位埋弧自动焊专机等设备,进行纵肋内侧开坡口气体保护焊+外侧埋弧自动焊工艺试验,坡口形式和尺寸如图 7-14 所示。

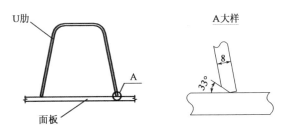

图 7-14 纵肋与面板焊缝坡口形式

内侧采用富氩气体保护焊,焊接材料 ER50-6(ϕ1.2);外焊采用埋弧自动焊专机焊接,38°船位施焊,焊接材料 SU34(ϕ3.2)焊丝 + SJ101q 焊剂。

焊后对试件进行外观检查,内外焊缝均成型良好;焊后24h后对焊缝全长进行相控阵超声波检测,焊缝全长的全熔透比例均为100%。宏观断面酸蚀照片显示焊缝根部熔合良好,没有气孔、未熔合等缺陷。

试验结论:纵肋内焊采用开坡口富氩气体保护焊(焊丝 φ1.2),熔透深度比不开坡口大,可以达到 5mm,有利于实现全熔透焊接。由于内焊熔深大,纵肋外焊采用埋弧自动焊不需要太大熔深即可实现全熔透,焊缝外观成形良好。纵肋内侧开坡口富氩气体保护焊,外侧不开坡口埋弧自动焊,可以实现纵肋焊缝全熔透,对外侧焊缝熔深要求低,合格率高;但内侧角焊缝焊接速度慢,效率偏低,需要注意控制内焊质量,避免内焊缺陷。

7.1.2.3 纵肋全熔透焊接设备

纵肋全熔透焊接主要设备为纵肋板单元内焊专用机床和纵肋板单元船位埋弧焊专机,纵肋船位埋弧焊专机系统构成和主要功能特点介绍如下。

1)系统组成

板单元反变形船位埋弧焊接专机主要由行走龙门、可升降焊臂横梁、焊臂装置、埋弧焊机头、埋弧焊机、焊剂输送回收系统、焊缝跟踪装置、工件反变形胎和电气控制系统等组成。可以实现 6 把单丝埋弧焊枪同时对纵肋进行船位埋弧焊焊接,设备可焊接范围为两个焊接工位。设备各部分之间可协调动作,采用 PLC 可编程序控制器集中控制方式,对龙门行走、焊接系统等动作进行一体控制。

2)行走龙门

行走龙门是承载焊接机构,完成焊接移动过程的主要载体,由行走台车、立柱、上平台、操作平台、更换焊丝平台、拖链和轨道等组成。由交流变频电机、减速机提供动力,双侧同时同步驱动,行走定位准确,速度无级可调,运行过程可靠、平稳、无爬行。

3)可升降焊臂横梁

可升降焊臂横梁主要由横梁、升降滑板、升降驱动装置、横移滑板、驱动减速电机、齿轮齿条、直线导轨等组成。升降滑板安装在龙门立柱上,横梁的一端与升降滑板铰接,另一端与升降滑板可自由伸缩,通过升降驱动装置,可实现横梁在 0°、+38°、-38° 三个角度的倾斜转动。横梁上安装有 6 组横移滑板,横移滑板采用步进电机带精密减速机驱动齿轮齿条啮合,通过直线导轨传动,实现在横梁上的电动行走,行走定位准确,速度无级可调,运行过程可靠、平稳。

4)焊臂装置

焊臂装置主要由竖向滑座和回转锁紧装置等组成。竖向滑座与回转锁紧装置连接,回转锁紧装置与可升降焊臂横梁的横移滑板连接,从而实现焊臂装置沿横梁进行横向电动移动。当可升降焊臂横梁升降或倾斜转动时,通过回转锁紧装置实现竖向滑座始终保持竖直状态并固定。竖向滑座的驱动装置采用步进电机驱动精密减速机,通过直线导轨传动,升降定位准确,速度无级可调,运行过程可靠、平稳。

5)埋弧焊机头

具有焊接电流、焊接电压和行走速度的数字化显示、数字化预置功能。焊接参数的数字化显示使焊接操作简便,读数更加直观简捷。焊接参数的数字化预置功能对操作人员的技能要求低,而且重复焊接一致性好,起弧操作方便。具有接触传感和回抽引弧的功能,回抽引弧方式配合接触传感功能使起弧操作更便捷,且引弧成功率达到100%。通过对电弧电流、电压的实时检测作为反馈,改变送丝速度,保持电流、电压焊接过程稳定,保证工程质量。

6)焊剂输送回收系统

焊剂输送回收系统主要由大料桶(LT-AP50)、焊剂回收机(LT-100D)、小料斗、焊剂输送管和焊剂回收管等组成,完成龙门结构设备焊接时的焊剂输送回收工作。

焊剂回收机安装在可升降焊臂横梁上,与可升降焊臂横梁一同升降或倾斜转动,且始终保持竖直状态。大料桶放置在机头上方,通过自重将焊剂输送至料剂斗。焊剂回收机通过吸嘴将焊剂直接吸到大料桶内,实现焊剂的循环使用。吸嘴设有过滤网,最大限度地防止将焊接渣壳吸到大料桶内。焊剂输送开关采用气动开关,实现自动控制。

7)焊缝跟踪装置

焊接机头前端安装了传感器式焊缝跟踪装置,由感应探头、控制器和执行机构等组成,利用传感器探头沿工件滑动实现跟踪,具有结构简单、动作状态直观而且不受焊接电弧的干扰等优点。跟踪系统具有初始自动寻找焊缝、焊缝末端定位探测、换向跟踪、强制跟踪等多种功能。当焊缝变化时,感应探头将变化信号传送至控制器,控制器控制执行机构随之运动,引导焊枪也随之变化,保持与工件的距离恒定。

7.1.2.4 焊接顺序和规范参数

(1)有接料的焊接钢板对接接料焊缝。

(2)将顶板单元卡固在专用焊机平台上,焊接纵肋内侧角焊缝,所有焊缝同时施焊(图7-15)。

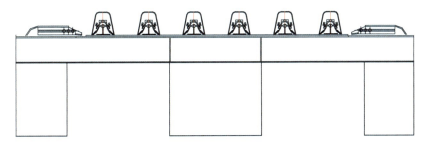

图7-15 专用机床焊接内侧角焊缝

(3)内侧角焊缝焊好后,将板单元转移到板单元船位埋弧焊专机的翻转胎上,预置反变形并翻转到38°船位,焊接纵肋外侧角焊缝及板肋角焊缝,所有焊缝同向施焊(图7-16)。

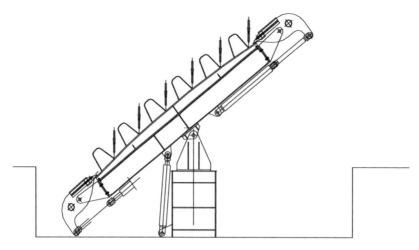

图 7-16 船位焊接外侧角焊缝

(4)一侧纵肋外侧角焊缝焊完以后,翻转胎架,焊接另一侧纵肋角焊缝,所有焊缝同向施焊。

(5)板单元焊接完成后,待最后一条焊缝冷却后方可松开固定卡。

(6)两端头专用焊机焊不到的位置采用气体保护半自动焊焊接。

(7)焊接规范参数如表 7-7 所示。

纵肋熔透角焊缝焊接规范参数　　　　表 7-7

熔敷简图	焊道	焊接位置	焊接材料	电流(A)	电压(V)	焊速(cm/min)
	1	平位	CJQ-3(ϕ1.6)+SJ501U	400±30	33±3	40±3
	2	船位	H10Mn2(ϕ3.2)+SJ101q	650±30	31±2	40±4

7.1.2.5　焊接质量控制要点

(1)纵肋板单元内焊专用机床和板单元船位埋弧自动焊专机等专用设备的操作人员应进

行专门的培训,熟悉机床构造,掌握专用机床的操作技能,培训合格后方能上岗操作。

(2)焊工必须取得资格证书,持证焊工经监理工程师认可后方可上岗,且只能从事证书中认定范围内的工作;如果停焊时间超过6个月,应重新培训考核。

(3)焊工必须熟悉本工艺规程和施工图,施焊时必须严格执行焊接工艺。未经焊接主管工程师同意,不得更改本工艺规程和施工图对焊接的有关规定,并对所焊焊缝质量负责。

(4)焊接作业宜在室内进行,且环境温度不应低于5℃,环境湿度不高于80%。

(5)组装前应将焊缝两侧20~30mm范围内的铁锈、油污、氧化皮打磨干净,露出金属光泽;纵肋、板肋在组装前对焊接区域进行打磨;顶板、底板参照组装定位线对待焊区域进行打磨。

(6)焊接时严禁在母材的非焊接部位引弧,焊后将焊缝表面的熔渣及两侧的飞溅清理干净。

(7)焊前须检查设备的运行状况是否良好,检查焊接材料的种类、规格是否正确,焊材的剩余量是否足以焊完整条焊缝。

(8)焊条、焊剂必须按产品说明书规定烘干后使用,烘干的焊接材料应随用随取,从保温箱中取出超过4h的应重新烘干后再使用。

(9)采用埋弧自动焊时,焊前应认真检查轨道及焊丝对准位置,施焊时应及时纠偏。焊接过程中不宜断弧,如有断弧则必须将停弧处刨成1:5的斜坡并搭接50mm施焊,焊接后将搭接处修磨匀顺。

(10)纵肋内侧角焊缝焊接必须调整焊枪与面板之间的角度、焊枪与纵肋之间的距离、焊丝的干伸长度等符合工艺要求。

(11)焊接规范参数按照工艺规程执行,现场可根据焊缝成形情况在允许范围内进行调整。

(12)焊接过程中发现气孔、焊缝不成形或严重焊漏时应停机检查,查找原因,排除故障后再继续施焊。

7.1.2.6 焊缝返修

1)纵肋内侧焊缝返修

纵肋内侧空间狭长窄小,无法采用人工方式进行返修焊。返修焊与普通的焊接操作不同,需要进行气刨、打磨、焊接,步骤更多,对焊工技能要求更高;使用特种设备进行返修也存在很大的局限性,因此纵肋熔透角焊缝应遵循尽可能减小返修的原则。为了应对少量焊缝需要从纵肋内侧返修的情况,采用纵肋返修焊小车系统(图7-17)。

纵肋内焊小车由焊接电源、控制系统、视频检测、行走小车、磁粉检测、等离子装置、打磨机构、焊接机构等组成。行走小车上有多功能夹持装置,可以根据需要固定磁粉检测机构、打磨机构、气刨机构、焊接机构等。返修焊时,小车行进到缺陷位置,进行定位记忆,按照步骤进行气刨、打磨、焊接作业。

图 7-17　纵肋内焊小车

2) 纵肋外侧焊缝返修

纵肋外侧有充足的操作空间可以进行检测、气刨、打磨、焊接等操作,从外侧返修作业可以覆盖全部外焊缝和一部分内焊缝,因此纵肋熔透角焊缝主要从外侧进行返修,需要注意的是尽可能避免将内侧焊缝刨穿。对检测出的缺陷板单元进行返修时,从纵肋外侧用碳弧气刨将缺陷清除,两端向外延伸 50mm 并刨成一个过渡斜坡,将待焊区打磨干净后用焊丝 ER50-6/E501T-1(ϕ1.2)补焊。当清根时刨穿内侧焊缝后,如果间隙≤4mm,采用单面焊双面成型焊接;如果间隙>4mm,则从纵肋内侧贴衬垫后从外侧焊接。具体步骤如图 7-18 所示。

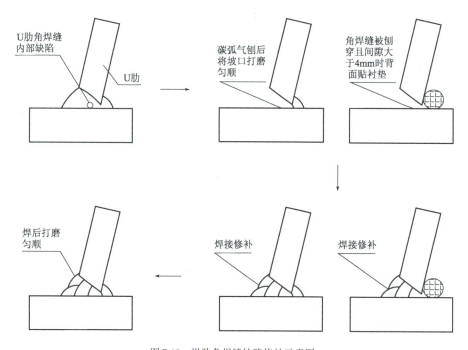

图 7-18　纵肋角焊缝缺陷修补示意图

7.2 纵肋与顶板焊接细节不同工艺的初始微裂纹尺度

焊接作为正交异性钢桥面板板单元连接的有效手段,与其他连接方法相比,具有许多明显的优点,如结构承载的多向性、结构的多样性、连接的可靠性以及加工的经济性。但对于焊接结构而言,局部应力集中现象明显,在疲劳荷载作用下极易出现疲劳裂纹。对于正交异性钢桥面板纵肋与顶板焊接细节,局部几何上的不连续,易在焊缝与纵肋、顶板连接处出现几何突变,同时可能存在各种焊接缺陷,从而引起应力集中;焊接细节存在焊接变形及残余应力。

影响纵肋与顶板焊接细节疲劳性能的关键因素主要有:焊接制造工艺、焊缝几何形状、焊接残余应力和焊接缺陷等。研究表明:对于焊接结构而言,焊接接头处通常存在整体和局部不连续,在焊缝区域易于存在初始焊接缺陷,如未焊透、未熔合、裂纹、夹渣、气孔和咬边等,而且这些焊接缺陷与对焊接质量评价相关联。一般而言,焊接质量差的焊缝会存在较多的焊接缺陷;但由于焊接细节的整体和局部不连续,即使焊接缺陷为0、焊接质量很好的焊缝,在金相显微镜或扫描电子显微镜下,会发现焊接细节焊趾和焊根局部存在不同程度的微小初始裂纹,这些初始裂纹并非因外荷载作用而萌生的,而是焊接行为本身所导致的。在疲劳载荷施加前微小初始裂纹就已经客观存在,因此对于焊接结构没有裂纹萌生过程。

目前纵肋与顶板焊接细节制造工艺主要有单面坡口焊接细节、双面气体保护焊、双面埋弧焊,不同的焊接制造工艺直接导致焊接缺陷尺寸不同。为研究不同焊接工艺条件下初始焊接缺陷的大小及类型,采用进口的 FEI QUANTA FEG 450[图 7-19a)]进行各制造工艺下的焊接细节进行扫描分析,如图 7-19b)、c)所示。焊接细节主要包括单面焊、双面焊气体保护焊、双面焊埋弧焊三类。

 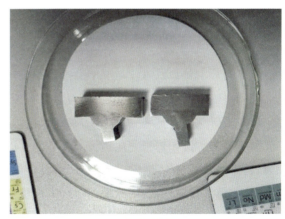

a)扫描电子显微镜　　　　　　　　　　b)焊接接头制样

图 7-19

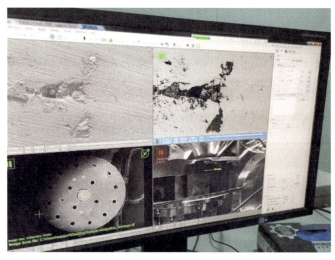

c)焊接细节疲劳易损部位焊接初始缺陷观测

图 7-19　纵肋与顶板焊接细节焊接初始缺陷扫描电子显微镜观测

7.2.1　双面气体保护焊焊接细节电镜扫描分析

纵肋与顶板连接焊缝的疲劳开裂是正交异性钢桥面板危害最为严重的构造细节,该部位的疲劳裂纹涵盖以焊趾和焊根为疲劳裂纹源,分别为向顶板、纵肋腹板和焊缝内部扩展的疲劳开裂模式,如图 7-20 所示。

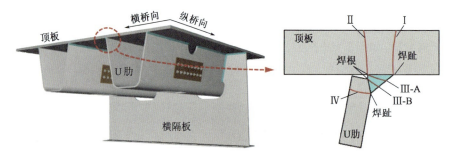

图 7-20　纵肋与顶板焊接细节传统单面焊典型疲劳开裂模式

为提高该构造细节的疲劳性能,钢桥面板纵肋与顶板焊接细节单面焊未熔透深度不超过 2mm。理论和试验研究表明:保证焊缝熔透率和焊缝焊喉深度能够有效地控制第Ⅲ类疲劳开裂模式。起裂于顶板焊趾和焊根并向顶板厚度方向扩展的疲劳开裂模式Ⅰ和Ⅱ当前仍然未得到有效控制,其中模式Ⅱ是控制该构造细节疲劳性能的主导疲劳开裂模式。此两类疲劳裂纹一旦被发现,往往已经贯穿顶板,导致桥面板局部刚度降低,造成桥面铺装开裂和钢箱梁腐蚀等多种次生效应。因此,对于传统单面焊构造细节(S-MAG)进行扫描电子显微镜观测微裂纹时,主要关注顶板焊根的局部 0.5mm 区域,如图 7-21 所示。此次扫描从 50 个试样中随机选取 6 个进行观测,详细扫描结果如图 7-22 ~ 图 7-27 所示。

第7章 高疲劳抗力正交异性钢桥面板关键制造技术及验收标准

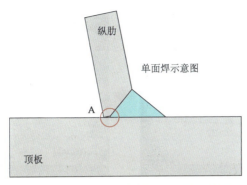

图 7-21 纵肋与顶板单面焊焊接细节微裂纹关注部位

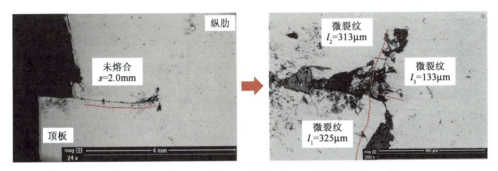

图 7-22 S-MAG-MT-1 顶板焊根初始制造缺陷观测

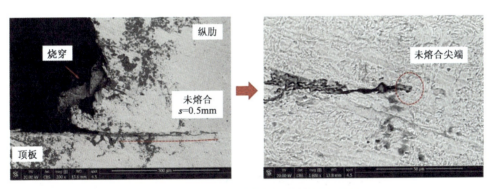

图 7-23 S-MAG-MT-2 顶板焊根初始制造缺陷观测

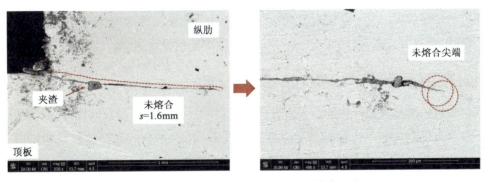

图 7-24 S-MAG-MT-3 顶板焊根初始制造缺陷观测

图 7-25　S-MAG-MT-4 顶板焊根初始制造缺陷观测

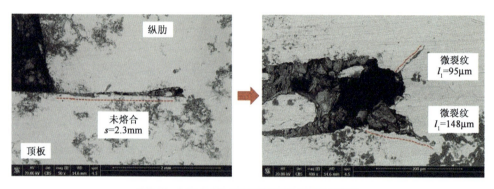

图 7-26　S-MAG-MT-5 顶板焊根初始制造缺陷观测

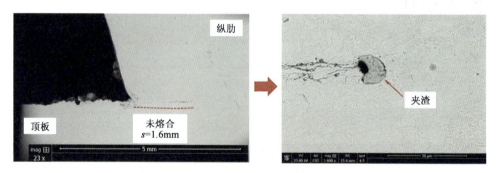

图 7-27　S-MAG-MT-6 顶板焊根初始制造缺陷观测

通过对各种焊接工艺方法的对比试验,发现纵肋不开坡口两面埋弧焊工艺在提高焊接效率、保证焊接质量、提高焊缝的疲劳强度方面具有显著的优势,具有非常高的推广应用价值。

7.2.2　双面埋弧焊焊接细节电镜扫描分析

钢桥面板纵肋与顶板焊接细节双面焊常采用双面气体保护焊和双面埋弧焊,其中双面气体保护焊可采用双面平位焊和内侧平位外侧船位焊(内平外船)。《公路钢结构桥梁设计规范》(JTG D64—2015)规定顶板与纵肋焊接细节采用角焊缝时装配间隙不超过 0.5mm,采用部分熔透角焊缝时装配间隙不超过 2mm。在进行双面焊焊接工艺试验研究中,控制顶板与纵肋焊接细节的装配间隙不超过0.5mm,坡口钝边尺寸不大于1.0mm,先内焊再外焊,基本可以避免内侧焊缝烧穿。对于纵肋与顶板焊接细节双面焊,其可能出现的疲劳开裂模式如图7-28所示。

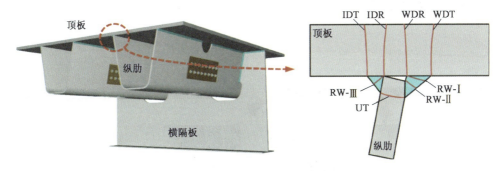

图7-28 纵肋与顶板双面焊焊接细节主要疲劳开裂模式

研究表明:双面焊的主要疲劳开裂模式是裂纹萌生于顶板焊趾沿顶板厚度方向扩展。因此,进行扫描电子显微镜观察焊接细节初始制造缺陷时,主要关注顶板内侧焊趾和顶板外侧焊趾局部0.5mm区域和焊根未熔合情况,如图7-29所示。

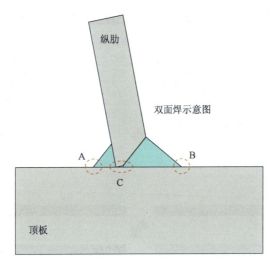

图7-29 纵肋与顶板双面焊焊接细节微裂纹关注部位

7.2.2.1 平位双面焊焊接细节分析

平位双面焊气体保护焊(D-MAG-Ⅰ)试件是从50个试样中随机选取5个进行观测,顶板焊趾和顶板焊根初始制造缺陷扫描结果如图7-30至图7-34所示。

7.2.2.2 内平外船双面焊焊接细节分析

内平外船双面焊气体保护焊(D-MAG-Ⅱ)试件是从50个试样中随机选取5个进行观测,顶板焊趾和顶板焊根初始制造缺陷的详细扫描结果如图7-35至图7-39所示。

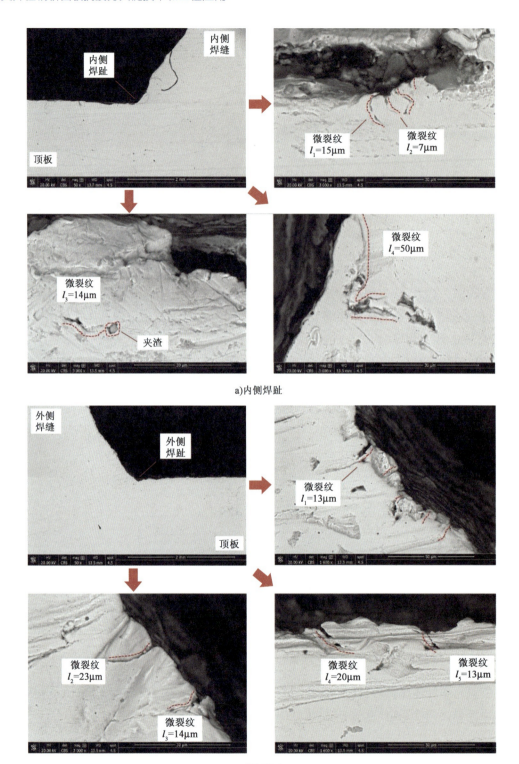

a) 内侧焊趾

b) 外侧焊趾

图 7-30 D-MAG-MT-Ⅰ-1 关注区域初始制造缺陷观测

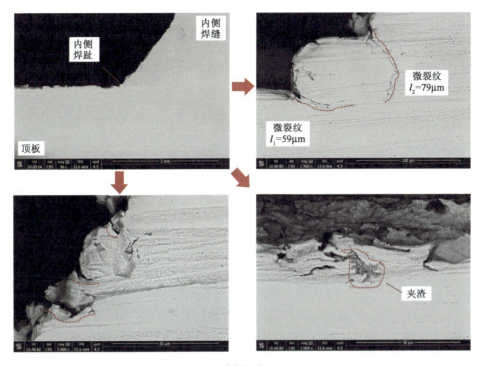

a) 内侧焊趾

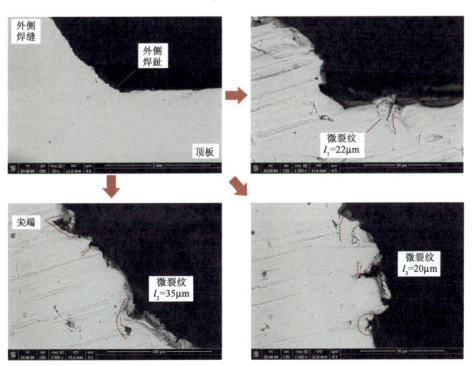

b) 外侧焊趾

图 7-31　D-MAG-MT-Ⅰ-2 关注区域初始制造缺陷观测

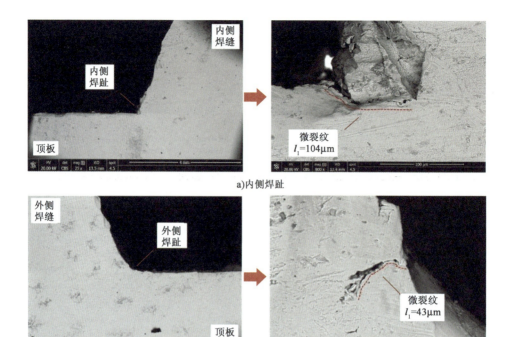

a)内侧焊趾

b)外侧焊趾

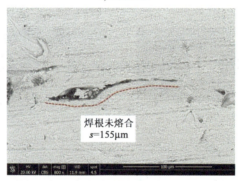

c)顶板焊根

图 7-32　D-MAG-MT-Ⅰ-3 关注区域初始制造缺陷观测

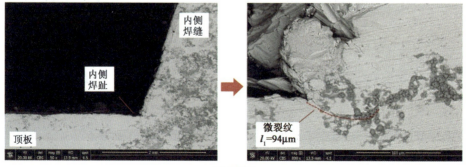

a)内侧焊趾

图　7-33

第7章 高疲劳抗力正交异性钢桥面板关键制造技术及验收标准

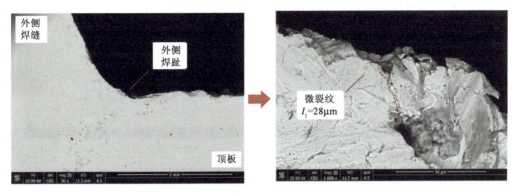

b)外侧焊趾

图 7-33　D-MAG-MT-Ⅰ-4 关注区域初始制造缺陷观测

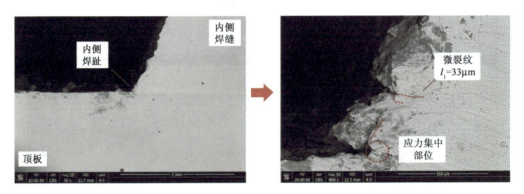

a)内侧焊趾

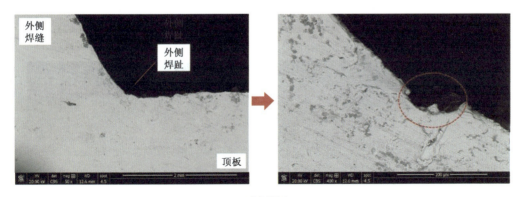

b)外侧焊趾

图 7-34　D-MAG-MT-Ⅰ-5 关注区域初始制造缺陷观测

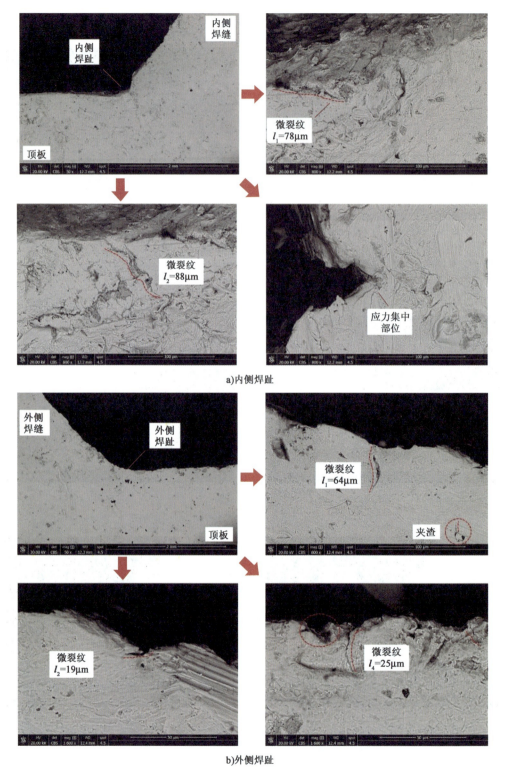

图 7-35 D-MAG-MT-Ⅱ-1 关注区域初始制造缺陷观测

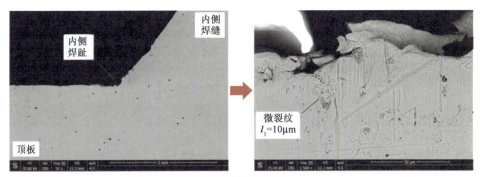

a) 内侧焊趾

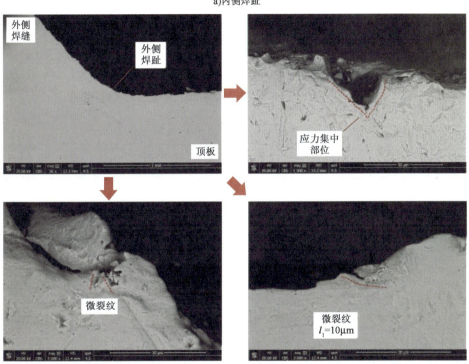

b) 外侧焊趾

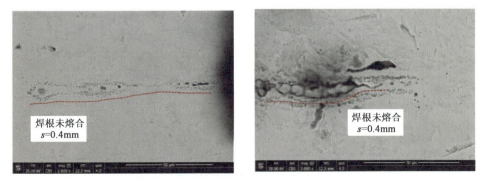

c) 顶板焊根

图 7-36　D-MAG-MT-Ⅱ-2 关注区域初始制造缺陷观测

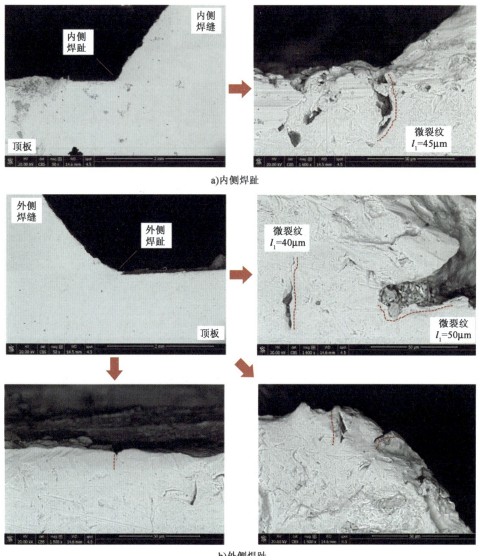

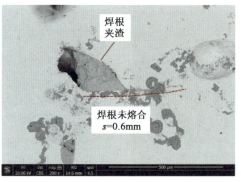

图 7-37 D-MAG-MT-Ⅱ-3 关注区域初始制造缺陷观测

第7章 高疲劳抗力正交异性钢桥面板关键制造技术及验收标准

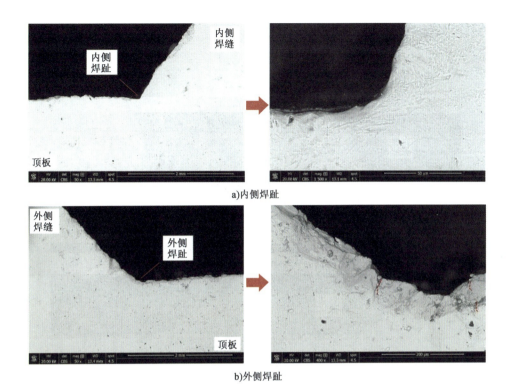

图7-38 D-MAG-MT-Ⅱ-4 关注区域初始制造缺陷观测

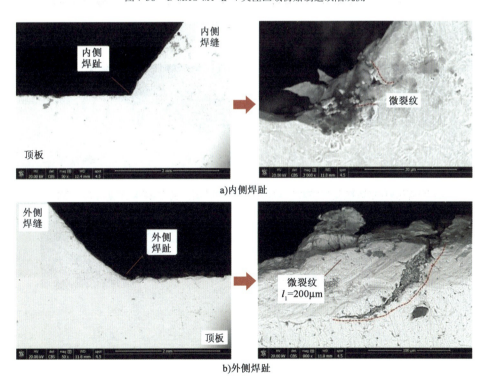

图7-39 D-MAG-MT-Ⅱ-5 关注区域初始制造缺陷观测

7.2.3 双面埋弧焊焊接细节电镜扫描分析

双面埋弧焊(D-SAW)试件是从 50 个试样中随机选取 5 个进行观测,顶板焊趾和顶板焊根初始制造缺陷的详细扫描结果如图 7-40 至图 7-44 所示。

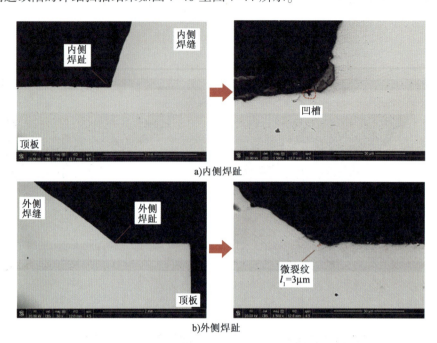

图 7-40 D-SAW-MT-1 关注区域初始制造缺陷观测

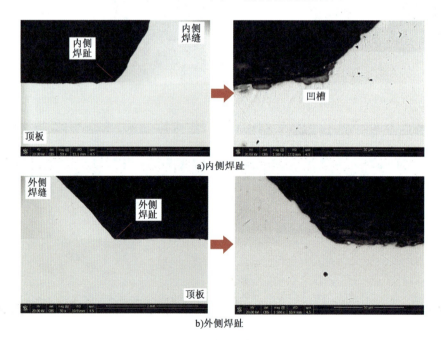

图 7-41 D-SAW-MT-2 关注区域初始制造缺陷观测

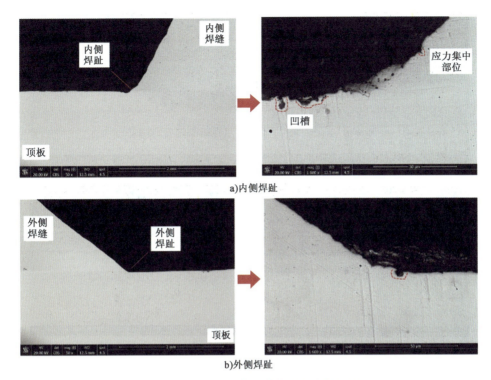

图 7-42　D-SAW-MT-3 关注区域初始制造缺陷观测

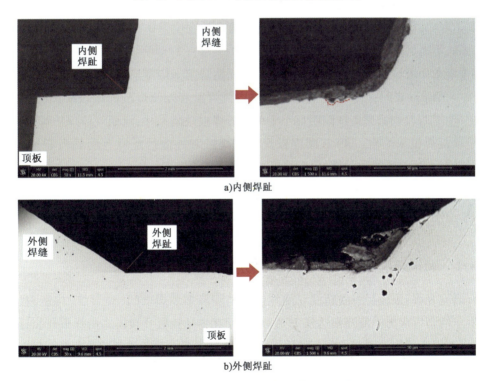

图 7-43　D-SAW-MT-4 关注区域初始制造缺陷观测

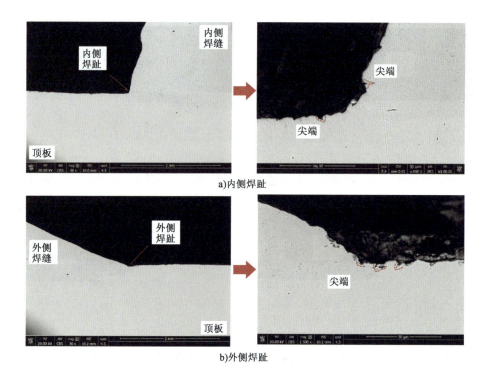

图 7-44　D-SAW-MT-5 关注区域初始制造缺陷观测

通过扫描电子显微镜观测正交异性钢桥面板传统单面焊、双面气体保护焊和双面埋弧焊的初始制造缺陷,研究表明:(1)6 组焊接细节未熔合长度位于 0.5~2.3mm,其中 S-MAG-MT-5 大于 2mm,不满足《公路钢结构桥梁设计规范》的要求;(2)即使焊根未熔合长度满足规范要求,但在传统单面坡口焊易在焊根位置产生初始制造缺陷如烧穿、夹渣和微裂纹等,微裂纹长度位于 95~326μm 之间;(3)双面气体保护焊内侧焊趾和外侧焊趾的微裂纹长度位于 20~200μm 之间,其焊趾初始制造缺陷明显小于单面焊焊根缺陷尺寸;双面气体保护焊 10 组试样存在 3 组顶板焊根未熔合;(4)双面埋弧焊内侧焊趾和外侧焊趾没有明显微裂纹(长度约 3μm),但其存在缺口尖端和凹槽,顶板焊根未发现未熔合现象。

7.3　基于微裂纹的纵肋与顶板新型双面焊疲劳特性研究

7.3.1　顶板焊趾疲劳开裂模式的疲劳性能研究

既有研究表明:顶板与纵肋新型双面焊能够消除该细节焊根的"类裂纹"构造,且焊根处裂纹萌生点的切口应力幅值降幅达到 71% 以上,使其主导疲劳开裂模式由焊根开裂迁移至焊趾开裂,显著提高了构造细节的疲劳抗力。因此,此处主要针对初始制造缺陷对新型双面焊焊趾开裂的疲劳抗力劣化效应进行研究。

以深中通道项目钢桥面板的设计方案为研究对象,钢桥面板顶板厚度为 18mm,纵肋几何尺寸为300mm×280mm×8mm,纵肋与顶板焊接细节采用新型双面焊,该构造细节详细参数如图7-45所示。

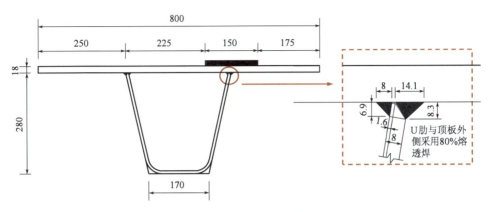

图7-45 模型几何尺寸图(尺寸单位:mm)

通过不同初始裂纹尺度模拟初始制造缺陷对其疲劳寿命的影响,采用通用有限元软件ANSYS建立了纵肋与面板焊接细节缺陷影响效应分析理论模型,如图7-46所示。所建立的有限元模型中,为提高计算效率并同时保证计算精度,在裂纹扩展局部区域采用三维实体单元SOLID95建立裂纹子模型,其余部分采用三维实体单元SOLILD45建立。结构用钢材,弹性模量取2.06×10^5MPa,泊松比取0.3。在横向(X向)两端同时约束顶板的竖向平动自由度;一端约束顶板纵向平动自由度,另一端约束顶板的横向平动自由度。采用纵肋与顶板双面焊缝正上方加载,加载面积为150mm×400mm。

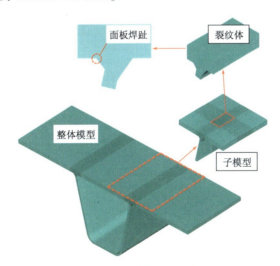

图7-46 纵肋与顶板新型双面焊分析模型

依据国外钢结构桥梁疲劳规范中的相关规定,常采用半圆形或半椭圆形作为初始缺陷的基本形式,研究焊接缺陷对于双面焊工艺条件下纵肋与面板构造细节疲劳性能的影响问题。本节内容主要进行不同初始制造缺陷尺度对新型双面焊疲劳性能的影响做相对分析,因此初始制造缺陷假设为半圆形裂纹。根据第 7.2.2 节关于纵肋与顶板焊接细节断面的初始微裂纹特征的研究结果,即传统单面坡口焊易在焊根位置产生初始制造缺陷如烧穿、夹渣和微裂纹等,微裂纹长度位于 95~326μm 之间;双面气体保护焊内侧焊趾和外侧焊趾的微裂纹长度位于 20~200μm 之间,其焊趾初始制造缺陷明显小于单面焊焊根缺陷尺寸;双面气体保护焊 10 组试样存在 3 组顶板焊根未熔合;双面埋弧焊内侧焊趾和外侧焊趾没有明显微裂纹(长度约 3μm),但其存在缺口尖端和凹槽,顶板焊根未发现未熔合现象。此处初始裂纹深度分别取 0.05mm、0.1mm、0.2mm、0.3mm,裂纹深度与长度间的关系取为 $a_0/c_0=1$,如图 7-47 所示。为尽可能减小边界条件的施加对关注分析部位的局部影响,裂纹于模型纵向跨中引入,以裂纹尖端穿透顶板厚度一半为截止点,研究裂纹初始尺寸对该构造细节疲劳寿命的影响。

基于断裂力学分别对不同初始缺陷尺度条件下对疲劳性能的影响效应进行分析,典型的分析结果如图 7-48 所示。研究结果表明:(1)不同初始制造缺陷尺度对疲劳寿命的影响主要集中于疲劳裂纹扩展初期,当裂纹扩展至一定深度时,应力强度因子幅值基本与初始缺陷尺寸无关。(2)随缺陷深度的增加,半圆形裂纹扩展速率逐渐增大且变化趋势基本一致,初始制造缺陷尺度对疲劳寿命具有显著影响,初始制造缺陷为 0.05mm 的疲劳寿命是初始制造缺陷为 0.3mm 的疲劳寿命的 2 倍;但随着初始制造缺陷尺度的增大,其对疲劳寿命影响程度逐步降低,即初始制造缺陷为 0.2mm 的疲劳寿命与初始制造缺陷为 0.3mm 的疲劳寿命差异较小。因此,对于钢桥面板纵肋与顶板焊接细节,应严格控制初始制造缺陷尺度。

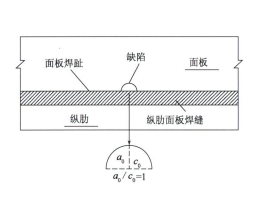

图 7-47 初始缺陷形状

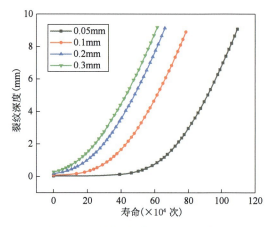

图 7-48 不同初始裂纹尺寸下疲劳寿命

7.3.2 顶板焊根疲劳开裂模式的疲劳性能研究

研究表明纵肋与顶板新型构造细节可以有效提高该焊接细节的疲劳寿命,但新型双面焊(部分熔透)内侧焊根部位因焊接工艺而容易引起焊接缺陷且无法进行焊后处理,同时缺陷的存在进一步放大了局部应力集中程度,影响结构疲劳性能。此处以新型构造细节(部分熔透)为研究对象,在内侧焊根部位分别引入单个缺陷和多个(两个)缺陷,基于线弹性断裂力学理论,采用 ANSYS 有限元软件分析同等载荷水平下单裂纹扩展特性与多裂纹扩展特性。正交异性钢桥面板纵肋与顶板新型构造细节(部分熔透)如图 7-49 所示。

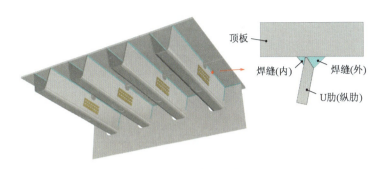

图 7-49　双面焊构造细节

根据《公路钢结构桥梁设计规范》(JTG D64—2015)附录 C 正交异性钢桥面板疲劳细节的有关规定,新型构造细节(部分熔透)采用熔透率为 80% 的部分熔透焊,取外侧焊缝焊根未熔透高度为 1mm,纵肋坡口角度为 50°,内侧角焊缝与外侧焊缝顶板处焊脚尺寸均按 7mm 考虑。国际焊接协会(ⅡW)和 BS7910 中将初始裂纹定义为半椭圆形,并给出了裂纹深度 a_0 与裂纹形状比 c_0/a_0 (c_0 为裂纹长度的一半)的推荐取值范围,同时指出根据裂纹类型的不同,初始裂纹参数仍有待进一步研究。一般认为初始裂纹属于工程可检裂纹且不超过 0.5mm,线弹性断裂力学理论中 a_0 的取值不宜小于 0.1mm。此处根据纵肋与顶板焊接细节焊缝初始微裂纹尺度研究,将初始裂纹定义为半圆形裂纹,尺寸取较为典型的情况 $a_0 = c_0 = 0.2$ mm,初始裂纹示意图如图 7-50 所示。

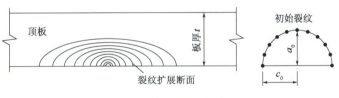

图 7-50　初始裂纹示意图

7.3.2.1　有限元模型建立

导致正交异性钢桥面板各构造细节出现疲劳问题的应力主要产生于第二体系且轮载效应属于局部效应,采用含有裂纹的子模型的节段模型如图 7-51 所示。为有效模拟 Westergaard 应力函数法裂尖应力场解析解得到的应力 1/2 奇异性,子模型裂纹尖端区域单元采用楔形奇异单元(将 SOLID95 单元中间节点移至 1/4 位置的 15 节点)进行模拟。子模型其余区域采用 SOLID92 单元,局部有限元模型其他非关注区域均采用 SOLID45 单元。为避免裂纹扩展过程中出现单元畸变现象,子模型网格尺寸取 1mm。车辆轮载面积参照 BS5400 标准疲劳车取值,其分布尺寸为 200mm×200mm;车辆荷载选取时考虑了超载作用,近似为 640kN。

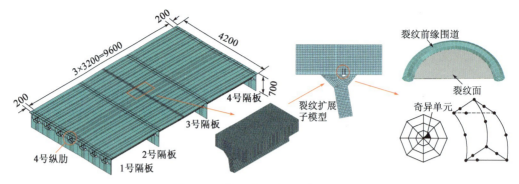

图 7-51 有限元模型(尺寸单位:mm)

初始裂纹位置为 2#隔板与 3#隔板间第四个纵肋(R4)靠近第三个纵肋(R3)方向顶板与纵肋新型构造细节焊根处。因该部位焊缝与顶板交界区域局部应力梯度较大且无法严格精确地插入初始裂纹,实际可取焊根外侧 0.3mm 位置进行考虑。依据研究目的,相同加载条件下引入的三种不同裂纹形式对应工况如图 7-52 所示。

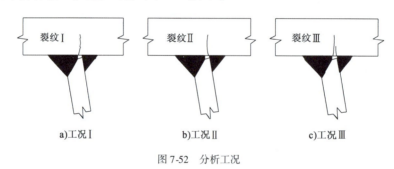

图 7-52 分析工况

工况 Ⅰ:纵肋外侧焊根单裂纹形式(裂纹 Ⅰ)。主要研究外侧焊根位置因单个焊接初始缺陷所引起的疲劳裂纹扩展特性。

工况 Ⅱ:纵肋内侧焊根单裂纹形式(裂纹 Ⅱ)。主要研究内侧焊根位置因单个焊接初始缺陷所引起的疲劳裂纹扩展特性。

工况 Ⅲ:纵肋外侧焊根与内侧焊根双裂纹形式(裂纹 Ⅲ)。主要研究多个焊接初始缺陷所引起的疲劳裂纹扩展特性,并分析多裂纹扩展特性与单裂纹扩展特性的差异。

7.3.2.2 裂纹扩展特性

利用 ANSYS 有限元软件,对裂纹前缘曲线周围区域不断更新网格并计算得到前缘各点应力强度因子。在下一步中裂纹既定扩展步长的前提下,完成裂纹扩展过程中各扩展步的相关计算。对于钢桥面板纵肋与顶板连接构造细节三维疲劳裂纹扩展特性分析,重点关注三种工况形式下裂纹深度方向上等效应力强度因子幅值变化规律、裂纹空间形状变化规律和疲劳寿命,并在此基础上比较新型构造细节焊根单裂纹与多裂纹扩展特性的差异。

沿裂纹深度方向上的等效应力强度因子幅值变化规律直接影响到裂纹沿顶板厚度的扩展

速率,其幅值越大,裂纹扩展越快。通过计算可知,工况Ⅰ和工况Ⅱ下初始裂纹前缘深度方向等效应力强度因子幅值分别为 108.6N·mm$^{-3/2}$ 和 100.8N·mm$^{-3/2}$,工况Ⅲ下纵肋外侧焊根和纵肋内侧焊根处初始裂纹前缘深度方向等效应力强度因子幅值分别为 103.2N·mm$^{-3/2}$ 和 93.1N·mm$^{-3/2}$,各工况下裂纹扩展特性如图 7-53 所示。

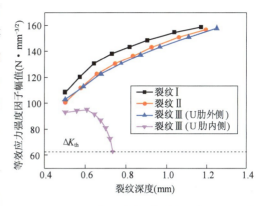

图 7-53　等效应力强度因子幅值前期沿深度变化曲线

研究表明:(1)在裂纹扩展前期(裂纹深度方向扩展至约 1.2mm 的顶板厚度),纵肋外侧和内侧单裂纹沿深度方向的扩展规律基本一致,裂纹扩展速度均随裂纹深度的增加而不断增大,且纵肋外侧裂纹扩展速度始终比内侧裂纹扩展稍快。(2)多裂纹扩展过程中纵肋外侧裂纹扩展规律和单裂纹扩展规律一致,但总体扩展速度相对较慢;而纵肋内侧裂纹扩展速度呈先增大后减小的趋势,当裂纹扩展至第 7 步时,其深度方向裂纹前缘等效应力强度因子幅值已由原来的 93.1N·mm$^{-3/2}$ 降至 62.7N·mm$^{-3/2}$,小于门槛值 63N·mm$^{-3/2}$ 而停止扩展。此时裂纹深度方向扩展至 0.73mm 顶板厚度,多裂纹扩展转变为纵肋外侧的单裂纹扩展形式。(3)就相同荷载水平而言,纵肋外侧焊根出现单一缺陷的情形对顶板与纵肋新型构造细节构造前期的疲劳特性最为不利,另外,多裂纹情形下由于临近裂纹扩展对周围区域应力的卸载作用而使前期主导裂纹扩展速度减缓。

由于工况Ⅲ下纵肋内侧裂纹扩展寿命很短,这里仅比较工况Ⅰ、工况Ⅱ和工况Ⅲ下纵肋外侧初始裂纹深度方向扩展至顶板厚度约一半时的中裂纹等效应力强度幅值变化情况,如图 7-54 所示。

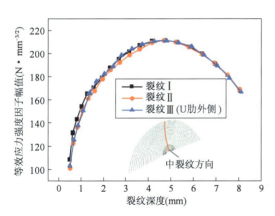

图 7-54　等效应力强度因子幅值沿深度方向扩展至板厚一半时的变化曲线

研究表明:(1)三种工况下等效应力强度因子幅值达到峰值之前,裂纹扩展速度均逐步增大,其中工况Ⅰ所对应的纵肋外侧单裂纹扩展速度最快;同时,工况Ⅲ中纵肋外侧裂纹等效应力强度因子幅值在扩展至峰值的过程中逐渐逼近工况Ⅰ,并在扩展至 2mm 时其数值与工况Ⅰ基本相同。(2)三种工况下等效应力强度因子幅值在扩展至约 4.7mm 时均达到峰值,且峰值均为 211.4N·mm$^{-3/2}$。在裂纹扩展深度超过 4.7mm 后,等效应力强度因子幅值均下降,且下降规律基本一致。

综上所述,对正交异性钢桥面板纵肋与顶板新型构造细节焊根位置分别引入单一缺陷与多缺陷,进行三维断裂力学疲劳裂纹扩展特性分析。理论研究结果表明:(1)考虑单一缺陷和多个缺陷后,新型构造细节焊根位置主导的疲劳裂纹扩展模式为缺陷出现在纵肋外侧的单一裂纹扩展模式;(2)新型构造细节(部分熔透焊)焊根位置的多裂纹扩展特性并不显著,随着裂纹扩展深度的增加,多裂纹扩展模式逐渐转变为单一裂纹扩展模式;(3)三种裂纹扩展模式的不同主要体现在裂纹扩展前期,三种裂纹扩展至相同的峰值点,且后期下降段扩展规律基本一致。

7.4 质量验收标准

根据纵肋全熔透角焊缝的受力需求、焊接工艺特点及相关检测试验的结果,制定了质量验收标准。本标准适用于深圳至中山跨江通道项目钢箱梁制造 U 肋与桥面板全熔透焊缝的检测、验收,包括焊缝的外观检验及无损质量检验。

(1)引用及参考规范、标准如表 7-8 所示。

引用及参考规范、标准的标准号及名称　　　　　　　　　　　　　　　　表 7-8

标　准　号	标　准　名　称
JTG/T 3650—2020	公路桥涵施工技术规范
JTG F80/1—2017	公路工程质量检验评定标准;第一册　土建工程
Q/CR 9211—2015	铁路钢桥制造规范
GB/T 11345—2013	焊缝无损检测　超声检测　技术、检测等级和评定
GB/T 26951—2011	焊缝无损检测　磁粉检测
GB/T 26952—2011	焊缝无损检测　焊缝磁粉检测　验收等级

(2)焊缝外观检验。

检验数量:全部板单元。

检验范围:内侧焊缝应全长采用内窥镜等摄像设备辅助检验;外侧焊缝全长检验。

检测时机:焊接完毕且待焊缝冷却至室温后,进行外观目视检验。

检验方法:目视检验、内窥镜等摄像设备。

验收要求:按《公路桥涵施工技术规范》(JTG/T 3650—2020)执行。

(3)磁粉检验。

检测比例:每块板单元100%检测。

检测范围:钢箱梁板单元U肋外侧焊缝两端各1000mm,内侧焊缝两端各200mm。

检测时机:焊缝经外观检查合格后,可进行磁粉检测。

检测方法:磁粉检测应符合《焊缝无损检测　磁粉检测》(GB/T 26951—2011)的规定。

焊缝验收:应达到《焊缝无损检测　焊缝磁粉检测验收等级》(GB/T 26952—2011)中 2X 级的规定。

(4)超声波检验。

检测比例:首轮钢箱梁为100%全长检测。首轮钢箱梁是指:通航孔桥为相匹配两个梁段或非通航孔桥为构成110m吊装节段的4个梁段。首轮钢箱梁验收合格后,纵肋全熔透焊缝的检测比例和范围按表7-9的规定执行。

检测范围:按照表7-9检测,若出现断弧,应对断弧两侧各500mm范围进行检测。

U肋焊缝超声波检测范围和等级　　表7-9

检测部位	探伤方法	检测比例	检测范围	检测标准
U肋焊缝	超声波	100%	焊缝两端、中间各1m	GB/T 11345—2013A Ⅰ级

注:中间1m具体位置为随机检测。

检测时机:焊缝经外观检查合格后24h进行超声检测。

检测方法:超声检测应符合《焊缝无损检测　超声检测　技术、检测等级和评定》(GB/T 11345—2013)的规定。

超声波探伤的距离-波幅曲线应符合表7-10的规定。

距离-波幅曲线灵敏度　　表7-10

板厚(mm)	判废线	定量线	评定线
8	$\phi 3 \times 40 - 4dB$	$\phi 3 \times 40 - 10dB$	$\phi 3 \times 40 - 16dB$

注:评定线以上至定量线以下为弱信号评定区(Ⅰ区),定量线以上为长度评定区(Ⅱ区)。

焊缝验收:

(1)顶板纵肋焊缝要求全熔透,每块顶板单元纵肋全熔透角焊缝无损检验一次合格率应≥96%。若未满足上述要求,则应对制造工艺进行改进;改进后焊接的前5块板单元焊缝全长超声检测满足要求后,方可批量生产。

(2)焊缝最大单个缺欠指示长度应不大于100mm,相邻两缺欠间距小于8mm时,两缺欠指示长度及间距之和作为单个缺欠的长度。

(3)焊缝每1m范围内不连续缺欠总长不超过300mm。1m范围内如发现不连续缺欠总长超过300mm,应扩大一倍长度检测;如仍有超标缺欠则焊缝全长检测。

(4)纵肋两端200mm范围内要求100%全熔透。

(5)焊缝返修。

每块顶板单元纵肋全熔透角焊缝无损检验一次合格率应≥96%,同时为减少返修对结构带来的二次损伤,焊缝返修率不宜超过1%。对纵肋焊缝内的深埋缺欠,单个缺欠指示长度不大于100mm,每延米焊缝缺欠总指示长度不大于300mm,且焊缝外侧熔深不应小于纵肋板厚的75%,可不返修;否则应返修。非连续性的气孔、夹渣等,原则上不计入缺欠,可不返修。

7.5　小结

焊接装备技术的发展为制造高品质长寿命正交异性钢桥面板奠定了基础,U肋板单元内侧焊接专机、U肋板单元焊接机器人、U肋板单元船位埋弧自动焊专机等专用设备的研发使生产中应用U肋角焊缝双面焊接、全熔透焊接技术成为可能。

钢桥正交异性板纵肋双面焊技术的应用改变了传统焊接工艺只能单面焊部分熔透焊接的现状，减小了纵肋角焊缝焊根部位的应力集中，对消除起源于纵肋角焊缝焊根部位的疲劳裂纹起到了重要作用，纵肋全熔透焊接技术则进一步提高了纵肋角焊缝的可靠性。

通过对各种焊接工艺方法的对比试验，发现纵肋不开坡口两面埋弧焊工艺在提高焊接效率、保证焊接质量、提高焊缝的疲劳强度方面具有显著的优势，具有非常高的推广应用价值，在深中通道项目得到实践检验。

第8章 正交异性钢桥抗疲劳韧性提升技术

8.1 概述

8.1.1 正交异性钢桥面板及其疲劳开裂

钢结构桥梁由于其自重轻,跨越能力强以及抗震性能好等优势,常常在大跨度桥梁设计中受到桥梁工程师的青睐。而正交异性钢桥面板是现代桥梁工程重要的标志性创新成就,其已经成为国内外大跨径桥梁桥面板结构形式的第一选择。正交异性钢桥面板是20世纪50年代民主德国研发的一种桥面结构(图8-1),主要包括钢顶板、纵向加劲肋与横隔板三大部分。因其具有轻质量高强度、承载能力高等优点而广泛应用于国内外缆索承重桥梁、大跨度钢箱梁等多种类型的桥梁结构中[1-5]。

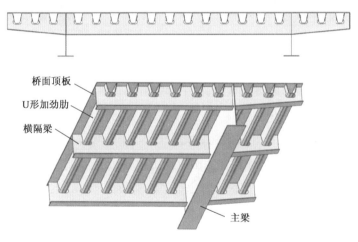

图 8-1 正交异性钢桥面板构造

我国正交异性钢桥面板的应用相对较晚,但近二十年来发展势头迅猛,典型的代表桥梁(图8-2)有苏通长江大桥、江阴长江大桥、润扬长江大桥、舟山西堠门大桥、虎门二桥以及我国第一座海上装配化桥梁——港珠澳大桥均采用了正交异性钢桥面板结构[6-11]。目前世界各国已建成的采用正交异性钢桥面板的各类桥梁已超过1500座,中国正在运营和规划中的该类桥梁数量已达200余座[12]。该结构的推广和应用大大推动了桥梁工程向大跨、重载和结构造型多样化等方向的发展,但其突出的疲劳问题成了限制其发展的瓶颈[13-15]。

a)江阴大桥

b)苏通大桥

c)杭州湾大桥

d)港珠澳大桥

图 8-2　正交异性钢桥面板应用的典型桥梁

　　随着桥梁服役年限的增加,加上设计先天不足、构造细节复杂以及重载和超载车辆增加等不利因素,钢桥面板的病害问题逐渐显露,其中以疲劳裂缝最为严重。国外关于正交异性钢桥面板开裂的案例很多,如英国的 Severn 桥[16]、荷兰鹿特丹的 Van Brienenoord 桥[17]和德国的 Haseltal 桥[18]相继出现钢桥面板开裂问题。此后日本、美国等国家的钢桥也陆陆续续发现了疲劳裂纹[15,19]。虽然正交异性桥面板在我国应用历程较短,但由于交通量和轮重的增加以及严重的超载现象,许多桥梁的钢桥面板也都出现了疲劳裂纹[20-24]。1997 年 5 月建成通车的虎门大桥,由于桥面钢板较薄(12mm),在重载交通以及复杂高温多雨环境下已产生了钢桥面板疲劳开裂。其他钢结构桥梁如宜昌长江大桥、江阴长江大桥、厦门海沧大桥和苏通大桥等也陆续遇到了类似的问题。

　　根据对国内外多座钢桥疲劳裂纹分布的调查[25-26],总结出 6 种典型疲劳裂纹类型(图 8-3):①顶板与 U 肋焊缝处的顶板纵向裂缝(A);②U 肋下端弧形开口处横隔板裂缝(B、C);③U 肋与顶板焊缝的纵向裂缝(D);④U 肋下缘对接焊缝的裂缝(E);⑤腹板竖向加劲肋与顶板焊接处的顶板裂缝(F);⑥U 肋上端过焊孔处 U 肋的裂缝(G)。横隔板弧形切口处(B、C)疲劳裂缝占比最大,约占 60%;其次为顶板与 U 肋连接处(A、D)和 U 肋对接拼接处(E)疲劳裂缝,三种裂缝共计占比 90%以上,是正交异性钢桥面板疲劳修复的主要研究对象[27]。

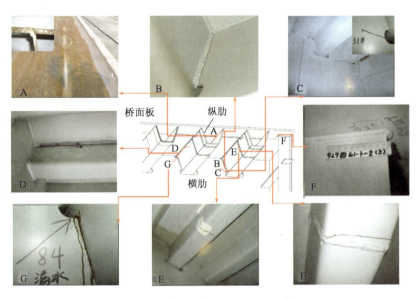

图 8-3 典型钢桥面板疲劳裂纹形式

钢桥疲劳裂纹发生后,随着疲劳裂纹的不断开展,将直接导致钢桥面板的寿命和耐久性降低,最终影响桥梁运营的安全性和可靠性,造成重大的经济损失和不良的社会影响。因此,正交异性钢桥面板疲劳开裂已成为钢桥领域亟待解决的技术难题,急需修复钢桥疲劳裂缝的理论基础和高效可行的修复技术。

8.1.2 正交异性钢桥面板疲劳裂缝修复

当前钢桥疲劳裂纹主要修复方法可分为直接方法和间接方法。直接方法主要是在疲劳裂纹扩展的局部区域采用例如钻孔止裂法[28]、加补强板法[29]、热修复方法[30]、机械修复方法[31]和 CFRP 加固法[32]等措施。间接方法有加筋高性能混凝土(RHPC)铺装法[33]、钢纤维混凝土(SFRC)铺装法[34]以及超高韧性混凝土(STC)铺装法[35]等,主要是利用高性能材料来提高桥面铺装层的刚度并与桥面板共同作用,以期减小疲劳裂纹处的局部应力幅。上述方法均在实桥加固中得到了应用(表 8-1),保障了既有钢桥的安全运营并改善了其工作性能,而且也丰富和发展了桥梁养护措施。

典型钢桥面板疲劳裂纹修复方法应用工程实例 表 8-1

修复方法		实际加固桥梁	修复特点
直接修复	止裂孔法	天津海河大桥	应用最广;修复速度快,不影响交通;但对原结构有损伤,止裂寿命短

续上表

修复方法		实际加固桥梁	修复特点
加补强板法	粘贴角钢法	杭州湾跨海大桥南航道桥	对原结构无损伤;施工快速,对交通干扰小;但黏合剂涂抹工艺和耐久性问题尚需进一步明确
	栓接钢板法	日本 Shinhamadera 桥	施工较为方便;构造较为复杂,部分复杂部位难以修复;对原结构造成一定损伤
直接修复	焊补法	武汉军山长江大桥	应用广泛;但焊接质量难以保证,易引入焊接缺陷
	ICR 修复	日本某实桥现场 ICR 修复	设备简单便携,操作技术要求低;但验证和应用尚不足
	碳纤维加固法	澳洲 Diamond Creek 公路桥	施工简单快速;不引入新的疲劳源,对交通干扰小;但黏合剂耐久性问题尚未明确

续上表

修复方法		实际加固桥梁	修复特点
间接修复	SPS 修复	德国 Schönwasserpark 桥	有效扩散桥面应力;但施工工期长,需中断交通,对交通干扰较大
	RHPC 铺装	荷兰 Caland 桥	提高桥面板的刚度;需中断交通,对交通干扰较大
	SFRC 铺装	日本横滨港湾大桥	需中断交通,对交通干扰较大
	STC 铺装	佛陈大桥	大幅降低了疲劳易损细节的局部应力;需高温蒸养,对交通干扰较大,成本较高

但是,利用上述方法对横隔板弧形切口处疲劳裂纹进行修复存在如下问题:①钻孔止裂法延长寿命短,并且会削弱原构件截面性能,进而可能造成强度破坏。②钢板补强法施工复杂且稳定性难以保证,焊缝或螺栓开孔处也易于发生二次开裂。③热修复方法的焊接残余应力可能引起局部蠕变损伤和应力腐蚀开裂,导致新的疲劳裂纹萌生。④机械修复方法对施工工艺要求高,而且验证和应用仍存在不足,尤其冲击力度和次数尚无可靠依据。⑤间接修复方法能够提高整体刚度,有效减小桥面板各处的应力并延长疲劳寿命;但是施工成本高、周期长、对交通影响大,且无法对具体的疲劳部位做出针对性的改善。

碳纤维增强复合材料(Carbon Fiber Reinforced Polymer,CFRP)强度高、耐腐蚀和抗疲劳性能好,通过使用结构胶将CFRP粘贴在疲劳开裂部位,使钢板、胶层和CFRP作为整体共同受力,可以在不损伤原结构的前提下增加开裂局部刚度,提升其疲劳受力性能。不同学者用CFRP对开裂钢构件进行加固,从CFRP材料性能、黏结长度、黏贴形式等方面开展了研究[36-38]。Hosseini和Ghafoori等[39]对加固后开裂钢板进行了疲劳试验,无预应力CFRP板加固后使钢板的疲劳寿命提高4.3倍,预应力CFRP板加固后可以完全抑制疲劳裂纹的扩展。Emada等[40]研究了CFRP加固含中央裂纹钢板的疲劳性能,发现采用CFRP板和预应力CFRP板加固后,钢板的疲劳寿命分别提升了6.5倍和10倍以上。

形状记忆合金(Shape Memory Alloys,SMA)具备在低温冷拉产生塑性变形后受热能够恢复其初始形状的性能,当外部条件能对SMA的恢复变形进行有效限制(约束)时,即会在其内部产生预应力。在土木工程领域应用比较广泛的有NiTi-SMA和Fe-SMA两类。NiTi-SMA的形状恢复能力高达6%~8%,同时具备合适的相变温度区间、较强的抗疲劳性能和抗腐蚀性能等。针对结构的局部开裂问题,M El-Tahan团队将NiTi-SMA和CFRP材料黏结在一起形成SMA-CFRP组合贴片(图8-4),利用SMA的形状记忆效应,在增加被加固部位刚度的同时,通过升温激活SMA引入预压力,之后通过SMA激活和黏结拔出试验验证了SMA-CFRP组合贴片修复方法的可行性[41-44]。

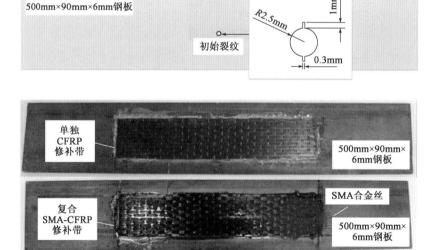

图8-4 SMA-CFRP组合贴片修复钢板裂纹[43]

Fe-SMA的形状恢复能力相对较弱,约为1%[45]。但是Fe-SMA在强度、塑性、成形加工等方面性能优越,而且其生产成本远低于NiTi-SMA,更适合在土木工程加固领域的大量应用[46]。因而Fe-SMA可以做成厚度和面积较大的板状构件,对钢结构局部开裂部位进行加固修复,兼具施加预应力和提高截面刚度的作用。Izadi等[47]利用螺栓锚固装置将Fe-SMA带固定在钢板上,通过激活Fe-SMA带在钢板上引入74MPa的压应力,显著提高了钢板的屈服荷载和疲劳荷载(图 8-5)。Wang 等[48]用 Fe-SMA 带对含裂纹钢板进行了有黏结预应力疲劳强化，修复后钢板的疲劳寿命相较于未修复试件提高了 3.51 倍。

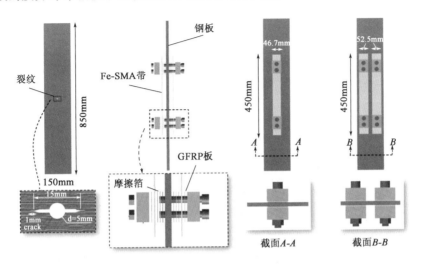

图 8-5　Fe-SMA 带修复钢板裂纹[47]

8.2　形状记忆合金材料

8.2.1　NiTiNb 形状记忆合金

对应用于 SMA-CFRP 组合贴片中通过激活施加预应力的 NiTiNb-SMA，进行试验研究，得到其材料性能、加热回复性能及应用于试件加固时的最佳尺寸参数。首先测试了 NiTiNb-SMA 在不同温度下的弹性模量、抗拉强度等力学性能，然后测试了不同加热温度下 NiTiNb-SMA 可产生的回复力，以确定合适的加热温度。考虑 SMA 和 CFRP 之间的粘贴锚固并非完全固结，对不同锚固区和加热区长度试件进行了测试，以确定最佳长度分配。

NiTiNb-SMA 加工成直径 0.8mm 的丝状，并经 850℃均匀退火处理以提高材料的形变回复能力。在 CMT-4204 微机控制电子万能试验机上进行力学性能测试，配合引伸仪测量应变，如图 8-6 所示。在加载过程中应确保有足够的时间消除加载过程中相变导致的热量交换对试件温度的影响，加载速率不宜过高。采用应变速率进行控制，加载速率控制为 $1.5 \times 10^{-4} s^{-1}$。由于 NiTiNb-SMA 丝直径较小且表面光滑，故在夹持端采用硬度较小的铝片进行夹持，铝片受压后被丝材压出印痕，增加了与丝材间的接触面积，从而提高摩擦力。采用温度测试仪进行温度的实时测量，采用电阻升温的方式对 NiTiNb-SMA 丝进行加热。

（1）NiTiNb-SMA 力学性能

力学性能测试试件总长度为 250mm，其中两端各 40mm 用于夹持，中间自由区间长度为 170mm，引伸仪间距为 100mm。由于 SMA 材料在实际使用中需通过加热进行激活，故需要对材料在不同温度条件下的力学性能进行测试。试验中分别在室温(21℃)、160℃和200℃的温度下将试件拉伸至断裂,应力-应变曲线如图8-7所示,各试件的力学性能参数列于表8-2中。

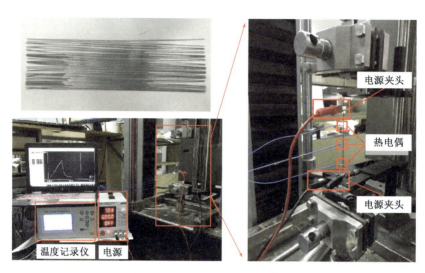

图8-6 NiTiNb-SMA丝材性测试装置

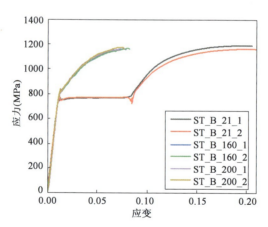

图8-7 不同温度时试件拉伸至断裂的应力-应变曲线

NiTiNb-SMA 力学性能参数　　　　　　　　　　　　　　　　　表8-2

试件编号	弹性模量(GPa)	屈服强度(MPa)	屈服应变	极限强度(MPa)	极限应变	测试温度(℃)
ST_B_21_1	73.7	743	0.011	1194	0.205	21
ST_B_21_2	73.4	745	0.013	1166	0.209	21
ST_B_160_1	75.1	815	0.013	1165	0.078	160
ST_B_160_2	75.1	805	0.013	1170	0.082	160
ST_B_200_1	76.9	813	0.013	1159	0.071	200
ST_B_200_2	76.9	814	0.012	1178	0.076	200

NiTiNb-SMA 在常温下为马氏体相态,静力拉伸过程中存在孪晶马氏体到退孪马氏体的转变。此过程中应力保持不变,应变不断增加,即应力-应变曲线存在平台段。160℃和200℃温度下试件的应力-应变曲线较为相近。高温条件下材料在拉伸的全过程中均处于奥氏体状态,仅包含奥氏体弹性变形和奥氏体塑性变形两个阶段,不存在因马氏体退孪而形成的应力平台,因此极限应变较小,仅为常温试件的37%。随着温度升高材料的弹性模量有轻微增长,相比于21℃室温条件下,160℃和200℃条件下的涨幅分别为2.1%和4.6%,但极限强度受温度的影响不大。综上,NiTiNb-SMA 在低温和高温条件下的应力-应变历程有较大差别,但是弹性模量和极限强度较为接近。

先前研究表明[49],对于 NiTiNb 材料,当预应变为16%时,能够产生较大的相变滞后宽度并拥有较高的应变回复率。因此,对试件在常温下拉伸至应变达到16%后卸载到荷载为0,应力-应变曲线如图8-8所示。卸载后测得平均残余应变为0.118。

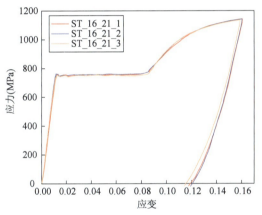

图8-8 拉伸至应变16%后卸载的应力-应变曲线

(2) NiTiNb-SMA 热力学性能

对预拉伸16%的 NiTiNb 材料的约束升温回复特性进行研究。将预变形的试件两端夹持并施加10MPa 的应力,以消除空程差对测试结果造成的影响。随后保持两端夹头位移恒定,采用通电的方式对材料进行加热,电流加载速度为0.05A/s。加热至设定温度后停止通电,使材料自然冷却至室温,记录加热及冷却过程中回复应力的变化。

首先,对试件持续加热至回复力不再增加,随后降温至室温,回复应力随温度变化的曲线如图8-9a)所示。加热过程中最高温度达到306℃,产生的最大回复应力为466MPa;冷却至室温后回复应力稳定在393MPa,相比于峰值降低了15.7%。可以看到,加热过程中当温度超过260℃后,随着温度的升高应力反而开始下降。这是因为此时马氏体逆向相变基本完成,热膨胀起到主导作用,从而引起应力的下降。由此可见,加热至306℃已足够使可恢复变形完全恢复。

在温度升高的过程中,应力的增长速率先增大后减小,后期明显放缓。当温度达到170℃时,回复应力已达到423MPa,为其峰值的90.8%,而此时温度仅为峰值回复应力时的65%。考虑到结构胶的弹性模量会随温度的升高而降低,因此 SMA 的加热温度不宜过高,故选择

170℃作为SMA的激活温度。重新选取预拉伸处理后的试件,对其加热至170℃后冷却,回复应力随温度变化的曲线如图8-9b)所示,降温并稳定后得到的回复应力为274MPa。

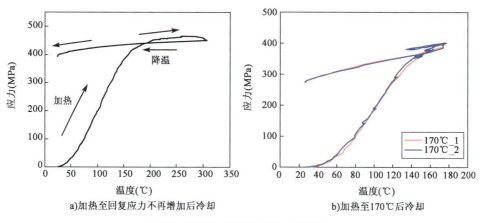

a)加热至回复应力不再增加后冷却　　　　b)加热至170℃后冷却

图8-9　5NiTiNb-SMA回复应力-温度曲线

在SMA-CFRP组合贴片中,预拉伸后的SMA丝两端黏结在结构胶中,中间留出一段自由长度进行加热,通过SMA的变形回复引入预应力。SMA回复应力的大小会随着SMA丝加热长度和粘贴锚固长度比值的变化而变化。为确定SMA-CFRP组合贴片中SMA丝的加热长度和粘贴锚固长度,对不同长度分配的单丝进行激活试验,加热温度为170℃。试验设置如图8-10所示,加热区为两电源夹之间的区域,而粘贴锚固区SMA丝的刚度介于完全固结和自由状态之间,试验中将其简化为自由状态,在试件中对应的是电源夹至相邻夹头间的区域。共测试了6种不同长度分配的试件,试件参数和回复应力结果列于表8-3中。

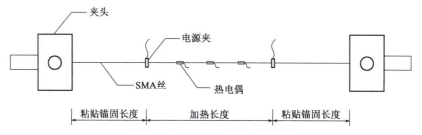

图8-10　SMA丝长度分配试验设计图

SMA丝长度分配试验参数及结果　　　　表8-3

试件编号	夹头间总长度(cm)	加热长度(cm)	锚固长度(单侧)(cm)	峰值温度(℃)	峰值应力(MPa)	剩余应力(MPa)
SR_17_10_3d5	17	10	3.5	177.3	402.7	273.8
SR_32_10_11	32	10	11	172.6	296.5	223.0
SR_32_20_6	32	20	6	171.5	476.8	317.4
SR_32_30_1	32	30	1	177.0	575.2	330.8
SR_22_10_6	22	10	6	175.7	385.4	261.0
SR_27_15_6	27	15	6	172.3	426.8	293.7

加热长度占总长度的比重越大,产生的回复应力越大。对于总长为32cm的试件进行了三种不同的长度分配,随着加热长度的增加和自由长度的减小,峰值回复应力和残余回复应力均逐步增加。但随着加热区间的增加,残余回复应力的增速会逐渐放缓,实际应用中粘贴锚固长度不宜过短,因此选定粘贴锚固长度为6cm。

保持粘贴锚固长度为6cm,研究加热长度的变化对残余回复应力的影响。相较于20cm的加热长度,加热长度为15cm和10cm时残余回复应力分别降低了7.5%和17.8%。考虑到修复区域的尺寸限制和美观影响,贴片尺寸不宜过大,同时也需要保持较高的预应力水平,最终设计方案确定为加热长度15cm,粘贴锚固长度(单侧)6cm,此方案能够产生的回复应力为293.7MPa。

8.2.2 铁基形状记忆合金

在我国土木工程领域应用Fe-SMA对结构进行加固修复具有巨大潜力,但进口Fe-SMA价格极高,且相关研究和应用存在很大不足,故对国产Fe-SMA的力学性能和激活回复特性进行了试验研究。

(1) Fe-SMA力学性能

为得到Fe-SMA的力学性能参数(弹性模量、屈服应力、极限强度、极限应变等),根据《金属材料拉伸试验 第1部分:室温试验方法》(GB/T 228.1—2010)[50]对Fe-SMA材性试件进行静力拉伸试验,试件如图8-11所示。采用两阶段加载控制,第1阶段采用应变速率$3.0 \times 10^{-4} s^{-1}$进行加载,应变达到0.05后,采用位移速率$2.0 mm \cdot min^{-1}$加载至试件断裂。

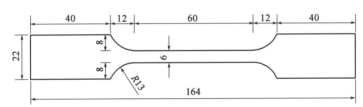

图8-11 Fe-SMA材性试件尺寸(尺寸单位:mm)

Fe-SMA静力拉伸试验得到的工程应力-应变曲线如图8-12所示。由于Fe-SMA为没有明显屈服平台的弹塑性材料,因此用其0.01%和0.2%残余应变对应的应力($\sigma_{y,0.01}$和$\sigma_{y,0.2}$)来表征材料的屈服强度。取Fe-SMA板应力-应变曲线初始弹性阶段的切线模量为弹性模量,计算所得平均弹性模量为186GPa,与普通钢材较为接近。Fe-SMA板的屈服强度$\sigma_{y,0.01}$和$\sigma_{y,0.2}$分别为350MPa和490MPa,极限强度和极限应变分别为894MPa和35.5%,表现出了强大的承载能力和优异的延展性。

(2) Fe-SMA热力学性能

图8-13为Fe-SMA试件进行激活回复性能测试的尺寸示意图。试件总长为326mm,高温炉内长度为220mm,两端夹持长度为50mm。对Fe-SMA试件进行4%预拉伸后,分别在150、200、250℃下进行升温激活,激活过程中在Fe-SMA试件表面上、中、下部位对应布置三对热电偶以监测加热温度,如图8-14所示。预拉伸阶段采用应变速率$3.0 \times 10^{-4} s^{-1}$控制加载,达到

指定预拉伸应变后卸载至应力为 0。为了防止试件在加热激活过程中出现受压屈曲，试件卸载到应力为 0 后，对试件施加 50MPa 的初始拉伸应力后保持应变恒定。之后将高温炉密闭，对 Fe-SMA 试件进行升温激活。

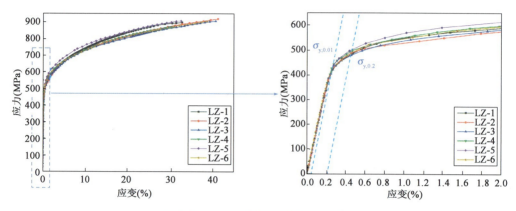

图 8-12　Fe-SMA 板的工程应力-应变曲线

图 8-13　Fe-SMA 激活试件尺寸（尺寸单位：mm）

加热激活过程中的温度-回复应力曲线如图 8-15 所示。在初始升温阶段 Fe-SMA 试件因受热膨胀导致内部拉应力降低。当温度超过奥氏体相变开始温度 A_s 后，马氏体逆相变引发的材料收缩效应占据主导地位，Fe-SMA 试件内部拉应力逐渐增大。在停止升温后的降温阶段，Fe-SMA 的回复应力在冷却收缩作用下继续增加。Fe-SMA 在 4% 预拉伸和 150℃、200℃、250℃ 的激活温度下得到的回复应力分别为 192.3MPa、226.4MPa、270.8MPa。

图 8-14　Fe-SMA 激活试验装置

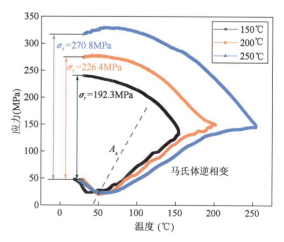

图 8-15　Fe-SMA 回复应力-温度曲线

8.3 横隔板处抗疲劳韧性提升方案比选及有限元参数分析

针对正交异性钢桥面板横隔板弧形切口处疲劳细节,设计一种便于试验的局部模型,并对不同的修复方法进行建模和计算分析。待研究的修复方法包括止裂孔法、CFRP 布粘贴加固止裂孔法、NiTiNb-SMA 及 CFRP 粘贴加固止裂孔法和 Fe-SMA 粘贴加固止裂孔法。具体内容包含 3 个层次:首先建立合理尺寸的钢桥面系局部模型,通过有限元计算确定最不利工况,以此作为后续计算的荷载工况;其次提出一种便于试验的横隔板局部模型,并通过有限元计算验证其合理性;最后针对各修复方法分别建立有限元模型,模拟其修复效果并进行参数分析。

8.3.1 钢桥面系局部模型

(1) 模型的建立

正交异性钢桥面板的疲劳性能主要受变化的轮载影响,而在轮载作用下桥面系结构主要为第二体系的受力状态,故建模时不考虑第一体系的受力状态,仅对桥面系进行建模计算。

为提高计算效率,建立钢桥面系局部模型,纵向包含 1 个横隔板间距,横向包含 3 个 U 形闭口加劲肋,模型总长(1000 + 4000 + 1000)mm,宽 2000mm,高 600mm。U 形闭口加劲肋尺寸 300mm × 280mm × 8mm,闭口加劲肋中心间距 620mm。顶板厚度 12mm,横隔板腹板厚度 12mm,下翼缘板厚 16mm,几何尺寸如图 8-16 所示。根据先前的研究成果,横隔板开孔孔型选择受力性能和疲劳性能整体较优的 Haibach 孔型,如图 8-17 所示,本文的主要关注点为轮载作用下弧形切口自由边上应力最大点 A。

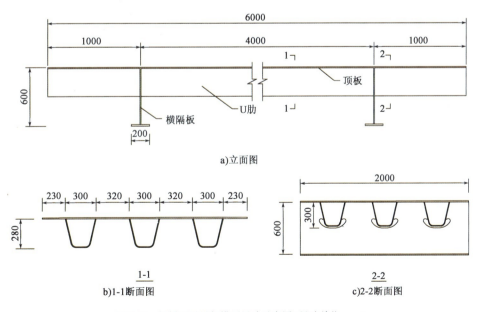

图 8-16 钢桥面系局部模型尺寸示意图(尺寸单位:mm)

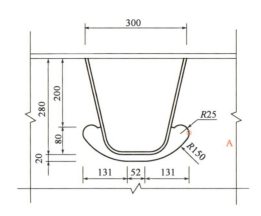

图 8-17 横隔板弧形切口形状(尺寸单位:mm)

单元材料参数根据 Q345 钢材进行选取,弹性模量为 2.06×10^5 MPa,泊松比为 0.3。本模型全部由钢板组成,选用四节点四边形壳单元 S4R 进行模拟。钢板间的连接采用单元共节点的方式模拟,未对焊缝单独建模。单元网格划分精度为 20mm,在关注的横隔板弧形切口附近,单元网格精细到 5mm,模型全部采用四边形网格进行划分。约束横隔板下翼缘单元 X、Y 和 Z 三个方向的自由度,有限元模型如图 8-18 所示。

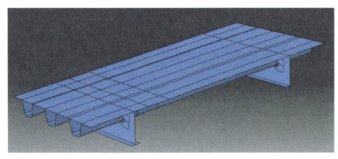
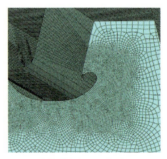

a)几何模型　　　　　　　　　　　　　　b)横隔板局部网格划分

图 8-18　钢桥面系局部有限元模型

(2)局部模型合理性分析

正交异性钢桥面板中,轮载直接作用于顶板,通过纵向加劲肋传递到横隔板,其中纵向加劲肋的受力状态类似于弹性支撑连续梁。而以上钢桥面系局部模型仅包含一个横隔板间距,导致闭口加劲肋的受力状态转变为简支梁。为了验证该局部模型能否较真实地反应正交异性钢桥面板的实际受力状态,建立如图 8-19 所示的钢桥面系整体模型,其纵向包含 7 个横隔板间距,横向包含 11 个闭口加劲肋,模型总长 32m,宽 6.8m,横隔板高度 2m,其余几何及建模参数与局部模型相同。

荷载采用《公路钢结构桥梁设计规范》(JTG D64—2015)中的疲劳荷载计算模型Ⅲ,轴重 120kN,单轮轮载 60kN,轮胎着地面积 200mm×600mm。考虑桥面铺装对轮载 45°向外的分散作用,铺装层厚度取50mm,故轮载作用在钢顶板上的面积为300mm×700mm。两个模型的轮载加载位置如图8-20所示。

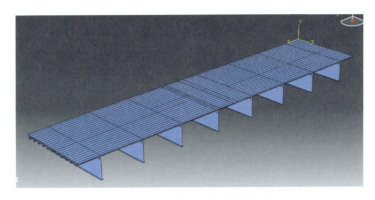

图8-19 钢桥面系整体有限元模型

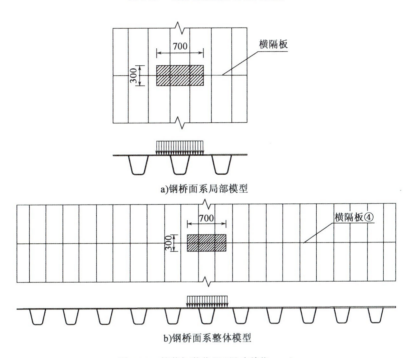

图8-20 轮载加载位置(尺寸单位:mm)

为比较横隔板弧形切口处应力分布情况,设置如图8-21所示的2条应力提取路径,Path1是沿弧形切口的自由边,Path2是弧形切口最小截面处向内延伸90mm。分别提取各模型两条路径上的主压应力,如图8-22所示。由图8-22可以看出,两个模型在弧形切口周边的应力分布十分接近,在峰值应力处略有差别,局部模型的应力峰值比整体模型增大了7.1%。这是因为局部模型的横隔板高度小于整体模型,在相同的边界条件作用下,局部模型横隔板处的刚度更大,从而应力集中系数更大。总体上该局部模型能够较为准确地模拟整体模型中横隔板弧形切口处的应力分布,故以此作为后续分析的基准模型是合理的。

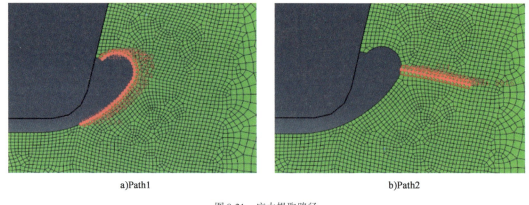

图 8-21 应力提取路径

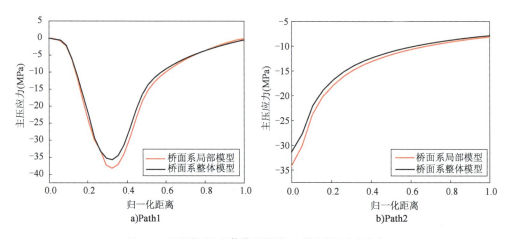

图 8-22 局部模型和整体模型弧形切口周边主压应力分布

(3) 最不利轮载工况

横隔板弧形切口处的应力分布随轮载作用位置而变化,为确定关注点 A 处的最不利工况,以图 8-20 所示钢桥面系局部模型加载工况为基准,通过横向和纵向移动轮载得到关注点 A 的横向和纵向影响线。轮载的加载和移动方式如图 8-23 所示,横向从顶板最左侧开始,以 50mm 的增量移动至最左侧;纵向以关注的横隔板为起点,以 100mm 为增量移动至相邻的下一个横隔板。

图 8-24 展示了关注点 A 的主压应力随轮载横向和纵向移动的变化情况。轮载从左至右横向移动过程中,A 点的主压应力整体先增大后减小。当轮载位于关注点对应的 U 肋两侧附近时,主压应力出现 2 个峰值;其中当轮载横向中心线位于基准点左侧 50mm 时峰值最大,A 点主压应力为 39.5MPa。轮载从关注横隔板位置向相邻横隔板纵向移动的过程中,A 点的主压应力先增大后减小;当轮载纵向中心线距基准点 600mm 时达到最大值,A 点主压应力为 45.1MPa。综上分析,关注点 A 的最不利轮载位置为基准点左侧 50mm,纵向相距 600mm 处,如图 8-25 所示。将该轮载工况记为工况 A,以此作为后续分析的荷载工况。

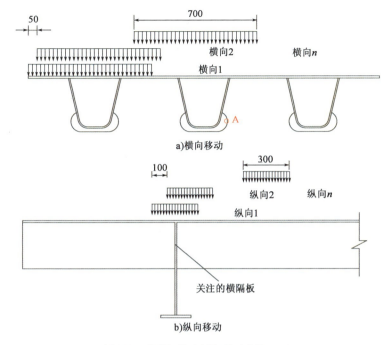

图 8-23 轮载加载示意图(尺寸单位:mm)

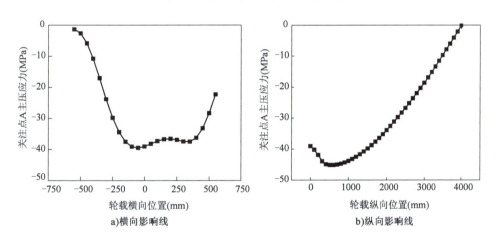

图 8-24 关注点 A 的主压应力影响线

8.3.2 横隔板局部模型

(1) 模型的建立

正交异性钢桥面板纵横交错,焊缝众多,存在多处疲劳构造细节。试验中若采用桥面系模型,则一方面试件的均一性难以保证,另一方面也无法确保疲劳裂纹最先发生于目标细节。因此,提出了一种能够模拟隔板弧形切口附近受力情况的横隔板局部模型作为试验模型,如图 8-26 所示。

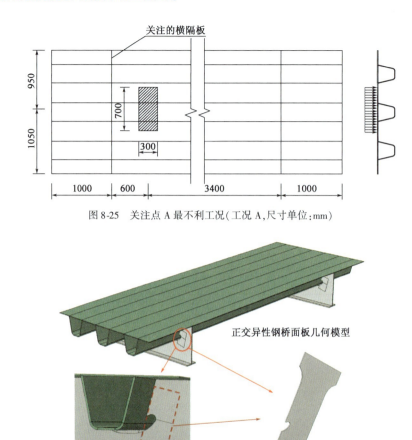

图 8-25 关注点 A 最不利工况(工况 A,尺寸单位:mm)

图 8-26 横隔板弧形切口处局部模型

试验模型具体几何参数如图 8-27 所示。长 1250mm,中部宽 300mm,两端采用圆弧过渡加宽至 450mm,以使外荷载更加均匀地传递到弧形切口处。模型厚度取为小跨径钢与组合结构桥梁横隔板或横梁的常用厚度 12mm。

为提高计算结果的精确度,采用实体单元 C3D8R 对试验模型进行模拟。边界条件为上端锚固,下端施加轴拉荷载,加载范围根据试验机夹头实际尺寸确定。网格划分精度为 5mm,弧形切口周边精细至 0.5mm,有限元模型如图 8-28 所示。

(2)模型合理性分析

采用有限元分析的方法将本节中建立的试验模型与 8.3.1 节中建立的桥面系局部模型进行对比,以判断试验模型的合理性。有限元计算表明,横隔板弧形切口部位在轮载作用下为受压状态,由疲劳理论可知构件处于受压状态时是不会发生疲劳破坏的。但相关研究表明,由于弧形切口处采用火焰切割,存在较大切割残余拉应力,可高达 265MPa,从而使该构造细节在轮载作用下仍旧处于拉-拉循环受力状态。因此,本章计算过程中仅对应力的绝对值进行分析。

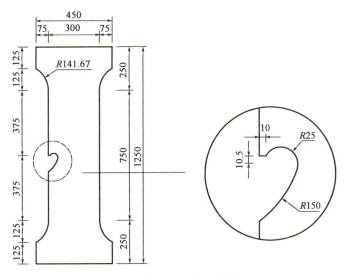

图 8-27 试验模型平面图(尺寸单位:mm)

图 8-28 试验有限元模型

桥面系局部模型采用图 8-25 中的最不利荷载工况 A。应力提取路径的设置与图 8-21 相同,分别为沿弧形切口自由边的 Path1 和弧形切口最小截面处向内延伸 90mm 的 Path2。结果表明,当对试验模型施加 35.7kN 的轴向荷载时,两个模型弧形切口附近的应力分布较为接近,各路径上的主应力分布如图 8-29 所示。因此该试验模型能够较好地模拟正交异性钢桥面板横隔板弧形切口周边在最不利工况 A 作用下的应力分布。

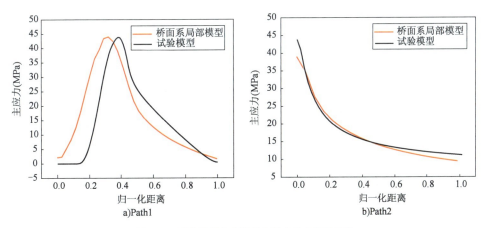

图 8-29 两种模型应力路径上的主应力分布对比

8.3.3 有限元参数分析

分别采用止裂孔法、CFRP布粘贴止裂孔法、NiTiNb-SMA-CFRP组合贴片粘贴止裂孔法和Fe-SMA板粘贴止裂孔法对横隔板弧形切口处疲劳裂纹进行修复加固。对横隔板采用上述修复方法加固时进行数值建模,以进行参数分析和效果模拟,为试验提供参照。

考虑在实桥修复中,裂纹被发现时往往已经发展到了一定长度,结合试件尺寸考虑,预制裂纹长度设为60mm,起始点位于弧形切口自由边应力最大处。此外,所有方案均包含止裂孔,采用圆形止裂孔,圆心位于预制裂纹尖端。预制裂纹和修复方法如图8-30所示。在竖向荷载作用下,钢板上止裂孔边缘点也即应力最大点记为关注点B。

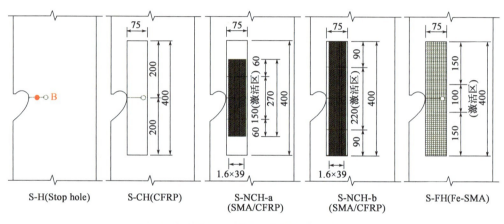

图8-30 预制裂纹及修复方法示意图(尺寸单位:mm)

模型采用实体单元C3D8R模拟,裂缝采用seam模拟,整体网格划分精度为5mm,并在止裂孔周边区域进行细化以提高计算精度。为测试模型的单元尺寸敏感性,分别使用0.25、0.5、1、2mm的网格划分止裂孔周边区域,各模型局部网格划分如图8-31所示。根据8.3.2节模拟结果施加35.7kN的轴向荷载,各模型B点竖向拉应力如图8-32所示。结果表明,网格划分尺度越细,计算精度越高,但网格过细对精度贡献不大,同时还会增加计算成本。局部网格划分尺度为0.25mm和0.5mm的模型B点竖向拉应力计算结果仅相差0.14%,因此局部网格划分0.5mm已足够保证计算质量。

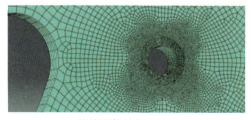

a)局部网格尺度0.25mm

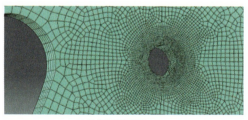

b)局部网格尺度0.5mm

图 8-31

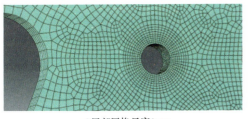
c) 局部网格尺度1mm

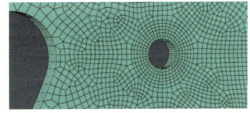
d) 局部网格尺度2mm

图 8-31　止裂孔周边网格划分

(1) 止裂孔法

止裂孔的尺寸会影响孔边应力分布及剩余截面的有效尺寸,从而影响试件的疲劳性能。针对最佳的止裂孔孔径,国内外在试验和理论计算方面已有较多研究成果,得出的普遍结论是孔径越大,修复效果越好,但孔径增大至一定水平后提升效果趋缓。对比不同学者的研究成果也表明,最佳孔径受试件的形状和尺寸影响较大。为确定本文所用试件的最优止裂孔尺寸,采用有限元方法对直径为 6~28mm 的止裂孔分别进行了计算。35.7kN 轴拉荷载作用下止裂孔边缘(B 点)竖向拉应力与止裂孔直径的关系如图 8-33 所示。

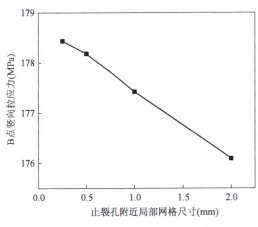

图 8-32　不同网格划分尺寸下的 B 点竖向拉应力

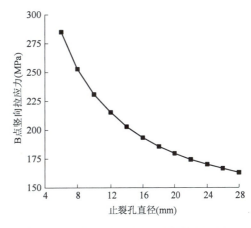

图 8-33　B 点竖向拉应力与止裂孔直径的关系

由图 8-33 可知,随着止裂孔直径的增大,止裂孔边缘最大(即点 B 处)竖向拉应力逐渐减小,但是减小的效果趋缓。同时,止裂孔虽然减弱了裂纹尖端的应力集中,但也减小了受损截面的有效截面面积,因此开孔尺寸也不宜过大。最终选取 16mm 作为本试验中试件的统一止裂孔尺寸,35.7kN 轴拉荷载作用下止裂孔周边竖向拉应力云图如图 8-34 所示,B 点竖向拉应力为 193.8MPa。

(2) CFRP 布粘贴止裂孔法

采用的 CFRP 布尺寸为 75mm×400mm,在横隔板双面各粘贴 2 层 CFRP 布,CFRP 纤维垂直于预制裂纹;CFRP 布通过结构胶与钢板粘贴,胶层厚度为 0.15mm,其平面图如图 8-35 所示。

图 8-34　16mm 孔径止裂孔修复试件竖向拉应力云图(应力单位:MPa)

试验中使用的 CFRP 布为日本东丽公司生产的 UT70-30 高弹模 CFRP 布,弹性模量为 2.52×10^5 MPa,抗拉强度为 4216MPa;结构胶为上海悍马建筑科技有限公司生产的 HM-180C3P 浸渍胶,弹性模量为 3.02×10^3 MPa,抗拉强度为 60.96MPa,剪切强度为 48.4MPa。有限元模型中,CFRP 布采用 composite-layup 单元模拟,结构胶采用 C3D8R 实体单元模拟;CFRP 布与结构胶之间,结构胶与钢板之间均采用 Tie 连接,则有限元模型如图 8-36 所示。

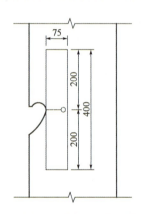 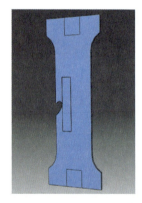

图 8-35　CFRP 布粘贴止裂孔修复尺寸(尺寸单位:mm)　　图 8-36　CFRP 布粘贴止裂孔修复模型

35.7kN 轴拉荷载作用下钢板和 CFRP 布止裂孔局部区域的竖向拉应力云图如图 8-37 所示。由于 CFRP 对裂缝起到了搭接作用,增大了损伤截面的刚度,B 点的应力集中情况得到了显著的改善,该点竖向拉应力降至 79.9MPa。

(3) NiTiNb-SMA-CFRP 组合贴片粘贴止裂孔法

在 CFRP 布加固的基础上,采用 SMA 丝引入预应力,其平面图如图 8-38 所示。每一面包含 40 根 SMA 丝,丝材间距 1.6mm,长度 270mm,其中两端各 60mm 为粘贴锚固区域,中间 150mm 为加热回复区域。

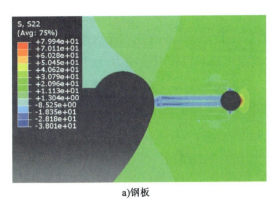 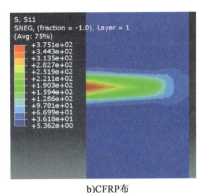

a)钢板　　　　　　　　　　　　　　　b)CFRP布

图 8-37　CFRP 布粘贴加固止裂孔试件竖向拉应力云图(应力单位:MPa)

该方案包含两个施工阶段。第一阶段为施加预应力阶段,该阶段通过结构胶将 SMA 两端粘贴在钢板上,并在粘贴区域覆盖一层 CFRP 布以防止 SMA 丝的面外剥离,如图 8-39a)所示。待胶水养护完成后,对中间区域的 SMA 丝加热以引入预应力。第二阶段在 SMA 丝外侧粘贴通长的双层 CFRP 布以提高损伤截面的刚度,如图 8-39b)所示。

试验中所用 NiTiNb-SMA 丝材由西安思维金属材料有限公司生产,弹性模量为 6.93×10^4 MPa,抗拉强度为 1172MPa。有限元模型中,SMA 丝采用 Beam 单元 B31 模拟。丝材与钢板之间采用 Tie 约束,其余材料间的接触模拟与上一节相同。预应力采用等效温度荷载施加。

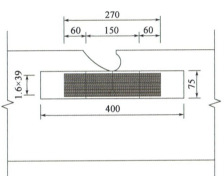

图 8-38　NiTiNb-SMA 及 CFRP 布粘贴加固止裂孔修复试件平面图(尺寸单位:mm)

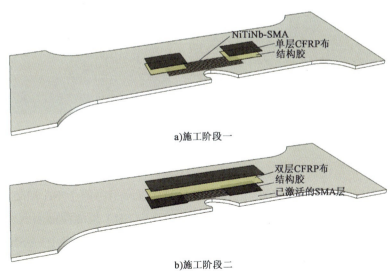

图 8-39　NiTiNb-SMA 及 CFRP 布粘贴加固止裂孔修复方案施工阶段示意图(单面)

为更清晰地分析预应力效应和刚度提升效应,对应两个施工阶段分别建立相应模型进行计算。模型一仅包含 SMA 丝,由于两端粘贴区域的 CFRP 布对面内受力影响较小,故建模时不予考虑。对 SMA 丝中间自由区域施加等效温度荷载以模拟预应力。根据 8.2.1 节的试验结果,SMA 丝加热后可产生的拉应力为 293.7MPa,换算成等效温度荷载为 -423.9℃。模型二在模型一的基础上增加了通长的双层 CFRP 布和结构胶层,并将 SMA 中间自由区域与钢板 Tie 约束,随后对模型二施加 35.7kN 的轴拉荷载。

模型一与模型二的竖向拉应力如图 8-40 和图 8-41 所示。模型一的计算结果表明,预应力的引入使 B 点产生了 48.4MPa 的压应力。而模型二的计算结果表明,35.7kN 轴向荷载作用下试件 B 点的竖向拉应力为 73.6MPa。

图 8-40 模型一竖向应力云图(应力单位:MPa)

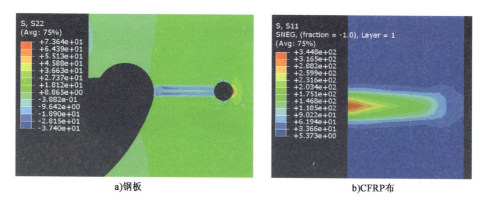

a)钢板　　　　　　　　　　　　　　b)CFRP布

图 8-41 模型二竖向应力云图(应力单位:MPa)

(4) Fe-SMA 板粘贴止裂孔法

采用 Fe-SMA 板对横隔板裂纹进行加固。Fe-SMA 造价相对低于 NiTiNb-SMA,因此可以制成截面积较大的片状材料,粘贴更为方便。同时由于 Fe-SMA 板的截面刚度较大,因此可以兼顾施加预应力和提高截面刚度的作用,无需再使用 CFRP 材料。方案中 Fe-SMA 板的尺寸与前述 CFRP 布的尺寸相同为 75mm×400mm,厚度 1.5mm,长度方向两端各 150mm 为粘贴锚固区域,中间 100mm 为加热回复区域,平面图如图 8-42 所示。加工过程为先将预拉伸后的 Fe-SMA 片材粘贴于待加固区域,后对 Fe-SMA 片材的回复区域加热以引入预应力。

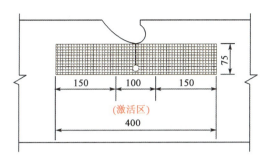

图 8-42　CFRP 布粘贴止裂孔修复尺寸(尺寸单位:mm)

有限元模型中 Fe-SMA 片材采用壳单元 S4R 模拟。Fe-SMA 与钢板之间通过结构胶相黏结。Fe-SMA 与结构胶之间,结构胶与钢板之间均采用 Tie 连接。有限元模型如图 8-43 所示。

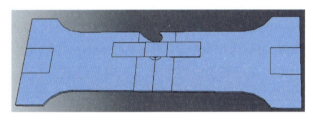

图 8-43　CFRP 布粘贴止裂孔修复模型

同样通过两个模型分别计算预应力效应和刚度提升效应。模型一对应施加预应力阶段,该阶段对 Fe-SMA 片材回复区域加热的同时,该区域下部的胶水也会受热软化从而失去强度,因此在模型一中将该区域胶水的弹性模量修改至极小值(1MPa)。根据 8.2.2 的试验结果,Fe-SMA 激活后可产生 192.3MPa 的应力,换算成等效温度荷载为 -305℃。当温度冷却至室温后,加热区域的胶水强度恢复,因此在模型二中将该区域胶水的弹性模量恢复至正常值,随后施加 35.7kN 的轴拉荷载。

模型一与模型二的竖向拉应力云图分别如图 8-44 和图 8-45 所示。模型一的计算结果表明,预应力的引入使 B 点产生了 125.3MPa 的压应力。而模型二的计算结果表明,35.7kN 轴向荷载作用下试件 B 点的竖向拉应力为 81.9MPa。

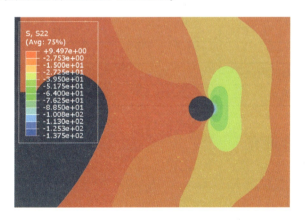

图 8-44　模型一竖向应力云图(应力单位:MPa)

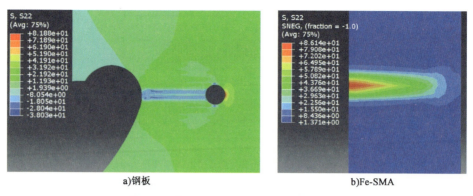

图 8-45 模型二竖向应力云图(应力单位:MPa)

(5)修复方法效果对比

四种修复方案止裂孔边缘竖向应力的计算结果如表 8-4 所示。在相同荷载作用下,与止裂孔法相比,CFRP、NiTiNb-SMA 及 CFRP 复合贴片和 Fe-SMA 的加入能使 B 点应力分别降低 58.8%、87.0% 和 122.4%。在施加预应力方面,Fe-SMA 优于 NiTiNb-SMA。这是因为虽然 NiTiNb-SMA 的回复应力大于 Fe-SMA,但是片状的 Fe-SMA 截面积更大,从而能够产生更大的回复力。在刚度提升方面,比较四种方案在仅有拉力作用下的应力可以发现,与止裂孔法相比,其余三种加固方案均能使 B 点拉应力有较大幅度的降低。其中,单独使用 CFRP 布和 Fe-SMA 的效果相当,而在 CFRP 布中加入丝状 NiTiNb-SMA 仅能使 B 点应力降低 7.9%,这是因为贴片中 NiTiNb-SMA 层的刚度仅为 CFRP 布的 22.1%,因此 NiTiNb-SMA 对提升截面刚度的贡献不大。从中可以看出,CFRP 布和 NiTiNb-SMA 在修复过程中的分工较为明确,CFRP 布的作用是提高截面刚度,从而减小应力幅;NiTiNb-SMA 的作用是引入预应力,从而减小平均应力。而 Fe-SMA 由于同时具有形状记忆效应和较大刚度,因而可以兼顾起到施加预应力和提高截面刚度的作用。

四种修复方案止裂孔边缘竖向应力　　　　表 8-4

加 固 方 法	预压应力 (MPa)	35.7kN 作用下拉应力 (MPa)	总应力 (MPa)
止裂孔法	—	193.8	193.8
CFRP 布粘贴止裂孔法	—	79.9	79.9
SMA-CFRP 布组合贴片粘贴止裂孔法	−48.4	73.6	25.2
Fe-SMA 板粘贴止裂孔法	−125.3	81.9	−43.4

8.4 模型试验研究

8.4.1 试件设计

采用的止裂孔法、CFRP 布粘贴止裂孔法、SMA-CFRP 组合贴片粘贴止裂孔法和 Fe-SMA

板粘贴止裂孔法对开裂横隔板进行加固修复。所有方案均包含止裂孔,止裂孔圆心位于预制裂纹尖端,止裂孔孔径为16mm,预制裂纹及止裂孔位置如图8-46所示。所有试件的修复方法和编号以及修复参数如表8-5所示。为模拟初始损伤状态,需要对试件预制疲劳裂纹。为保证试验结果的稳定性,采用机械切割的方法制得初始疲劳裂纹。试件的加工主要包括单元制造、弧形切口切割、裂纹切割和止裂孔切割4个工序,具体的技术要求如下:

(1)单元的材料选择Q345钢材,技术指标满足《低合金高强度结构钢》(GB/T 1591—2018)[51]的要求;

(2)板材切割之前进行整平处理,保证试件平整;

(3)弧形切口处通过火焰切割得到,并打磨至均匀光滑;

(4)预制裂缝和止裂孔在之间加工时通过线切割的方式制造。

图8-46 标准钢板试件

横隔板试验试件编号及修复参数　　　　表8-5

修复方法	分组编号	CFRP布	NiTiNb-SMA	Fe-SMA	激活温度
止裂孔	S-H-1	无	无	无	无
	S-H-2				
CFRP布粘贴止裂孔	S-CH-1	75mm×400mm 2层	无	无	无
	S-CH-2				
SMA-CFRP布组合贴片粘贴止裂孔	S-NCH-a	75mm×400mm 2层	40φ0.8mm@1.6mm 长270mm	无	170℃
	S-NCH-b		40φ0.8mm@1.6mm 长400mm		
Fe-SMA板粘贴止裂孔	S-FH-1	无	无	75mm×400mm×1.75mm	200℃
	S-FH-2			75mm×400mm×2mm	
	S-FH-3			75mm×400mm×2mm	150℃
	S-FH-4			75mm×400mm×1.75mm	无

8.4.2 热传导测试

用SMA对结构进行加固时,首先对SMA构件进行预定应变,然后将SMA构件安装到被加固结构上,并约束SMA构件的自由变形,之后升温激活SMA使其发生马氏体逆相变从而完成对结构的预应力加固。根据第8.2节的结果,为得到理想的预应力,NiTiNb-SMA的激活温度为170℃,Fe-SMA的激活温度在150~200℃。

(1) NiTiNb-SMA 丝

试验设计如图 8-47 所示,采用通电的方式对单根 SMA 丝进行加热,采用热电偶采集各测点温度。通电区域长度为 60mm,各测点的位置和间距如图 8-48 所示,其中加热区域内外两侧距电源夹头最近的测点与夹头距离均为 5mm。对 SMA 丝材施加不同等级的电流,当温度稳定后各测点的温度如图 8-49 所示。

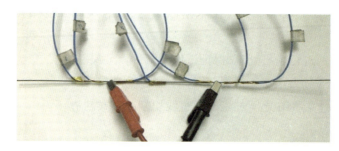

图 8-47 SMA 热传导试验图

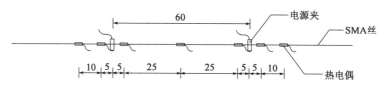

图 8-48 SMA 热传导试验设计图(尺寸单位:mm)

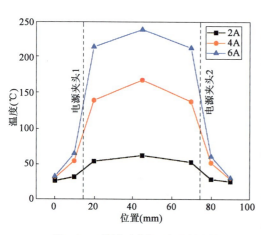

图 8-49 不同电流等级下的温度分布

图 8-49 显示,在通电加热的过程中,加热区域外侧距电源夹头 5mm 处的测点受加热区域的影响温度有所上升,但上升幅度有限,远低于加热区域的温度。而距电源夹头 15mm 处测点温度基本没有变化。当施加 4A 电流时,加热区域最高温度达到 168.0℃,接近 SMA 的目标加热温度。此时电源夹头外侧 5mm 处测点的温度为 54.7℃,低于结构胶的热变形温度。当电流提高至 6A 时,加热区域温度最高达到 238.9℃,而此时电源夹头外侧 5mm 处测点的温度为 64.8℃,仍旧没有达到结构胶的热变形温度。因此,可以认为在本试验所需的加热温度范围内,SMA 加热区域边界 5mm 以外区域的温度即可消减至结构胶的可承受范围之内。故在最终的修复方案中,将 SMA 丝的加热范围两端各缩进 5mm。

在实际的修复方案中,SMA 丝与同样导电的钢板直接接触,无法采用通电的方式对 SMA 进行加热,因此改用热风枪加热,并采用玻璃纤维棉和铝箔胶带对加热区域周边进行隔热处理。为测试玻璃纤维棉的隔热效果,以及热量在钢板中的热传导效应,设计了如图 8-50 所示的钢板隔热试验。共布置 3 组测点,测点位置及编号如图 8-50a)所示。测点 1 位于 SMA 加热区间内,用以测量加热温度。测点 2 位于结构胶上,临近 SMA 加热区域,用以测量隔热处理后结构胶上的温度,以评估玻璃纤维棉的隔热效果。测点 3 位于 SMA 加热区域附近的钢板上,用以评估隔热处理后钢板中的热传导效应。随后对加热区域周边进行隔热处理,如图 8-50b)所示。

a) 测点布置

b) 隔热处理

图 8-50 隔热性能及钢板热传导性能试验

结果表明,当测点 1 处的温度达到 212.5℃时,测点 2、3 的温度分别为 38.9℃和 41.8℃。测试结果表明隔热方法效果显著,且隔热处理后钢板中的热传导效应也在可接受范围内,不会对结构胶粘贴区域和应变片的正常工作产生影响。

(2) Fe-SMA 板

用 Fe-SMA 板粘贴止裂孔法对开裂横隔板进行修复时,需要在横隔板上先双面粘贴预拉伸完成的 Fe-SMA 板,粘贴和养护完成后需要使用热风枪对 Fe-SMA 板中间 100mm 长度范围进行升温激活。在激活 Fe-SMA 板引入预应力的过程中,在 Fe-SMA 板表面激活区域的中心和两端以及紧挨 Fe-SMA 板激活区域的横隔板表面共布置 6 个温度测点,以监测激活过程中试件表面的温度分布和变化情况,编号如图 8-51 所示。

选取 Fe-SMA 板采用 200℃升温激活条件的横隔板试件进行加热过程中的温度分布和变化分析,如图 8-52 所示。由图 8-52a)可以看出,激活过程中呈明显的由激活中心向未激活两端迅速降温趋势。在对 Fe-SMA 板中心(3 号点)维持 200℃的加热过程中,Fe-SMA 板激活区域边界(2 号点和 4 号点)虽然存在瞬时温度较高情况,但绝大部分时间保持在结构胶的玻璃转化温度(85℃)之下,距离 Fe-SMA 板激活区域较远位置(1 号点和 5 号点)的温度全程未超过 50℃。因此,加热过程中非激活区域温度保持在较低水平,升温激活对 Fe-SMA 板和横隔板之间黏结连接的安全性影响很小。同时期钢板上的温度（6号点）在100℃～120℃范围，对钢板的力学性能不会产生较大影响。根据图8-52b)所示的测试结果，在对横隔板一侧进行升温激活过程中，未激活侧的Fe-SMA板和钢板表面温度维持在较低水平（最大值为60.7℃），远小于结构胶的玻璃转化温度，对Fe-SMA板和横隔板表面的黏结性能不会产生较大影响。

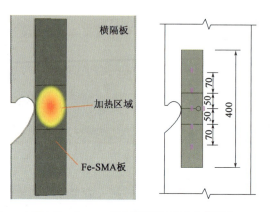

图8-51 Fe-SMA板升温激活过程热传导测试

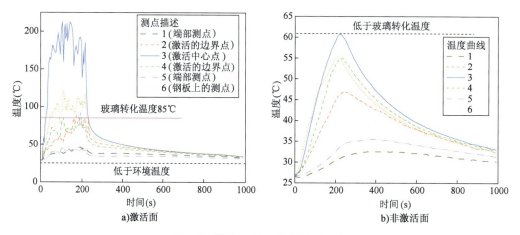

图8-52 激活Fe-SMA过程中温度分布

8.4.3 试验试件制备

(1) CFRP布粘贴止裂孔修复组(S-CH组)

S-CH组试件在标准止裂孔试件的基础上采用CFRP布进行粘贴修复。粘贴方案为双面各2层75mm×400mm的CFRP布，CFRP纤维垂直于预制裂纹。CFRP布修复流程如图8-53所示。首先对待粘贴区域进行打磨以去除钢板氧化层，粘贴过程中胶水不宜过多，但须保证CFRP布被完全浸润。粘贴完毕后使用刮板刮除多余结构胶并赶出气泡，使CFRP布平直、延展、与钢板紧密贴合。双面CFRP布均粘贴完毕后，使用压板和木工夹压紧并使用热风枪高温养护5d。

a) 打磨并清洁待粘贴区

b) 混合并搅拌结构胶

c) 涂抹结构胶

d) 粘贴双层CFRP布

e) 刮除多余结构胶

f) 加压并高温养护5d

图 8-53　S-CH 组试件修复流程

修复完成后的试件如图 8-54 所示。

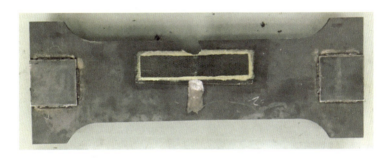

图 8-54　S-CH 组试件修复效果

（2）SMA-CFRP 组合贴片粘贴止裂孔修复组（S-NCH 组）

S-NCH 组试件在标准止裂孔试件的基础上采用 NiTiNb-SMA-CFRP 组合贴片进行粘贴修复。CFRP 布尺寸与层数与 S-CH 组相同，NiTiNb-SMA 制作成直径为 0.8mm 的丝状，每一面包含 40 根 SMA 丝，丝材间距 1.6mm。SMA 丝长度选取 270mm 和 400mm 两种。SMA 丝长度为 270mm 时，两端各有 60mm 为粘贴锚固区域，中间 150mm 为加热激活区域；SMA 丝长度为 400mm 时，两端各有 90mm 为粘贴锚固区域，中间 220mm 为加热激活区域。S-NCH 组试件修复过程分为三个阶段。第一阶段粘贴预拉伸后的 SMA 丝材，操作流程如图 8-55 所示。为保证 SMA 丝材以 1.6mm 的间隔均匀排布且保持平直，在加热区域内采用直径为 0.8mm 的铁丝间隔排布在 SMA 丝材之间，并用胶带横向固定，制成片状的 SMA 贴片。在粘贴端部锚固区域时,采用海绵条进行隔离,以防止胶水溢流至加热区域。双面 SMA 贴片均粘贴完毕后,使用压板和木工夹加压养护 5d。第一阶段养护完成后的试件如图 8-56 所示。

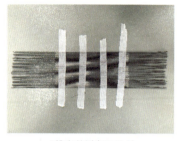
a) 排布并固定 SMA 丝

b) 打磨并清洁待粘贴区

c) 混合并搅拌结构胶

d) 端部海绵条隔离

e) 粘贴端部 CFRP

f) 加压并养护 5d

图 8-55　S-NCH 组试件第一阶段修复流程

图 8-56　S-NCH 组试件第一阶段修复效果

第二阶段为施加预应力阶段,即对中间自由区间的 SMA 丝材进行加热使其产生回复变形,从而在钢板试件中引入预压应力。在裂缝延伸方向距止裂孔孔边 10mm 处双面各布置一个应变片,以测试实际产生的预应力。在加热区域布置热电偶以监测加热温度。使用玻璃纤维棉和铝箔胶带对加热区域四周进行包裹,以避免结构胶粘贴区域和应变片受高温影响。最后,使用热风枪对 SMA 进行加热。第二阶段的试件布置和加热过程如图 8-57 所示。

预应力施加完成后,进入第三阶段,在 SMA 粘贴区域的外侧粘贴 2 层同长的 CFRP 布,最终修复效果如图 8-58 所示。

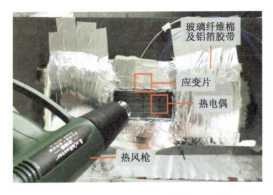
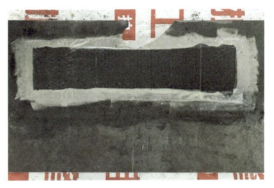

图 8-57 S-NCH 组试件第二阶段加热过程　　　图 8-58 S-NCH 组试件最终修复效果

(3) Fe-SMA 板粘贴止裂孔修复组(S-FH 组)

Fe-SMA 组试件在标准止裂孔试件的基础上采用 Fe-SMA 板进行粘贴修复。将 Fe-SMA 制作成板片状材料,在钢板两侧分别粘贴一块。Fe-SMA 板尺寸为 75mm × 400mm,厚度在 1.75 ~ 2mm,长度方向两端各 150mm 为粘贴锚固区域,中间 100mm 为加热回复区域。

首先需要制备 75mm × 400mm 尺寸的 Fe-SMA 板,并进行 4% 预拉伸。然后对待粘贴区域进行打磨以去除钢板氧化层,并用酒精清理干净。之后在待粘贴表面均匀涂抹混合并搅拌充分的结构胶,粘贴过程中胶水不宜过多,但须保证待黏结区域涂抹均匀。粘贴完毕后使用刮板刮除多余结构胶,使 Fe-SMA 板平直、延展、与钢板紧密贴合。双面 Fe-SMA 板均粘贴完毕后,使用压板和木工夹压紧室温养护 5d。养护完毕后用热风枪对中间区域 Fe-SMA 加热激活,加热及冷却过程中实时测量温度和预应力。粘贴加固过程如图 8-59 所示。

a) 制备预拉伸的 Fe-SMA 板

b) 打磨清理钢板

c) 涂抹结构胶

d) 粘贴 Fe-SMA 板

e) 室温下加压养护 5d

f) 使用热风枪激活 Fe-SMA

图 8-59 S-FH 组试件修复流程

修复完成后的试件如图 8-60 所示。

图 8-60　Fe-SMA 粘贴加固止裂孔方案最终修复效果

8.4.4　试验方案

（1）加载方案

试验加载装置采用 MTS 311.31S 电液伺服高性能结构测试系统，下端固定，上端作动器施加荷载。加载过程中采用 HBM 1615B 数据采集仪实时采集数据。具体的试验装置如图 8-61所示。

图 8-61　试验装置（MTS 试验机）

试件采用中点对称加载，采用 MTS 试验机对试件施加 0～128.6kN 的轴向拉伸荷载，荷载梯度为 10～20kN/级。之后采用频率为 10Hz 的拉-拉正弦波荷载对试件进行疲劳加载，当裂纹发展至 70mm 后停止加载。按横隔板最小有效截面计算钢板截面应力，施加 12.9～128.6kN 的荷载幅，应力幅值为 55MPa，应力比为 0.1。根据试件受力特点，以横隔板裂缝延长线方向上相应点位的应力、应变为主要关注对象。

（2）测点布置

由于关注的止裂孔周边区域以竖向受力为主，因此仅设置竖直方向的应变片，如图 8-62 所示。止裂孔修复组（S-H 组）在预制裂纹延伸方向横隔板双面对称各布置 5 个应变片，应变片敏感栅中心距止裂孔边缘分别为 2、15、30、60、90mm。CFRP 布粘贴止裂孔修复组（S-CH组）和 SMA-CFRP 组合贴片粘贴止裂孔修复组（S-NCH 组）由于加固材料覆盖了止裂孔边缘区域，在预制裂纹延伸方向横隔板双面对称各布置 4 个应变片，应变片敏感栅中心距止裂孔边缘分别为 15、30、60、90mm。Fe-SMA 板粘贴止裂孔修复组（S-FH 组）在预制裂纹延伸方向横隔板双面对称各布置 7 个应变片，应变片敏感栅中心距止裂孔边缘分别为 2、12、18、24、30、60、90mm。本文在距止裂孔边缘 2、12、15、18、24、30、60、90mm 处测点的应力分别记为 σ_{2mm}、σ_{12mm}、σ_{15mm}、σ_{18mm}、σ_{24mm}、σ_{30mm}、σ_{60mm} 和 σ_{90mm}。

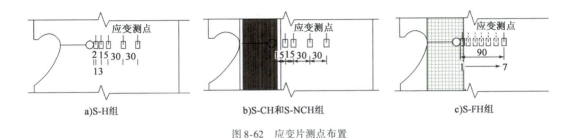

图 8-62　应变片测点布置

（3）SMA 激活效果

根据 8.4.3 节介绍的横隔板试件修复过程，S-NCH 组 SMA-CFRP 组合贴片中的 NiTiNb-SMA 丝和 S-FH 组中的 Fe-SMA 板需要升温激活产生回复应力，从而在横隔板开裂局部引入预压力，在增加开裂局部刚度的基础上实现对横隔板的预应力加固。

S-NCH 组试件在激活 NiTiNb-SMA 丝后，测得横隔板上相应测点的预压应力值如表 8-6 所示。预拉伸处理后的 SMA 丝自身存在一定程度的弯曲，虽然在粘贴过程中间隔布置的铁丝暂时消除了这种变形。但是养护过程中需将铁丝取出，因此，仍有少部分 SMA 丝会恢复弯曲状态，从而导致一定程度的预应力损失。通过改进拉伸工艺或采用机械化加工的方法提升 SMA 丝的平直程度，能够进一步提高预应力的施加效率。

S-NCH 组试件横隔板上的预压应力　　　　　　　　　　　　表 8-6

试　件	激活温度（°）	测点应力（MPa）			
		σ_{15mm}	σ_{30mm}	σ_{60mm}	σ_{90mm}
S-NCH-a	170	17.598	12.576	8.245	2.589
S-NCH-b	170	20.378	16.023	10.125	2.721

根据测量结果，激活试件 S-FH-1、S-FH-2 和 S-FH-3 的 Fe-SMA 板后，在横隔板上引入的预压应力数值列于表 8-7。可以看出，激活 Fe-SMA 板在横隔板止裂孔边缘可以引入 44.2～63.9MPa 的预应力，可以较大程度减少荷载作用下止裂孔边缘的应力幅和应力集中情况，极大地改善受力性能。在相同激活温度下，2mm 厚的 Fe-SMA 板在止裂孔边缘引入的预压应力比 1.75mm 厚的 Fe-SMA 板高出约 9MPa。在相同 Fe-SMA 板厚度下，200℃ 激活的 Fe-SMA 板在止裂孔边缘引入的预压应力比 150℃ 激活的 Fe-SMA 板高出将近 20MPa。

S-FH 组试件横隔板上的预压应力　　　　　　　　表 8-7

试件	激活温度（℃）	Fe-SMA板厚度（mm）	测点应力（MPa）						
			σ_{2mm}	σ_{12mm}	σ_{18mm}	σ_{24mm}	σ_{30mm}	σ_{60mm}	σ_{90mm}
S-FH-1	200	1.75	-54.87	-30.74	-21.88	-16.78	-13.08	-7.83	-5.25
S-FH-2	200	2	-63.91	-33.66	-24.87	-19.43	-15.61	-10.26	-7.46
S-FH-3	150	2	-44.20	-21.22	-14.11	-8.32	-4.79	-2.11	0.72

8.4.5 静力加载

(1) S-CH 和 S-NCH 组

修复试件在静力加载过程中的应力变化以及 60kN 荷载作用下不同试件在相同测点位置的应力对比见图 8-63。由于 S-NCH 组试件在加固时通过激活 NiTiNb-SMA 丝引入了预应力，因此在轴拉荷载为 0kN 时，各测点的应力为负值。在正常服役条件下，各试件不同测点的应力随荷载增加呈线性增长。由图 8-63a) 可以看出，S-H 组试件的测点应力随着与止裂孔距离减小而急剧增大，止裂孔边缘处存在严重的应力集中。

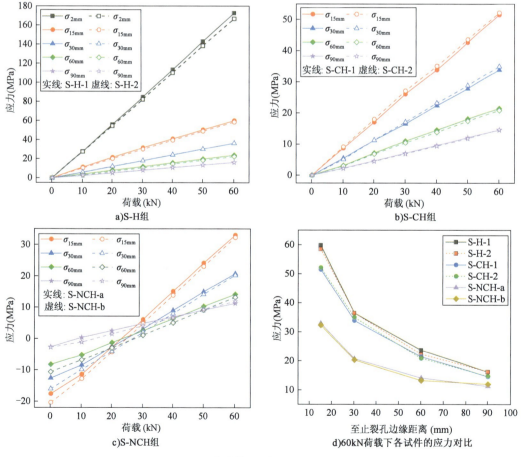

图 8-63　荷载作用下各试件的测点应力

荷载为 60kN 时，在止裂孔的基础上粘贴 CFRP 布进行加固后，15mm 测点处的应力（σ_{15mm}）降低了 12.46%；粘贴 SMA-CFRP 组合贴片进行加固后，σ_{15mm} 降低了约 45%。可以看出，CFRP 布粘贴加固提高了截面刚度，减小了试件裂纹处的拉应力。SMA-CFRP 组合贴片在增加截面刚度的基础上，通过激活 NiTiNb-SMA 在开裂局部引入了预压应力，从而进一步减小了开裂部位的应力，另外，S-NCH-a 加固方案（SMA 丝长为 270mm）和 S-NCH-b 加固方案（SMA 丝长为 400mm，与 CFRP 布同长度）的初期均引入预应力和轴拉荷载，则它们的应力水平效果相当，因此两种方案的加固效果需要根据疲劳试验进一步做对比分析。

根据有限元模拟结果，从图 8-64 可以看出，止裂孔边缘存在较高的应力集中。当距止裂孔边缘距离小于 30mm 时，横隔板上的局部应力开始大于开裂截面的平均应力，且随着距离的减小急剧增大。如图 8-65 所示，各加固方案的 σ_{2mm} 均随荷载的增加而线性增大。可以发现，CFRP 布提高了横隔板的截面刚度，S-CH 组的荷载-应力曲线斜率明显降低。S-NCH 组的荷载-应力曲线斜率与 S-CH 组的基本相等，但由于预压缩的引入，其应力水平较 S-CH 组进一步降低。

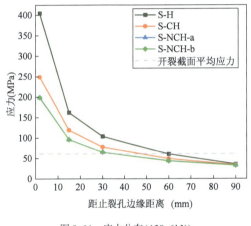

图 8-64 应力分布（128.6kN）　　图 8-65 止裂孔边缘应力对比

(2) S-FH 组

修复试件止裂孔边缘在静力加载过程中的应力变化见图 8-66，128.6kN 荷载作用下不同试件在相同测点位置的应力对比见图 8-67。由于试件 S-FH-1 和 S-FH-4 所用 Fe-SMA 板的厚度相对较薄，因此其荷载-应力曲线的斜率略微小于试件 S-FH-2 和 S-FH-3。相比于试件 S-FH-4，试件 S-FH-1、S-FH-2 和 S-FH-3 在增加开裂局部刚度的基础上通过激活 Fe-SMA 引入预应力的想法也达到了可观的效果。

从图 8-67 中可以看出，与 S-H-1 试件相比，S-FH-4 试件仅通过粘贴 Fe-SMA 板就能够使试件的应力水平降低 66.76%，且孔边缘的应力集中情况有了明显改善。在对 Fe-SMA 板进行预应力激活后，试件 S-FH-1、S-FH-2、S-FH-3 的应力水平得到了进一步降低，降低幅度超过 80%，其中试件 S-FH-2 的降低幅度达到 88.45%。

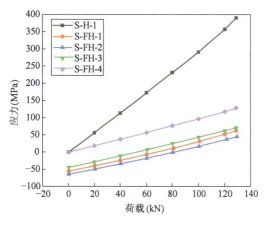

图 8-66　S-FH 组止裂孔边缘应力对比

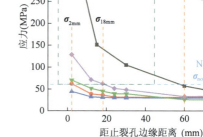

图 8-67　S-FH 组应力分布(128.6kN)

(3)疲劳缺口系数

计算不同加固模型中止裂孔边缘应力(以试验测的结果 σ_{2mm} 表征),并利用应力集中系数 K_t 和疲劳缺口系数 K_f 来表征不同方法修复横隔板的止裂效果。应力集中系数 K_t 按公式(8-1)计算,σ_{max} 由各试件的 σ_{2mm} 表征,名义应力 σ_{nom} 为横隔板在轴拉荷载作用下开裂截面的平均应力(61.13MPa)。疲劳缺口系数 K_f 按公式(8-2)计算[52],c 为材料特征常数,本文取 0.45;ρ 为止裂孔半径。

$$K_t = \frac{\sigma_{max}}{\sigma_{nom}} \tag{8-1}$$

$$K_f = 1 + \frac{K_t - 1}{1 + c/\rho} \tag{8-2}$$

将不同修复试件的疲劳缺口系数计算结果汇总于表 8-8。由表 8-8 可以看出,CFRP 布粘贴止裂孔法、SMA-CFRP 组合贴片粘贴止裂孔法和 Fe-SMA 板粘贴止裂孔法的修复效果显著。S-CH 组止裂孔边缘应力和疲劳缺口系数相对于 S-H 组分别降低了 36.15% 和 35.80%,S-NCH 组止裂孔边缘应力和疲劳缺口系数相对于 S-H 组分别降低了 49.15% 和 48.60%。可以看出 CFRP 布粘贴加固后提高了截面刚度,减小了试件在受轴向拉力时裂缝处的应力。SMA-CFRP 组合贴片在增加截面刚度的基础上,通过激活 NiTiNb-SMA 在开裂局部引入了预压应力,从而进一步减小了开裂部位的应力水平。另外,S-NCH-b 加固方案(SMA 丝长度 400mm,与 CFRP 布通长)和 S-NCH-a 加固方案(SMA 丝长度 270mm)在降低应力水平和减缓应力集中程度方面效果相当,两种方案的加固效果需要根据疲劳试验进一步对比分析。

试件的应力集中系数和疲劳缺口系数　　表 8-8

组　别	σ_{max}(MPa)	K_t	K_f	降低效果(%)
S-H	390.09	7.60	6.09	—
S-CH	249.0776	6.66	3.91	35.80
S-NCH-a	198.3661	5.24	3.13	48.60

续上表

组　别	σ_{max}(MPa)	K_t	K_f	降低效果(%)
S-NCH-b	199.055	5.27	3.14	48.44
S-FH-1	62.69	1.03	1.02	83.20
S-FH-2	45.06	0.74	0.75	87.68
S-FH-3	70.83	1.16	1.15	81.13
S-FH-4	128.94	2.11	2.05	66.36

对于 S-FH 组,在止裂孔的基础上粘贴 Fe-SMA 板后,可以显著提高修复局部的刚度,孔边应力降低了 66.95%,疲劳缺口系数降低了 66.36%。粘贴 Fe-SMA 板并激活后可使孔边应力降低高达 87.68%。相对于未激活的 Fe-SMA 板加固时可以使疲劳缺口系数进一步降低约 14%。

8.4.6 疲劳加载

(1)S-CH 和 S-NCH 组

在疲劳试验过程,通过观察疲劳开裂、裂纹扩展和 CFRP 脱胶等来分析各组试件的疲劳破坏模式,不同类型试件最终典型破坏形式如图 8-68 至图 8-70 所示。试件在经过较长的荷载循环次数后疲劳裂纹萌生于止裂孔最小截面处,与前述有限元结果一致。随着循环次数的增加,疲劳裂纹均沿着垂直于拉应力的方向不断扩展(图 8-68)。对于止裂孔修复试件,在循环加载 38 万余次时便在止裂孔边缘处出现疲劳开裂,之后在疲劳荷载作用下裂纹开始扩展,荷载循环 49 余万次后扩展至 70mm,试件发生破坏。

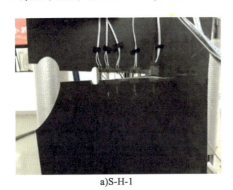

图 8-68　S-H 组疲劳破坏

CFRP 布粘贴加固止裂孔组的开裂寿命在 78~100 万次,裂纹扩展至 70mm 的寿命为 100~122 万次,相比止裂孔修复组均明显提高。这是因为 CFRP 布粘贴加固后,提高了横隔板开裂部位的局部刚度,在疲劳荷载作用下应力幅减小,同时还为裂纹上下部位钢板提供了桥接作用,从而延缓了裂纹的萌生。另外,在裂纹扩展至 70mm 过程中,CFRP 布粘贴加固组没有发生 CFRP 布的脱胶,CFRP 布仍较完好地粘贴在横隔板上(图 8-69)。

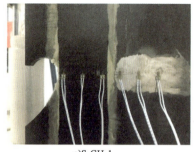
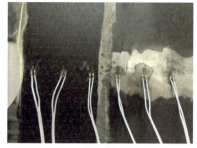

a)S-CH-1　　　　　　　　　　　　　b)S-CH-2

图 8-69　S-CH 组疲劳破坏

SMA-CFRP 组合贴片粘贴加固止裂孔组疲劳寿命相比止裂孔修复组得到大幅提高。其中,S-NCH-a 试件的开裂寿命和扩展寿命分别为 85 万和 98 万余次,S-NCH-b 试件的开裂寿命和扩展寿命分别为 208 万和 232 万余次(图 8-70)。相较于 CFRP 布,SMA-CFRP 组合贴片粘贴加固后,除了提高横隔板开裂部位的局部刚度和为裂纹上下部位钢板提供桥接作用外,还通过激活 SMA 丝在开裂局部引入了预压应力,同时减小了疲劳荷载作用下平均应力的应力幅,大幅提高了试件的疲劳寿命。值得注意的是,S-NCH-a 试件的疲劳寿命和开裂寿命虽然较 S-H 试件有明显提升,但是和 S-CH 试件在同一水平。而在疲劳加载过程中发现,在加载 91 万次时 SMA-CFRP 组合贴片发生了脱黏,导致裂纹扩展速度加快。这可能是受 SMA-CFRP 组合贴片与横隔板之间黏结性能的影响。S-NCH-a 试件中 SMA 丝的长度为 270mm,而 CFRP 布的长度为 400mm,两只之间长度的不匹配可能导致贴片整体性变差,SMA 丝比 CFRP 布短还会使 CFRP 布受力不连续,从而使整体的受力性能变差。而 S-NCH-b 试件在横隔板发生开裂以及裂纹扩展至 70mm 的过程中,没有发生 SMA-CFRP 组合贴片的脱胶,贴片仍较完好地粘贴在横隔板上。

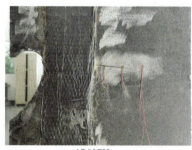

a)S-NCH-a　　　　　　　　　　　　b)S-NCH-b

图 8-70　S-NCH 组疲劳破坏

横隔板发生疲劳开裂后,以应变片失效和现场观察来判断裂纹扩展程度,分别记录裂纹扩展至不同长度时的循环次数,如图 8-71 所示。可以看出各组别横隔板试件疲劳裂纹的扩展趋势总体相同,最初的裂纹扩展速率较慢,疲劳损伤随着裂纹增长而加重,扩展速率也越来越快。

同时以裂纹扩展至 15、30、70mm 将裂纹扩展划分为 3 个阶段,计算各横隔板修复试件在不同扩展阶段的平均裂纹扩展速率,如图 8-72 所示。试件 S-H-1、S-CH-1 和 S-NCH-b 在各个阶段的裂纹扩展速率基本在 $10^{-7} \sim 10^{-6}$ m/cycle 的数量级别,属于中速率裂纹扩展区。后一个阶段的裂纹扩展速率均比前一阶段高,表明后期疲劳损伤加快。S-CH 组相较于 S-H 组的扩展速率降低明显,S-NCH 组的裂纹扩展速率相较于 S-CH 组又显著降低。可以看出在止裂孔的基础上粘贴 CFRP 布或者 SMA-CFRP 贴片进行修复可以延缓疲劳裂纹的萌生,同时对裂纹产生后的扩展也有抑制作用。

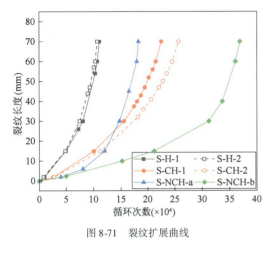

图 8-71 裂纹扩展曲线

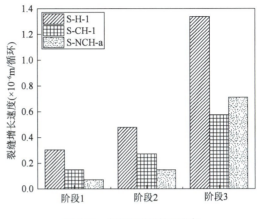

图 8-72 各阶段裂纹扩展速率

(2) S-FH 组

S-FH 组试件的加载情况汇总于表 8-9。试件 S-FH-1 在 12.9～128.6kN 荷载幅、55MPa 应力幅值作用下经历 200 万次荷载循环后未发生破坏,之后应力幅提高至 65MPa,经过 13 万次的荷载循环疲劳裂缝扩展至 70mm。为了验证加固后横隔板在更低应力幅下的疲劳承载可靠性,试件 S-FH-2 首相经历了 400 万次应力幅为 45MPa 的疲劳加载,400 万次荷载循环之后试件没有发生破坏。在 55MPa 应力幅下进行了 200 万次的疲劳加载仍未破坏,之后提高了应力幅至 65MPa。当应力幅为 65MPa 时,在 85 万次的荷载循环作用下试件发生了疲劳开裂,之后经过 12.18 万次的荷载循环疲劳裂纹扩展至 70mm。试件 S-FH-3 在 55MPa 应力幅下进行了 200 万次的疲劳加载后未发生破坏,之后将应力幅提高至 65MPa。当应力幅为 65MPa 时,在 125 万次的荷载循环作用下试件发生了疲劳开裂,之后经过 28.97 万次的荷载循环疲劳裂缝扩展至 70mm。试件 S-FH-4 为未激活 Fe-SMA 板加固的试件,在 55MPa 应力幅下进行了 200 万次的疲劳加载后未发生破坏,之后将应力幅提高至 65MPa。当应力幅为 65MPa 时,在 50 万次的荷载循环作用下试件发生了疲劳开裂,之后经过 20.92 万次的荷载循环疲劳裂缝扩展至 70mm。

S-FH 组试件疲劳加载情况　　　　表 8-9

试件编号	应力幅(MPa)	寿命(万次)	55MPa 折算寿命	Fe-SMA 板(mm)	激活温度(℃)
S-FH-1	55	200	221.3	1.75	200
	65	13			
S-FH-2	45	400	486.9	2	200
	55	200			
	65	85			

续上表

试件编号	应力幅(MPa)	寿命(万次)	55MPa折算寿命	Fe-SMA板(mm)	激活温度(℃)
S-FH-3	55	200	406.3	2	150
	65	125			
S-FH-4	55	200	282.5	1.75	不激活
	65	50			

在疲劳试验过程,通过观察疲劳开裂、裂纹扩展和Fe-SMA板脱胶等来分析S-FH组试件的疲劳破坏模式,不同类型试件最终典型破坏形式如图8-73所示。试件在经过较长的荷载循环次数后疲劳裂纹萌生于止裂孔最小截面处,与前述有限元结果一致[图8-73a)]。随着循环次数的增加,疲劳裂纹均沿着垂直于拉应力的方向不断扩展[图8-73b)]。S-FH-1和S-FH-2在裂纹扩展过程中一侧Fe-SMA板与横隔板脱黏,S-FH-3和S-FH-4在裂纹扩展至70mm过程中均没有发生Fe-SMA板和横隔板之间的脱胶,Fe-SMA板整体仍较完好地粘贴在横隔板上。停止疲劳加载后,对横隔板施加轴向拉力使试件发生破坏,Fe-SMA板脱黏时轴向荷载大约为250kN[图8-73c)]。

a)起裂于止裂孔边缘　　　　b)疲劳裂纹扩展　　　　c)Fe-SMA板拉脱

图8-73　S-FH组疲劳破坏

(3)修复效果对比

将各试件的疲劳开裂寿命结果和破坏模式汇总于表8-10。所有试件的疲劳寿命均换算为55MPa应力幅下的寿命。对比试件S-H-1和试件S-CH-1,在止裂孔的基础上粘贴CFRP布后,由此增加的局部刚度和桥接作用可以有效降低循环荷载作用下止裂孔边缘的应力幅,其修复后横隔板的疲劳寿命是单纯止裂孔修复的2.57倍。对比试件S-H-1、S-CH-1和S-NCH-b,在止裂孔的基础上粘贴SMA-CFRP贴片后,在增加局部刚度、桥接作用和引入预应力显著改善了横隔板裂缝处的疲劳受力性能,修复后横隔板的疲劳寿命是单纯止裂孔修复的5.4倍,是CFRP布粘贴加固止裂孔修复的2.1倍。S-NCH-a试件的疲劳寿命明显下降,是仅用止裂孔修复的2.21倍。这是因为S-NCH-a试件中SMA丝长度和CFRP布长度不一致,贴片整体性变差,且 SMA-CFRP 贴片与钢板表面间发生脱胶,导致丧失了疲劳性能的提升优势。相比较之下,S-NCH 组中 SMA 丝与 CFRP 布等长时(S-NCH-b)可以实现更好的加固效果,此时 SMA-CFRP 组合贴片整体性更好,CFRP 布受力连续,同时可以提升贴片和钢板表面间的黏结性能。

试样疲劳寿命(应力幅值为55MPa)　　表 8-10

试件	疲劳寿命（万次）	破 坏 模 式	提 升 效 果
S-H-1	38.4	止裂孔最小截面处开裂并逐渐扩展	—
S-H-2	38.9		
S-CH-1	99.4	裂纹扩展至70mm过程中 CFRP 布没有脱黏	2.57
S-CH-2	78.8		2.04
S-NCH-a	85.3	裂纹扩展至70mm过程中 SMA-CFRP 组合贴片脱黏	2.21
S-NCH-b	208.8	裂纹扩展至70mm过程中 SMA-CFRP 组合贴片没有脱黏	5.40
S-FH-1	221.3	裂纹扩展至70mm过程中 Fe-SMA 板脱黏	5.73
S-FH-2	486.9		12.60
S-FH-3	406.3	裂纹扩展至70mm过程中 Fe-SMA 板没有脱黏	10.51
S-FH-4	282.5		7.31

对比试件 S-H-1 和试件 S-FH-4,在止裂孔的基础上粘贴 Fe-SMA 板后,由此显著增加的局部刚度以及相应的桥接作用可以有效降低循环荷载作用下止裂孔边缘的应力幅,其修复后横隔板的疲劳寿命是单纯止裂孔修复的 7.31 倍。对比试件 S-H-1、S-FH-4、S-FH-3 和 S-FH-2,在止裂孔的基础上粘贴 Fe-SMA 板并激活 Fe-SMA 后,在增加局部刚度、桥接作用和引入预应力显著改善了横隔板裂缝处的疲劳受力性能。150℃和200℃激活 Fe-SMA 后横隔板的疲劳寿命分别是单纯止裂孔修复的 10.51 和 12.60 倍。对比试件 S-H-1、S-CH-1 和 S-FH-4,在止裂孔的基础上粘贴 CFRP 布和 Fe-SMA 板均可以增加开裂局部的刚度,但是作为金属材料,Fe-SMA 具有很高的刚度和强度,同时其厚度比 CFRP 布更厚,因此 S-FH 修复方法的加固效果优于 S-CH 修复方法。

8.5　小结

针对正交异性钢桥面板横隔板弧形缺口处疲劳开裂问题,通过有限元分析和横隔板疲劳裂缝修复试验,对修复钢板的应力分布和不同修复方法下的结构疲劳性能进行了研究。对 NiTiNb-SMA 和 Fe-SMA 材料的力学性能和热力学性能进行了试验研究。利用有限元方法设计了横隔板局部试验模型,并对各修复方案进行了有限元模拟。采用止裂孔法、CFRP 布粘贴止裂孔法、SMA-CFRP 组合贴片粘贴止裂孔法和 Fe-SMA 板粘贴止裂孔法对试件进行了实际

的修复,并进行了静力和疲劳加载试验研究。从中得到以下结论:

NiTiNb-SMA,弹性模量和极限强度平均值分别为75.2GPa和1172MPa。对于预拉伸16%的NiTiNb-SMA,通过试验测试并结合使用条件的限制选择170℃作为加热激活温度,并对不同长度分配的试件进行了加热测试,最终确定了加热长度15cm,粘贴锚固长度(单侧)6cm的设计方案,该方案下最终产生的回复应力为293.7MPa。

国产Fe-SMA平均弹模为186GPa,与普通钢材较为接近。Fe-SMA板的屈服强度$\sigma_{y,0.01}$和$\sigma_{y,0.2}$分别为350MPa和490MPa,极限强度和极限应变分别为894MPa和35.5%,表现出了强大的承载能力和优异的延展性。Fe-SMA在4%预拉伸和150、200、250℃的激活温度下得到的回复应力分别为192.3、226.4、270.8MPa。

设计了一种能够较好地模拟正交异性钢桥面板横隔板弧形切口周边在最不利轮载工况作用下应力分布的横隔板局部模型,以此作为试验模型。通过有限元计算分析确定16mm为该模型的最佳止裂孔孔径,在此基础上分别对止裂孔法、CFRP布粘贴止裂孔法、SMA-CFRP组合贴片粘贴止裂孔法和Fe-SMA板粘贴止裂孔法进行有限元建模及分析。在相同荷载作用下,与止裂孔法相比,CFRP、NiTiNb-SMA及CFRP复合贴片和Fe-SMA的加入能使B点应力分别降低58.8%、87.0%和122.4%。

由于SMA的加热温度远高于结构胶和应变片的工作温度,因此对隔热材料的隔热效果以及SMA和钢板的热传导性能进行了测试。采用隔热材料包裹处理后,隔热效果显著,且SMA丝和钢板中的热传导也均在可接受范围内。

分别采用止裂孔法、CFRP布粘贴加固止裂孔法、SMA-CFRP组合贴片粘贴止裂孔法和Fe-SMA板粘贴止裂孔法对试件进行修复,总结出了合适的修复工艺。

CFRP布粘贴止裂孔法、SMA-CFRP组合贴片粘贴止裂孔法和Fe-SMA板粘贴止裂孔法的修复效果显著。S-CH组止裂孔边缘应力和疲劳缺口系数相对于S-H组分别降低了36.15%和35.80%,S-NCH组止裂孔边缘应力和疲劳缺口系数相对于S-H组分别降低了49.15%和48.60%。在止裂孔的基础上粘贴Fe-SMA板后,孔边应力降低了66.95%,疲劳缺口系数降低了66.36%。粘贴Fe-SMA板并激活后可使孔边应力降低高达87.68%。

在止裂孔的基础上粘贴CFRP布后,由此增加的局部刚度和桥接作用可以有效降低循环荷载作用下止裂孔边缘的应力幅,其修复后横隔板的疲劳寿命是单纯止裂孔修复的2.57倍。在止裂孔的基础上粘贴SMA-CFRP贴片后,在增加局部刚度、桥接作用和引入预应力显著改善了横隔板裂缝处的疲劳受力性能,修复后横隔板的疲劳寿命是单纯止裂孔修复的5.4倍。

在止裂孔的基础上粘贴Fe-SMA板后,由此显著增加的局部刚度以及相应的桥接作用可以有效降低循环荷载作用下止裂孔边缘的应力幅,其修复后横隔板的疲劳寿命是单纯止裂孔修复的7.31倍。粘贴Fe-SMA板并激活Fe-SMA后,进一步引入了预应力。150℃和200℃激活Fe-SMA后横隔板的疲劳寿命分别是单纯止裂孔修复的10.51倍和12.60倍。

本章参考文献

[1] PFEIL M S, BATTISTA R C, MERGULHÃO A J R. Stress concentration in steel bridge orthotropic decks[J]. Journal of Constructional Steel Research, 2005, 61(8): 1172-1184.

[2] 王春生, 冯亚成. 正交异性钢桥面板的疲劳研究综述[J]. 钢结构, 2009, 24(9): 10-13.

[3] TEIXEIRA DE F S, KOLSTEIN H, BIJLAARD F. Fatigue behavior of bonded and sandwich systems for strengthening orthotropic bridge decks[J]. Composite Structures, 2013, 97: 117-128.

[4] 杨仕力, 施洲. 我国大跨径钢箱梁桥正交异性板疲劳损伤研究现状[J]. 桥梁建设, 2017, 47(4): 60-65.

[5] 吉伯海. 我国缆索支承桥梁钢箱梁疲劳损伤研究现状[J]. 河海大学学报(自然科学版), 2014, 42(5): 410-415.

[6] 吴冲, 曾明根, 冯凌云. 苏通大桥正交异性板局部模型极限承载力试验[J]. 桥梁建设, 2006, 36(2): 21-23.

[7] 赵欣欣, 刘晓光, 张玉玲. 西堠门大桥正交异性钢桥面板静载和徐行试验研究[J]. 中国铁道科学, 2010, 31(4): 40-45.

[8] 毛志轶, 杜昕, 骆峻伟. 大跨径悬索桥与斜拉桥钢桥面铺装在竖向荷载静力作用下的力学特性研究[J]. 交通运输研究, 2006(6): 42-44.

[9] 吴凯, 承宇, 余波. 基于实测应变的江阴长江大桥钢桥面板疲劳寿命评估[J]. 交通运输研究, 2012(11): 96-101.

[10] 唐亮, 凌立鹏, 高原. 基于轮式滚动加载的正交异性钢桥面板疲劳试验设计[J]. 公路交通科技, 2017, 34(8): 57-65.

[11] 张清华, 崔闯, 卜一之, 等. 港珠澳大桥正交异性钢桥面板疲劳特性研究[J]. 土木工程学报, 2014, 9: 110-119.

[12] 张清华, 卜一之, 李乔. 正交异性钢桥面板疲劳问题的研究进展[J]. 中国公路学报, 2017, 30(3): 14-30, 39.

[13] 《中国公路学报》编辑部. 中国桥梁工程学术研究综述·2014[J]. 中国公路学报, 2014, 27(5): 1-96.

[14] 曾志斌. 正交异性钢桥面板典型疲劳裂纹分类及其原因分析[J]. 钢结构, 2011, 26(02): 9-15, 26.

[15] MIKI, C. Fatigue Damage in Orthotropic Steel Bridge Decks and Retrofit Works[J]. International Journal of STEEL STRUCTURES, 2006(4): 255-267.

[16] WOLCHUK R. Lessons from Weld Cracks in Orthotropic Decks on Three European Bridges

[J]. Journal of Structural Engineering,1990,116(1):75-84.

[17] MALJAARS J, VAN DOOREN F, KOLSTEIN H. Fatigue assessment for deck plates in orthotropic bridge decks[J]. Steel Construction,2012,5(2):93-100.

[18] NATHER F. Rehabilitation and Strengthening of Steel Road Bridges [J]. Structural Engineering International,1991,1(3):24-30.

[19] SUGIOKA K,TABATA A,TAKADA Y,et al. Investigation and Reinforcement for Fatigue Crack Damages on an Orthotropic Steel Deck Bridge [C] // Proceedings of 8th Pacific Structural Steel Conference - Steel Structures in Natural Hazards. Wairakei, New Zealand: PSSC2007:173-178.

[20] 张允士,李法雄,熊锋,等.正交异性钢桥面板疲劳裂纹成因分析及控制[J].公路交通科技,2013,30(08):75-80.

[21] 张丽芳,艾军,张鹏飞,等.大跨度钢箱梁病害及成因分析[J].公路与汽运,2013(3):203-206.

[22] 陈斌,邵旭东,曹君辉.正交异性钢桥面疲劳开裂研究[J].工程力学,2012,29(12):170-174.

[23] 肖鹏.大跨径桥正交异性钢桥面板裂缝成因及处治对策研究[D].南京:东南大学,2015.

[24] 周怡斌.公路大桥正交异性钢桥面板裂缝成因研究及局部疲劳分析[D].北京:清华大学,2010.

[25] 钱冬生.关于正交异性钢桥面板的疲劳—对英国在加固其塞文桥渡时所作研究的评介[J].桥梁建设,1996(2):8-13.

[26] 蒋永,陈惟珍,钱骥.正交异性板疲劳分析及构造细节改进设想[J].武汉工程大学学报,2012(7):23-27,36.

[27] 何东升,肖海珠,张晓勇.公路正交异性钢桥面板细节疲劳研究[J].公路交通科技,2016,33(1):76-81.

[28] SONG P. Stop drilling procedure for fatigue life improvement[J]. International Journal of Fatigue,2004,26(12):1333-1339.

[29] 王秋东,吉伯海,孔祥明,等.钢桥面板顶板-U肋焊缝开裂钢板补强维护效果研究[J].工业建筑,2017(5):42-46+51.

[30] 钱骥,蒋永,吴冲.纵肋-盖板裂缝重焊修复后残余应力数值分析[J].焊接学报,2018,39(10):25-29,47,130.

[31] 王丽,赵欣欣.超声波锤击对钢桥构造细节疲劳性能的影响[J].铁道建筑,2018,58(6):1-4.

[32] HOSSEINI A,GHAFOORI E,AL-MAHAIDI R,et al. Strengthening of a 19th-century roadway metallic bridge using nonprestressed bonded and prestressed unbonded CFRP plates[J].

Construction and Building Materials, 2019, 209(JUN. 10):240-259.

[33] PETER B, RENE B, NIEK K. Reinforced High Performance Concrete Overlay System for Rehabilitation and Strengthening of Orthotropic Steel Bridge Decks[C]//Orthotropic Bridge Conference Sacramento. CA, USA:2004.

[34] UI T, INOKUCHI S, ISHIGAKI T, et al. Research on steel fiberreinforced concrete pavementon orthotropicsteel deck[C]// In Proceeding of the second Orthotropic Bridge Conference. Sacramento, California, U.S.A:2008:359-371.

[35] 邵旭东,曹君辉,易笃韬,等.正交异性钢板-薄层RPC组合桥面基本性能研究[J].中国公路学报,2012,25(02):44-49.

[36] JONES S C, CIVJAN S A. Application of fiber reinforced polymer overlays to extend steel fatigue life[J]. Journal of Composites for Construction, 2003, 7(4):331-338.

[37] COLOMBI P, FAVA G. Experimental study on the fatigue behaviour of cracked steel beams repaired with CFRP plates[J]. Engineering Fracture Mechanics, 2015, 145:128-142.

[38] LEPRETRE E, CHATAIGNER S, DIENG L, et al. Fatigue strengthening of cracked steel plates with CFRP laminates in the case of old steel material[J]. Construction and Building Materials, 2018, 174:421-432.

[39] HOSSEINI A, GHAFOORI E, MOTAVALLI M, et al. Mode I fatigue crack arrest in tensile steel members using prestressed CFRP plates[J]. Composite Structures, 2017, 178:119-134.

[40] EMDAD R, AL-MAHAIDI R. Effect of prestressed CFRP patches on crack growth of centre-notched steel plates[J]. Composite Structures, 2015, 123:109-122.

[41] EL-TAHAN M, DAWOOD M, SONG G. Development of a self-stressing NiTiNb shape memory alloy (SMA)/fiber reinforced polymer (FRP) patch[J]. Smart Materials & Structures 2015, 24(6):065035.

[42] ZHENG B T, DAWOOD M. Fatigue Strengthening of Metallic Structures with a Thermally Activated Shape Memory Alloy Fiber-Reinforced Polymer Patch[J]. Journal of Composites for Construction, 2017, 21(4):04016113.

[43] ABDY A I, JAVAD H M, RIADH A M. Fatigue life improvement of steel structures using self-prestressing CFRP/SMA hybrid composite patches[J]. Engineering Structures, 2018, 174:358-372.

[44] EL-TAHAN M, DAWOOD M. Bond behavior of NiTiNb SMA wires embedded in CFRP composites[J]. Polymer Composites, 2018, 39(10):3780-3791.

[45] MOHD J J, LEARY M, SUBIC A, et al. A review of shape memory alloy research, applications and opportunities[J]. Materials & Design, 2014, 56:1078-1113.

[46] CLADERA A, WEBER B, LEINENBACH C, et al. Iron-based shape memory alloys for civil

engineering structures:An overview[J]. Construction & Building Materials,2014,63(JUL. 30):281-293.

[47] IZADI M R,GHAFOORI M,MOTAVALLI M,et al. Iron-based shape memoryalloy for the fatigue strengthening of cracked steel plates:Effects of re-activations and loading frequencies [J]. Engineering Structures,2018,176:953-967.

[48] WANG W D,LI L Z,HOSSEINI A,et al. Novel fatigue strengthening solution for metallic structures using adhesively bonded Fe-SMA strips:a proof of concept study[J]. International Journal of Fatigue,2021,148:106237(1-13).

[49] ZHANG C S,ZHAO L C,DUERIG T W,et al. Effects of Deformation on the Transformation Hysteresis and Shape Memory Effect in a Ni47ti44nb9 Alloy[J]. Scripta Metallurgica Et Materialia,1990,24(9):1807-1812.

[50] 中华人民共和国国家标准. GB/T 228.1—2010:金属材料拉伸试验 第1部分:室温试验方法[S].北京:中国标准出版社,2010.

[51] 中华人民共和国国家标准. GB/T 1591—2018:低合金高强度结构钢[S].北京:中国标准出版社,2018.

[52] 吉伯海,袁周致远,刘天笛,等. 钢箱梁疲劳裂纹钻孔止裂修复的影响因素[J]. 江苏大学学报(自然科学版),2016,37(1):97-102.

第9章 工程应用

9.1 深中通道工程背景

深中通道项目北距虎门大桥约30km,南距港珠澳大桥约38km。项目东接机荷高速,跨越珠江口,西至中山马鞍岛,与规划的中开、东部外环高速对接,通过连接线实现在深圳、中山及广州南沙登陆,项目全长约24km,其中跨海段长22.4km。

深中通道项目是国务院批复的《珠江三角洲地区改革发展规划纲要(2008—2020年)》确定的重大基础设施项目,是国家高速公路网G2518(深圳至广西岑溪)跨珠江口的关键工程,具有国家高速公路网沈海大通道(G15)的功能,项目是珠江口下游65km范围粤东、粤西地区唯一直连通道,也是珠三角两大功能组团"深莞惠"与"珠中江"之间的唯一公路直连通道,项目的建设对推进珠三角经济、交通一体化及转型升级,促进粤东、粤西地区加快发展及南沙、前海、横琴三个国家级新区发展具有重要的战略意义,建设深中通道是十分必要和迫切的。

深中通道项目是世界级的"桥、岛、隧、地下互通"集群工程,是连接广东自贸区三大片区、沟通珠三角"深莞惠"与"珠中江"两大功能组团的重要交通纽带和粤东通往粤西乃至大西南的便捷通道。根据《深圳至中山跨江通道工程可行性研究报告》交通量预测数据推测在设计寿命期内深圳至中山跨江通道工程日均交通量如表9-1所示,未来的车型构成如表9-2所示。

深中通道交通量预测结果(pcu/d)　　　　　　　　　　　　　　表9-1

路　段	2025年	2032年	2037年	2042年	2047年	2052年
机场互通—万顷沙互通	59553	69119	81596	93006	102114	109679
万顷沙互通—横门互通	57407	66632	78739	89829	98864	106672
平均	59211	68724	81142	92501	101597	109201

深中通道车型比例预测结果(%)　　　　　　　　　　　　　　表9-2

车型	小货	中货	大货	拖挂车	集装箱	小客	大客	合计
2022年	16.70	14.70	4.00	3.90	3.70	48.50	8.50	100
2027年	16.40	13.70	4.20	4.40	4.10	49.00	8.20	100
2032年	16.10	12.50	4.40	5.10	4.50	49.60	7.80	100
2037年	15.80	11.60	4.70	5.70	4.70	50.10	7.40	100
2042年	15.50	10.50	5.00	6.20	5.00	50.70	7.00	100
2047年	15.20	9.60	5.10	6.90	5.30	51.20	6.70	100
2052年	14.80	8.90	5.30	7.40	5.50	51.70	6.40	100

到2047年,深中通道日均交通量将超过10万辆,其中货车比例高达40%。本项目机动车全年日平均交通量指标和重载货车比例指标远超全国国道和高速公路平均水平,具有"交通量特别大"和"重载货车比例高"两大突出特点。

深中通道项目全线共设桥梁17034m。其中,伶仃洋大桥采用主桥三跨钢箱梁悬索桥方案,跨径布置为(580+1666+580)m,如图9-1所示;泄洪区非通航孔孔桥分为东、西两段,主要为110m整孔吊钢箱梁(图9-2);主梁分两幅设计,单幅宽20m,根据墩高采用分幅式和整幅式桥墩,主梁断面如图9-3所示。钢箱梁梁高4m,梁高与跨径比值为1/27.5。采用正交异性摩擦摆减隔震支座。钢箱梁采用浮云安装一体船整孔吊装,逐孔架设,利用梁段调位装置和临时牛腿调整梁段位置,与前一跨采用高强度螺栓连接,连接位置在五分点附近。主桥和非通航孔桥均采用正交异性钢桥面板。

图9-1 深中通道伶仃洋大桥

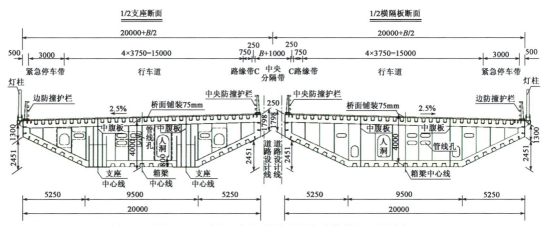

图9-2 泄洪区110m跨非通航孔引桥钢箱梁标准横断面(尺寸单位:mm)

中山大桥为主跨跨径为580m的整幅钢箱梁斜拉桥(图9-4),跨径组成为(110+185+580+185+110)m,边主跨比0.509,全长1170m,采用半漂浮结构体系其标准横断面如图9-5所示。中山大桥索塔采用门式塔造型,与伶仃洋大桥主塔外形风格保持一致,形成前后呼应、和而不同的姊妹桥格局。基础采用28根桩径D3m钻孔灌注桩,按嵌岩桩设计。桥塔采用H形钢筋混凝土结构,由两塔柱、上横梁和下横梁、塔底连接系梁及塔顶装饰区组成,混凝土强度等级为C50。承台顶面以上塔高213.5m,桥面以上塔高153m。

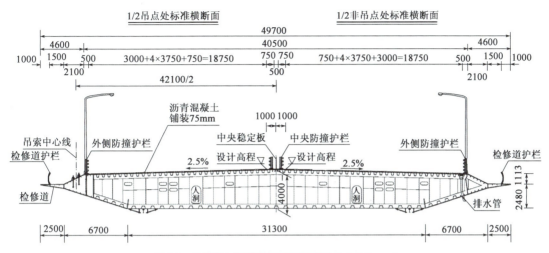

图9-3 伶仃洋大桥钢箱梁标准横断面(尺寸单位:mm)

图9-4 深中通道中山大桥

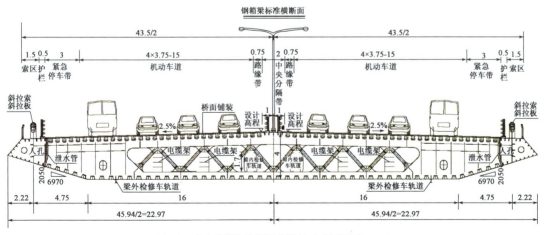

图9-5 中山大桥钢箱梁标准横断面(尺寸单位:mm)

9.2 深中通道钢箱梁设计关键技术

9.2.1 设计主要技术标准

(1)公路等级:高速公路。
(2)行车道数:双向八车道。
(3)设计速度:100km/h。
(4)桥梁结构设计基准期:100年。
(5)设计使用年限:主体结构100年。
(6)横坡:2.5%。
(7)设计洪水频率:1/300。
(8)设计水位。

伶仃洋大桥设计水位为3.60m(1985国家高程基准,下同),最高通航水位3.01m,最低通航水位-1.04m;中山大桥设计水位为3.734m,最高通航水位3.22m,最低通航水位-0.56m。

(9)设计荷载标准
①桥梁结构设计基准期:100年。
②汽车荷载等级:公路Ⅰ级。
③抗风设计标准:伶仃洋大桥设计基本风速采用桥址处100年重现期10m高度10min平均年最大风速43.0m/s;中山大桥设计基本风速采用桥址处100年重现期10m高度10min平均年最大风速39.1m/s。
④船舶撞击力标准:
伶仃洋大桥主墩为100MN,锚碇(或过渡墩)为48MN;
非通航孔桥:水深大于3m:6MN,水深小于3m:2.7MN。
(10)通航净空尺度如表9-3所示。

各通航孔净空尺度表 表9-3

通航孔所在航道	通航吨级(t)	净空高度(m)	净空宽度(m)	备 注
伶仃航道	30000TEU	73.5	1520	单孔多航道分道通航(满足76.5m高度范围取698m)
	225000GT	76.5		
	10000、3000	44.0、24.5		
龙穴南水道	5000	39.5	325	单孔双向
横门东水道	—	53.5	390	—

9.2.2 设计要点及关键技术

9.2.2.1 钢材

1）伶仃洋大桥及非通航孔桥

(1) 箱梁构件均采用低合金高强度结构钢 Q345qD，其技术条件符合《桥梁用结构钢》(GB/T 714—2015)的规定。对于钢板厚度≥30mm 的钢板（支点处调平钢板除外）均应作 Z 向超声波探伤。探伤方法按《厚钢板超声波检验方法》(GB/T 2970—2016)标准执行，钢板质量等级为Ⅰ级，且近焊缝区域各 200mm 内不得有任何片状缺陷。

钢箱梁检查车轨道导流板、钢箱梁临时匹配件等采用 Q235B，其技术指标应符合《碳素结构钢》(GB 700—2006)的要求。

(2) 高强度螺栓技术指标应符合《钢结构用高强度大六角头螺栓》(GB/T 1228—2006)的要求，螺母应符合《钢结构用高强度大六角头螺母》(GB 1229—2006)的要求，垫圈应符合《钢结构用高强度垫圈》(GB 1230—2006)的要求。

2）中山大桥

(1) 主体结构采用 Q345qD 钢材，技术标准应符合《桥梁用结构钢》(GB/T 714—2015)的规定，厚度<20mm 的钢板可按 TMCP 或 TMCP+回火，或正火状态交货（正火必须在空气中自然冷却）；厚度>20mm 的钢板可按 TMCP+回火或正火状态交货（正火必须在空气中自然冷却）。与锚拉板直接焊接的钢箱梁加厚区边顶板应满足 Z35 性能要求。

(2) 对于厚度≥30mm 的钢板要求探伤检验。探伤方法按《厚钢板超声波检验方法》(GB/T 2970—2016)标准执行，钢板质量等级为Ⅰ级，且近焊缝区域各 200mm 内不得有任何片状缺陷。

(3) 热轧 H 型钢采用 Q345D，其技术指标应符合《热轧 H 型钢和部分 T 型钢》(GB/T 11263—2017)。

9.2.2.2 焊接材料

伶仃洋大桥采用与母材相匹配的焊丝、焊剂和手工焊条，焊接材料应符合《碳钢焊条》(GB/T 5117—1995)、《气体保护电弧焊用碳钢、低合金钢焊丝》(GB/T 8110—2008)、《埋弧焊用碳钢焊丝和焊剂》(GB/T 5293—1999)的技术规定，同时应通过焊接工艺评定试验进行选择，所选焊条、焊剂、焊丝均应符合相应的国家标准。CO_2 气体保护焊的气体纯度应大于 99.5%。除此之外，非通航孔桥要求符合《埋弧焊用低合金钢焊丝和焊剂》(GB/T 12470—2003)的技术规定，同时应通过焊接工艺评定试验进行选择，CO_2 气体保护焊的气体纯度应大于 99.9%。

中山大桥焊接材料的型号及规格应与焊件材质相匹配，并根据焊接工艺评定确定，所选焊条、焊剂、焊丝均应符合相应的国家标准的要求。焊接材料应符合《碳钢焊条》(GB/T 5117—

1995)、《气体保护电弧焊用碳钢、低合金钢焊丝》(GB/T 8110—2008)、《埋弧焊用碳钢焊丝和焊剂》(GB/T 5293—1999)等技术规定。CO_2 气体保护焊的气体纯度应大于99.9%。

9.2.2.3 伶仃洋大桥钢箱梁设计要点

(1)钢箱梁全宽44.7m(不含检修道、导流板),吊索锚固在风嘴上,主缆横向间距42.1m,顶板宽40.5m,风嘴宽2.1m,平底板宽31.3m,斜底板宽6.7m,风嘴外侧设置宽1.5m检修道和1m导流板,检修道及导流板主要作用是优化钢箱梁气动外形。平底板两边设置检查车轨道及轨道导风板。

(2)钢箱梁梁高4m。主梁共10种类型(A~J),213个梁段,其中A梁段2段、B梁段(标准梁段)184段、C梁段4段、D梁段4段、E梁段2段、F梁段4段、G梁段8段、H梁段2段、I梁段2段、J梁段1段。其中A梁段为跨端部梁段,C、D、E、F、G梁段为西塔附近梁段,H梁段为梁端附近无吊索梁段,J梁段为跨中位置对称梁段,B为标准梁段。

(3)标准梁段(B梁段)长12.8m,设置四道实腹式横隔板,间距3.2m;顶板U肋上口宽300mm,下口宽180mm,高300mm,U肋中心距600mm;底板U肋上口宽240mm,下口宽500mm,高260mm,U肋中心距1000mm。顶板在外侧重车道厚18mm,内侧快车道厚16mm;U肋板厚8mm,底板厚10mm,斜底板厚10mm,底板U肋板厚6mm。标准横隔板由上、下两块板竖向组焊而成,上板为顶板横向加劲板,厚14mm;下板为实腹式横隔板,厚度10mm,上设竖向、水平向加劲,与上板通过水平加劲熔透焊接,与底板和斜底板焊接。横隔板设置两个高1.8m的人洞及12处管线孔道,其中一侧人洞处设置检查车轨道。

(4)塔旁负弯矩区(C、F梁段)设置16mm厚纵隔板。塔根部梁段加厚顶底板以抵抗负弯矩。梁段各部件板厚详见表9-4。

梁段类型一览表 表9-4

梁段类型	A	B	C	D	E	F	G	H	I	J
吊索类型(钢丝绳)	—	2-68	3-124	—	—	3-124	2-68	—	3-124	2-68
梁段长度(m)	8	12.8	12.8	5	6.4	2.8	12.8	9	12.8	11.2
梁段宽度(m)	40.5	49.7	49.7	40.5	40.5	49.7	49.7	49.7	49.7	49.7
顶板厚(mm)	18	16/18	20	20	20	20	18	18	18	16/18
顶板U肋(mm)	8	8	8	8	8	8	8	8	8	8
斜顶板(mm)	12	10	20	—	—	20	12	12	20	10
底板厚(mm)	16	10	16	16	16	16	12	12	12	10
斜底板厚(mm)	12	10	16	16	16	16	12	12	12	10
底板U肋(mm)	8	6	8	8	8	8	6	6	6	6
横隔板厚(mm)	12/20	10/14	12/24	12/12	12/20	12/24	10/14	10/14	12/24	10/14
纵隔板厚(mm)	24/20	16	16	—	—	20/16	—	—	—	—
梁段吊装重量(t)	275.8	264.2	397.1	117.8	195.2	352.6	278.3	209.5	302.1	225.8
全桥梁段数量	2	184	4	4	2	4	8	2	2	1

(5) 为提高箱梁的耐久性,在钢箱梁内部设置抽湿机保证箱梁内部空气湿度小于50%。伸缩缝装置可采用梳齿式或模数式;待最终招标确定产品后可调整相关图纸。

(6) 为改善结构动力性能,减少地震力、风力、车辆制动力对桥梁结构,尤其是伸缩缝装置的破坏,在主梁与索塔间顺桥向采用液体黏滞阻尼装置连接(两组共4个),阻尼装置要求最大阻尼力3738kN、速度指数 α 建议取0.3、线性阻尼系数 C 取4000、阻尼器位移量 $\pm 0.62 m$。

9.2.2.4 非通航孔桥设计要点

1) 总体

泄洪区非通航孔桥采用连续钢箱梁体系,中间墩一侧设置固定减隔震支座、另一侧设置横向滑动减隔震支座,其他中墩与过渡墩一侧设置纵向滑动减隔震支座、另一侧设置双向滑减隔震支座。采用 $6 \times 110 m$ 的六跨钢箱连续梁桥。K12+838~K13+652.579、K15+214.681~K15+478区段,位于直线段上;K13+652.579~K15+214.681区段,位于半径 $R=6000 m$ 的圆曲线上。主梁采用分幅等截面船形钢箱连续梁,顶板为正交异性板结构。

本区段东泄洪区非通航孔桥在伶仃航道桥以东为曲线段,圆曲线半径为6000m。在圆曲线范围内的节段采用梯形,具体如下:在路线中心线上,按照理论间距布置节段划分线;在每个节段内,梁段中心线和边缘线用直线代替圆弧;横隔板、横肋板保持中心位置不变,垂直于梁段中心线设置。

2) 梁段划分

泄洪区钢箱梁梁宽20m。钢箱梁梁高4m,梁高与跨径比值为1/27.5。非通航孔桥为分幅钢箱梁,横桥向梁段以钢箱梁中心线为基准划分,在梁段编号前分别注明S(边跨)或M(中跨)以示区别。

东泄洪区大都位于分离式路基断面和整体式路基断面过渡区域。仅最后两跨完全位于整体式路基断面。其中,第二联第二跨至第四联第四跨位于 $R=6000 m$ 圆曲线上,左幅跨径线以右幅跨径线延伸为准。该区段上的钢箱梁,各梁段采用以直代曲的方式来拟合曲线。

横隔板的加劲肋方向均朝向跨中,跨中包括边跨跨中和中跨跨中,边跨跨中为SE和SD梁段,中跨跨中为MC和MD梁段。

3) 结构构造

(1) 顶板。

顶板在顺桥向不同区段采用了18、20、22、24mm四种不同的厚度,中跨跨中梁段顶板厚度为18mm,边跨跨中梁段顶板厚度为22mm,次边墩墩顶梁段顶板板厚为24mm,中墩墩顶梁段顶板板厚为18mm。

为了便于横隔板、纵隔板和加劲肋制造,改善拼装精度,厚度变化也不大,各梁段不同厚度的桥面顶板对接采取下缘(内缘)对齐的形式。

桥面顶板加劲肋主要采用刚度较大的 U 肋形式,局部位置根据构造要求采用板肋加劲形式。

U 肋加劲高度为 300mm,上口宽 300mm,下口宽 180mm;U 形加劲肋标准横向间距 600mm,厚度采用 8mm。

顶板及加劲肋钢材材质采用 Q345qD。

(2)底板。

底板在顺桥向不同区段采用了 14、16、20、24、28mm 五种不同的板厚。中跨跨中梁段底板厚度为 16mm,边跨跨中梁段底板厚度为 20mm,次边墩墩顶梁段底板板厚 28mm,中墩墩顶梁段底板板厚为 24mm。边跨跨中 33m 及次边墩和中墩墩顶 7m 范围内底板及加劲肋钢材材质采用 Q420qD。

为便于底板加劲肋加工及梁段间加劲肋的连接,底板上缘(内缘)保持平齐。

底板采用 U 肋加劲,间距 800mm;U 肋厚度 6mm,在墩顶附近 U 肋加厚到 8mm。

在中墩、次边墩、过渡墩处,受支座加劲影响,有四道 U 肋局部断开,与支座加劲焊接。

(3)斜底板及边腹板。

平底板折弯过来 1m 处与斜底板相接,斜底板和边腹板均采用 12mm。

为便于斜底板加劲肋加工及梁段间加劲肋的连接,斜底板上缘(内缘)保持平齐。

(4)中腹板。

中腹板在顺桥向不同区段采用了 14、16、18、20mm 四种不同的板厚,各梁段不同厚度的中腹板对接采取板件中心对齐的形式。中腹板采用板肋加劲,其中板厚为 14mm 及 16mm 的中腹板板肋加劲尺寸采用 140mm×14mm,板厚为 18mm 及 20mm 的中腹板板肋加劲尺寸采用 180mm×18mm。次边墩墩顶 27m 范围内和中墩墩顶 7m 范围内中腹板及加劲肋钢材材质采用 Q420Qd,其余均采用 Q345qD。

中腹板在跨中设置一个人洞。人洞高 900mm、宽 800mm。

(5)横隔板及横肋板。

横隔板标准间距 10m,两道横隔板之间设置四道横肋板。

横隔板分为普通横隔板、中墩支座处横隔板、过渡墩支座处横隔板和端横隔板。普通横隔板板厚为 10mm,与顶板和 U 肋相接部分厚度为 14mm;中墩支座处设置两道支座横隔板,中心距为 1m,板厚为 20mm;过渡墩支座处设置一道支座横隔板,板厚为 20mm;端横隔板板厚为 16mm,材质为 Q345qD。

横肋板在两道横隔板间均布 4 道,即间距 2.0m。横肋板在顶板处、中腹板处、边腹板处、斜底板处板厚均为 10mm,翼缘宽度均为 200mm。

支座横隔板处支座垫板的中心厚度为 42mm。

横隔板上下可分成两块拼装。

4) 工厂和现场连接

钢箱梁小节段工厂连接和大节段现场连接均采用以焊接为主的栓焊组合方式：除顶板 U 肋、板肋采用栓接连接外，顶板、底板及其加劲肋和腹板及其加劲肋等均采用焊接连接。对于工厂连接和现场连接的顶板 U 肋，在其端头设置钢封板。现场连接均在施工工棚内完成。现场连接补涂装均在现场涂装工棚内完成。

5) 临时连接匹配件

钢箱梁临时匹配件在钢箱梁架设时重复使用。梁段架设时梁段高程的确定应在稳定的温度时段，风力较小时进行，并要考虑温度的影响，高程到位后，应迅速将临时匹配件连接起来。临时匹配采用对拉粗钢筋以及螺栓组合方式。

临时匹配件与箱梁之间采用高强度螺栓连接，高强度螺栓不考虑重复利用。

6) 梁段起吊临时构造

钢箱梁临时吊点及临时牛腿在钢箱梁架设时重复使用。采用浮吊大节段的吊装方案，临时吊点的位置、吊耳及箱梁局部临时加劲、梁端牛腿等构造可根据施工方案调整完善，在征得设计单位认可后报监理工程师批准后实施。

临时吊点所设螺栓孔必须做好防水措施。

钢箱梁临时吊点及临时牛腿与箱梁之间采用高强度螺栓连接，高强度螺栓不考虑重复利用。

9.2.2.5 中山大桥钢箱梁设计要点

1) 结构构造

钢箱梁梁高 4m，桥梁全宽 46m（含风嘴），桥面宽度 43.5m。拉索横向间距 41.5m，拉索之间为行车道范围，拉索外侧为检修道范围，桥面横向设 2.5% 双向排水坡。南、北主塔主跨侧各有 15 对斜拉索，斜拉索索距 18m。

钢箱梁采用正交异性桥面板流线型扁平钢箱梁结构，双边腹板构造，中间不设纵隔板。

根据受力需要，顶板在不同区段采用了 16、18、20、24mm 四种不同的厚度。标准梁段顶板小型车道范围（桥梁中心线左右各 9.35m）厚度为 16mm，重车道范围（左右各 10.9m）顶板厚度为 18mm。索塔处梁段逐渐加厚到 24mm，辅助墩墩顶梁段逐渐加厚到 24mm。外侧 1550mm 范围，斜拉索锚拉板锚固区顶板厚度为 24mm。不同厚度顶板对接时，顶板内边缘保持齐平，向外加厚。标准梁段顶板 U 肋厚度为 8mm，U 肋高 300mm，上口宽 300mm，下口宽 180mm，间距 600mm。U 肋采用冷弯成型工艺，应严格控制 U 肋在加工过程中的残余应力，严禁出现裂纹。顶板在防撞栏杆连接处及检修道范围采用板肋加劲，板肋规格为 200mm×20mm，间距约 350mm。

根据受力需要，底板在纵向不同区段采用了 12、14、16、18、24mm 五种不同的厚度。标准梁段底板厚度为 12mm，索塔处梁段逐渐加厚到 24mm，辅助墩墩顶梁段逐渐加厚到 24mm。不同厚度顶板对接时，底板内边缘保持齐平，向外加厚。标准梁段底板 U 肋厚度为 6mm，U 肋高

260mm，上口宽400mm，下口宽250mm，间距800mm。底板变厚度U肋厚度为8mm，不同板厚底板U肋对接时，U肋内侧平齐，因此加劲肋的高度、宽度随厚度的变化会有不同，过焊孔的尺寸相应变化。U肋采用冷弯成型工艺，应严格控制U肋在加工过程中的残余应力，严禁出现裂纹。底板在腹板附近采用板肋加劲，板肋规格分180mm×16mm和200mm×20mm两种，间距约350mm。

钢箱梁设有两道边腹板，根据受力需要腹板厚度采用28、32、36mm三种，腹板横桥向间距41.5m。标准梁段腹板厚度为28mm，索塔处梁段逐渐加厚到36mm，辅助墩墩顶梁段逐渐加厚到36mm。不同厚度腹板对接时，腹板中心线对齐。腹板在外侧采用板肋加劲板肋规格为200mm×20mm，间距约500mm。

横隔板分为普通横隔板、拉索横隔板、支座横隔板、压重横隔板四类。拉索横隔板与普通横隔板采用相同构造，均为空腹桁架式结构，标准间距为3m，桁架横隔板开孔镶边规格为300mm×12mm，桁架杆件采用热轧H型钢，型钢规格为HW250mm×250mm。普通横隔板厚度12mm，拉索横隔板中间厚12mm，在与腹板连接端部（桥面吊机站位范围）加厚到24mm，横隔板实腹范围设有两道隔板水平肋和若干竖向加劲肋。吊机站位处，竖向加劲肋过渡为吊机支点支撑结构。

主塔处支座横隔板厚度为24mm，在与腹板连接端部加厚到36mm，两道支座横隔板间设有加劲隔板及竖向加劲肋，边腹板附近顶底板肋在主塔支座横隔板处断开。辅助墩顶支座横隔板厚度为24mm，两道支座横隔板间设有加劲隔板，兼做压重混凝土隔仓板。边墩顶支座横隔板及压重横隔板厚度为20mm，两道支座横隔板间设有加劲隔板，兼做压重混凝土隔仓板。

风嘴宽约2200mm，高约2100mm，由顶板、底板及横隔板组成。风嘴顶、底板厚度均为10mm，并以板式加劲肋进行加劲，板肋规格为100mm×8mm，间距约365~385mm。风嘴隔板位置与主梁横隔板位置对应，间距3m，隔板厚10mm。两道风嘴隔板间设有一道横肋，横肋厚度为10mm。主塔处8.5m范围，桥面板外侧风嘴隔断通过主塔，该节段风嘴可根据施工情况现场焊接安装。风嘴与主梁同时加工、架设，但不考虑参与主梁受力，仅承受自重、风荷载、检修走道及人行荷载。

2) 墩顶压重混凝土

辅助墩墩顶5m范围及边墩墩顶0.9m范围设有压重混凝土，压重质量约27t/m。压重段采用在隔板间设置纵向隔板形成压重仓。在检修通道及电缆孔处，压重仓两侧通过隔板隔断，该区域不浇筑混凝土。

压重隔板上设有竖向及横向加劲构造。压重范围顶底板加劲肋由U肋过渡为T肋。顶板T肋间距600mm，底板T肋间距800mm。顶板T肋腹板厚度12mm，高450mm；底板T肋腹板厚度12mm，高400mm，T肋翼板均为150mm×16mm。

压重范围顶板设有灌浆孔及出气孔，以保证混凝土浇筑密实。压重混凝土浇筑完成后，灌浆孔需等强封堵。压重采用普通混凝土，每个压重仓内压重混凝土均需灌满并保证密实，以保证顶板受力可靠。施工时压重混凝土宜分两批浇筑,各舱室宜同步浇筑至灌满,压重混凝土采用 C30,重度 25kN/m³。

3) 斜拉索梁上锚固

斜拉索在钢箱梁上的锚固采用了锚拉板结构形式。锚拉板焊接于主梁外腹板之上的箱梁顶面,锚管嵌于锚拉板上部的中间位置,两侧用焊缝连接;下部直接焊在桥面板上,锚拉板中部开孔安装锚具,同时连接上下两部分。为了补偿开孔部分对锚拉板截面的削弱,以及增强其横向的刚度和保证锚拉板横向倾角的准确,在锚拉板的两侧设置加劲板并与桥面板焊连。锚拉板横向倾角为向梁外略微倾斜。

4) 梁段划分

根据制造及施工的需要,将全桥钢箱梁划分成 A~G 共 8 种类型,共 69 个节段,梁段标准长度 18m,主塔段长度 12.4m,主塔两侧无索区梁段长 11.8m,过渡段长度 15m,边墩墩顶长度 9.25m,中跨合拢段长 10m。辅助墩及主塔无索区梁段质量约 800t,采用浮吊整节段吊装;标准梁段最大吊装质量约 499t,采用桥面吊机吊装。梁段间工地接缝除顶板 U 肋采用高强度螺栓连接,其余均采用焊接。

5) 工厂及现场焊接

工厂连接均为焊接,现场连接除顶板 U 肋采用栓接外,其余均为焊接。对于现场连接的 U 肋,在其端头设置端封板,形成密闭空间。节段间顶板、底板、腹板的对接焊缝均为坡口熔透焊缝。底板 U 肋加劲对接采用嵌补段方式,嵌补段长 500mm。顶板板肋、腹板加劲肋的焊接对接亦采用嵌补段方式,嵌补段长 300mm。

6) 临时连接匹配件

临时匹配采用对拉粗钢筋以及螺栓的组合方式。临时匹配件与箱梁之间采用高强度螺栓连接。临时匹配件按 5 次周转考虑,高强度螺栓不考虑重复利用。钢箱梁安装完毕后,钢桥面板上的栓孔应进行封堵。

7) 临时吊点

吊点均设置于横隔板处。吊点均采用栓接式,通过高强度螺栓将吊耳与桥面板连接。每个梁段设置 8 个吊点。吊点按 3 个梁段周转一次考虑,高强度螺栓不考虑重复利用。钢箱梁存放及安装后未铺装前,须封堵螺栓孔,避免进水腐蚀箱梁内部。钢箱梁安装完毕后,钢桥面板上的栓孔应进行封堵。

8) 钢箱梁制造线型

钢箱梁位于半径 25000m 的竖曲线上,以中跨中心对称设置,其中 S12~S16(S'12~S'16)梁段位于直线上,其余梁段位于圆曲线上。钢箱梁制造时不考虑预拱度,按竖曲线线型进行制造。各梁段端头需根据梁段伸缩量(含压缩量)加工成一定角度。

9.3 深中通道钢箱梁施工关键技术

9.3.1 板单元下料切割

9.3.1.1 钢材预处理

所有钢材进场复验合格后,需进行预处理,其工艺流程见图 9-6。

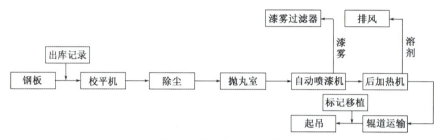

图 9-6 钢材预处理流程图

钢板校平机如图 9-7 所示。预处理完成后将原钢板的板材规格、炉批号、材质号、钢材号等全部一一对应地移植在已预处理的钢板上,并做好记录和标记标识,漆膜厚度检测见图 9-8,标记移植见图 9-9。

图 9-7 钢板校平

图 9-8 钢板预处理完毕漆膜厚度检测

图 9-9 钢板预处理标记移植

9.3.1.2 下料切割

针对深中通道各种材质、板厚的钢板,为保证所有零件下料的精度,分不同类型的零件采取对应的下料切割工艺,如表9-5、图9-10、图9-11所示。

零件切割表 表9-5

设备	大型矩形零件	横隔板横肋	扁钢纵肋 横隔板加劲肋	其他异型零件
数控激光切割机		√		
数控等离子切割机	√	√		√
数控火焰切割机	√		√	√
门式多头火焰切割机			√	

图9-10 顶板数控火焰下料   图9-11 板肋火焰拉条下料

9.3.1.3 U肋制造

U肋的制造直接影响到桥面正交异形板的制造质量。顶板U肋的制造流程如表9-6所示。

在预处理流水线上进行矫平、预处理→钢板拉条切割下料→板条校平→铣直边→钻孔及开过焊孔→U肋折弯成形→手孔切割→自由边倒角R2→检验→标记。

U肋制作流程和及对应示意图 表9-6

流　程	示意图(说明)
1.U肋板条零件利用数控板料矫平机进行二次矫平	

续上表

流　　程	示意图(说明)
2. 数控多边坡口成型机加工长边	
3. 采用摇臂钻床制孔加钻孔模板开制U肋两端孔群	
4. 数控板料折弯机上料定位后进行折弯	
5. 顶板U肋两端采用等离子切割机加工装模板开制手孔及过焊孔	
6. U肋制造完毕后进行完工检测,合格后对U肋按标记标识要求进行标记,并按要求进行存放	

9.3.2 板单元制造

9.3.2.1 顶板 U 肋单元制造

深中通道顶板 U 肋单元件要求全熔透焊接,钢板在下料区进行自动划线、打标,然后进行半自动切割坡口,运至顶板 U 肋单元生产线上进行装焊,U 肋与顶板焊缝采用双面埋弧焊,保证 U 肋焊缝全熔透。具体工艺流程如表 9-7 所示。

顶板 U 肋单元工艺流程示意图及说明　　　表 9-7

流　程	示意图(说明)
1.来料检查	首先进行来料检查,包括板厚、材质、外形尺寸及钢板编号
2.钢板数控划线 将钢板吊运至数控划线平台上,利用数控切割机先对钢板进行划线、打标	
3.半自动切割坡口 打标划线验收合格后,再对零件外框线进行切割及开制坡口,检验合格后对板边的毛刺进行打磨	
4.U 肋焊接区域清磨 对 U 肋焊接区域车间底漆进行清磨	

续上表

流 程	示意图(说明)
5. U 肋装配 U 肋通过 U 肋端头定位装置进行自动定位,在移动式 U 肋装配机上进行顶板单元无马装配	
6. U 肋内焊 U 肋单元在工作胎架上定位,调节移动轨道与 U 肋中心线对齐,将焊接机器人送入 U 肋内部远离焊接平台端。由龙门焊接平台驱动连杆,带动焊接机器人往近焊接平台端行进焊接。内侧焊缝采用埋弧自动焊同时焊接。焊丝为 H10Mn2ϕ1.6mm,焊剂为 SJ101q。每件顶板 U 肋单元上的所有 U 肋内侧焊缝同时同向焊接	
7. U 肋外焊 将内焊好的 U 肋板单元吊至外焊胎架自动对中装夹定位,胎架摆动倾斜,使用多头龙门埋弧焊机进行外侧焊缝焊接。焊丝为 H10Mn2ϕ3.2mm,焊剂为 SJ101q	
8. 焊缝检验 将顶板 U 肋单元转至待检验区,对角焊缝进行无损检测,保证 U 肋焊缝全熔透	

续上表

流　　程	示意图(说明)
9. 单元件矫正 采用U肋机械辊压矫正机进行矫正	
10. 完工检验合格后,根据《材料追踪及产品标记标识规程》要求进行标记标识,转运存放	

9.3.2.2 底板单元制造

深中通道底板单元主要为部分熔透U肋板单元。底板单元在下料区进行自动划线、打标、切割后,在生产线上进行装焊。具体工艺流程如表9-8所示。

底板单元制造流程示意图及说明　　　　表9-8

流　　程	示意图(说明)
1. 来料检查	首先进行来料检查,包括板厚、材质、外形尺寸及钢板编号
2. 钢板数控划线 将钢板吊运至数控划线平台上,利用数控切割机先对钢板进行划线、打标	

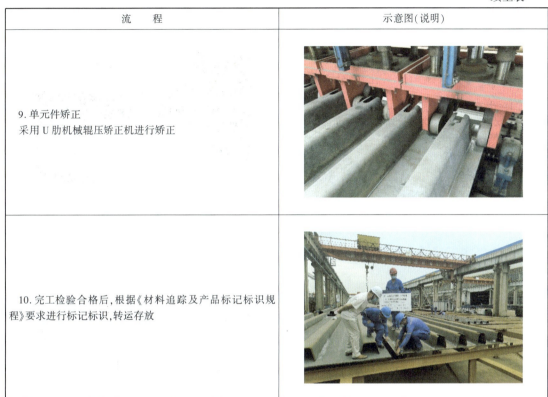

续上表

流　　程	示意图(说明)
3. 半自动切割开制坡口 打标划线验收合格后,再对零件外框线进行切割及开制坡口,检验合格后对板边的毛刺进行打磨	
4. 底板过渡坡口加工 在铣边机上加工部分底板零件长短边过渡坡口	
5. U肋焊接区域清磨 对U肋焊接区域车间底漆进行清磨	
6. U肋装配 U肋通过U肋端头定位装置进行自动定位,在移动式U肋装配机上进行底板单元无马装配	

续上表

流　　程	示意图（说明）
7. U肋外焊 将装配好的U肋板单元吊至外焊胎架自动对中定位,倾斜可调式液压反变形胎架。使用多头龙门CO_2气体保护焊进行外侧焊缝焊接。焊丝为E500T-1ϕ1.4mm。先焊一侧,翻转再焊另一侧。要求焊接方向相同,焊接速度一致,避免底板单元构件的旁弯、扭曲变形	
8. 焊缝检验 将底板单元转至待检验区,对U肋角焊缝进行磁粉检测	
9. 底板单元件矫正 采用U肋机械辊压矫正机进行矫正	
10. 完工检验 完工检验合格后,根据《材料追踪及产品标记标识规程》要求进行标记标识,转运存放	

9.3.2.3 腹板单元制造

深中通道腹板单元主要为板肋板单元,板肋与底板的焊缝为双面贴角焊缝。腹板单元在下料区进行自动划线、打标、切割后,在生产线上进行装焊。具体工艺流程如表9-9所示。

腹板单元制造流程示意图及说明　　　　　　　　　　　表9-9

流　　程	示意图(说明)
1.来料检查	首先进行来料检查,包括板厚、材质、外形尺寸及钢板编号
2.钢板数控划线 将钢板吊运至数控划线平台上,利用数控切割机先对钢板进行划线、打标	
3.腹板零件下料 打标划线验收合格后,再对腹板零件外框线进行切割及开制坡口,检验合格后对板边的毛刺进行打磨	
4.腹板加劲下料 腹板加劲采取多头火焰拉条机进行下料,下料完成后对板边的毛刺进行打磨	
5.腹板加劲R2倒角 腹板加劲上R2倒角机进行自由边倒角	

续上表

流　　程	示意图（说明）
6. 板肋焊接区域清磨 对板肋焊接附近车间底漆进行清磨	
7. 板肋装配 通过装配机自动对中固定，加劲肋端头定位装置进行自动定位，在移动式板肋装配机上进行板单元无马装配	
8. 板肋加劲角焊缝焊接 采用双边龙门焊接机进行自动对称焊接	
9. 板肋焊缝探伤 焊接完毕后，对焊缝进行修磨后，按探伤要求对焊缝进行磁粉探伤	

续上表

流程	示意图（说明）
10.单元件矫正 焊缝探伤合格后，采用机械滚压矫正机进行连续矫正	
11.标记标识	完工检验合格后，根据《材料追踪及产品标记标识规程》要求进行标记标识，转运存放

9.3.2.4 横隔板单元制造

钢板预处理检验合格后，横隔板采取数控等离子切割，加劲肋采取多头火焰切割机进行拉条，加劲肋上 R2 倒角机进行自由边倒角。横隔板单元在专用的装焊平台上进行装配焊接。具体工艺流程如表 9-10 所示。

横隔板单元制造流程示意图及说明　　　　　　表 9-10

流程	示意图（说明）
1.人孔及管线孔加强圈折弯加工 加强圈在数控四辊卷板机上进行冷加工折弯，用检验样板检查折弯尺寸。合格后进行标记并吊至下一工序或转存指定区域	
2.加劲装配 在横隔板装配机上进行纵横向加劲及人孔（管线孔）加强圈装配定位焊	

续上表

流　　程	示意图(说明)
3. 焊接加劲 先焊接竖向加劲肋与向加劲肋的立角焊缝,再焊接竖向加劲肋与横隔板平角焊缝,然后焊接横向加劲肋与横隔板间平角焊缝,最后焊接人孔圈对接焊缝及其与横隔板角接焊缝。(人孔圈对接焊接前安装引息弧板,贴好陶质衬垫)	
4. 横隔板校正 横隔板清补完毕后进行火工校正,然后对横隔板进行完工检测	
5. 完工检验、存放 报检合格后,按照标记标识要求在指定区域进行标记,吊运至指定区域进行存放	

9.3.3　节段拼装

9.3.3.1　节段拼装方案

深中通道钢箱梁节段拼装全部在拼装厂房内的各专用拼装胎架上完成。钢箱梁制造采用多节段连续匹配制造与预拼装同时完成的"长线法"拼装方案。拼装胎架线形制作及钢箱梁节段拼装都以预先设置好的测量控制网为基准,以确保钢箱梁拼装线形及接口精度。节段预拼装检验合格并打砂、涂装后放置到存梁场待运。

为减少现场焊接工作量、加快施工进度,深中通道泄洪区非通航孔引桥、浅滩区非通航孔引桥钢箱梁采用大节段吊装方案,大节段拆分成若干个小节段在拼装厂房内完成多节段连续匹配制造与预拼装,小节段检验合格后运输至涂装厂房内进行打砂、涂装,再运至大节段拼装厂房进行大节段拼装。

9.3.3.2 拼装胎架

拼装胎架示意图如图 9-12 所示。

(1)胎架基础必须有足够的承载力,确保在使用过程中沉降≤1mm;胎架要有足够的刚度,避免在使用过程中变形。

(2)按照设计给定的钢箱梁制造线形制作胎架拼装线形,考虑钢箱梁受焊接收缩和重力的影响而发生的变形,在胎架横向设置适当的上拱度。

(3)在液压平车通道位置,设置可拆卸横梁,便于节段出胎。

(4)每轮次节段下胎后,应重新以测量控制网为基准对胎架进行检测,做好检测记录,确认合格后方可进行下一轮次的拼装。

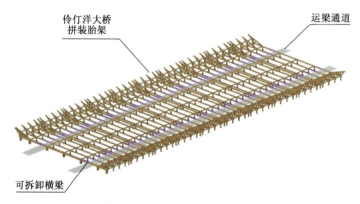

图 9-12　伶仃洋大桥钢箱梁节段拼装胎架(拼装车间未示)

9.3.3.3 钢箱梁拼装几何参数测量控制网设置

根据施工控制资料在拼装车间外建立钢箱梁拼装测量控制网,所有构成坐标系的测量点应做硬化处理,确保沉降量≤1mm。通过该测量控制网坐标系与架设现场坐标系进行转换。

拼装车间设置测量控制网,测量点所在立柱基础和构造要做加固处理,保证沉降≤1mm。

在胎架两端设置纵向基线标志塔和地样基准,四周设置高程测量基准点,作为钢箱梁几何尺寸定位基准。

构成各坐标系的基准点不得少于 4 个,并定期进行检测。

9.3.3.4 小节段拼装

小节段拼装的施工流程:板单元双拼→拼装平底板→拼装斜底板→拼装横隔/横肋板→拼装边腹板→拼装顶板→拼装附属构件→节段预拼装→解体下胎。

钢箱梁小节段总拼工艺要求：

在确保产品组装精度、控制变形的条件下，应尽量减少使用马板的数量，力争"无马"或"少马"。

钢箱梁段整体组装工作必须在专用胎架上进行。胎架的基础应有足够的承载力，以保证生产过程中基础不发生沉降；胎架应有足够的刚度，不能随钢箱梁段拼装重量的增加而变形，从而造成钢箱梁段变形或使钢箱梁段存在较大的安装应力。

在胎架外应设置足够的基准点，以控制胎架的位置及高程。钢箱梁段组装过程中，应由各基准点控制每一个被安装部件的位置及高程皆在允许的误差范围内，以保证钢箱梁段整体尺寸的精度。

为了确保钢箱梁的组装、焊接不受外界温度和气候的影响，钢箱梁的组装、焊接、预拼装应在车间内进行。

大节段总拼指在桥位安装施工前，为保证钢箱梁大节段的制造和安装精度，在工厂内将钢箱梁小节段组拼成大节段的过程（图9-13）。

图9-13　节段拼装

9.3.3.5　大节段拼装

大节段拼装的施工流程：节段运输→节段粗调→节段精调→拼缝调平→环缝施工→节段下胎及转运→节段存放。

钢箱梁大节段总拼工艺要求：

大节段钢箱梁拼装过程中的控制测量必须在温度较恒定的环境下进行，为了确保大节段钢箱梁的组装、焊接、测量不受外界温度和气候的影响，大节段钢箱梁的组装、焊接应在车间内进行。

大节段总拼厂房内应设置测量控制网，并应定期对测量控制网进行复核。

大节段钢箱梁拼装应在经检查合格并设置有制造线形的胎架（或支墩）上进行，使各梁段在自由状态下摆放。

大节段总拼支撑数量及位置应满足钢箱梁局部受力要求，应控制钢箱梁局部变形且支撑点竖向位移应不大于3mm。

采用统一的基准对钢箱梁段进行精确定位,利用顶升设备调整梁段的平面线形和间隙,检测合格后连接各梁段之间的临时匹配件。

钢箱梁实际温度与设计温度不一致的情况下,进行钢箱梁节段定位或余量切割时应考虑温差对钢箱梁长度的影响。

合理安排焊接顺序,采用焊接收缩量小、焊接残余应力小及焊接对结构变形影响小的焊接顺序。

9.3.3.6 智能拼装技术应用

1)可移动参数化智能焊接机器人系统

深中通道采用的可移动参数化智能焊接机器人系统由电弧焊用机器人、电弧焊用控制器、电弧焊炬、专用轨道和焊接相关设备(焊接电源、送丝装置、供气装置、电缆等)、其他选购设备等5大部分组成(图9-14)。可移动参数化智能焊接机器人系统通过建立模型,输入相应焊接参数,即可自动生成焊接程序,并匹配相应的焊接参数,实现隔板与U肋槽口平角转立角的连续施焊以及焊缝端部的连续包角焊。针对近似标准件的连续作业,减少了人员的配置,节约成本。

图9-14 可移动参数化智能焊接机器人系统及其应用

2)便携式轨道智能焊接机器人

便携式轨道智能焊接机器人是沿导轨进行焊接作业的一类焊接机器人(图9-15),其运行轨迹相对固定,运动重复性好,适用于规则焊缝的焊接。深中通道钢箱梁拼装采用的是轨道式智能焊接机器人系统(ER-100),该系统可适用于节段整拼阶段的横隔板立位对接、横隔板与腹板角焊缝,大节段总拼阶段的腹板立位对接、斜底板对接焊缝。该系统可自动检测坡口尺寸、自动生成规范参数、自动焊接,智能化程度高,配有多种形式的轨道,方便灵活,实用性强。

图 9-15　便携式轨道智能焊接机器人及应用

3）便携式全位置自动焊小车

便携式全位置自动焊小车是实现规则的垂直对接焊缝、水平对接焊缝等位置的焊接设备，通过调整焊枪位置和角度，也可以进行角焊、横焊（图 9-16）。具备直线摆动或角度摆动功能、左右摆动停止、自动恢复位置、自动收弧功能。便携式全位置自动焊小车的应用可以减少劳动强度、改善作业环境，提高工作效率，效率达到手工焊的 1.5 倍；避免人为因素所造成的焊缝质量不良，确保焊接质量的稳定性。

图 9-16　便携式全位置自动焊接小车及应用

4）高精度激光跟踪测量系统

深中通道节段拼装应用高精度激光跟踪仪进行跟踪测量，该测量系统为单站式跟踪系统，集合了激光干涉测距、光电探测、计算机控制、现代数值计算理论等各种先进技术，可实现空间运动目标进行跟踪并实时测量目标的空间三维坐标（图 9-17）。它具有高精度、高效率、实时跟踪测量、安装快捷、操作简便等特点，适用于大型构件的测量。运用激光测量系统对梁段的环口匹配度、拼装线形、锚点进行连续匹配测量，能够高速高精度地完成测量任务，极大地提高了测量效率。

图 9-17　高精度激光跟踪测量系统及应用

5) 智能焊接管理系统

节段总拼阶段应用智能焊接云管理系统(Iweld Cloud)实时可视监测焊接过程,智能分析焊接数据,控制焊接过程稳定。

焊接数据云管理系统是基于服务器/客户端模式开发的新一代焊接数据管理软件,连接总拼厂房内的所有电焊机、焊接机器人,使焊接设备不再是一个孤立的焊接作业单元,而是整个数字化生产的一部分(图 9-18)。数字化焊接设备和信息技术的结合,可以实现对焊接品质、效率和成本的透明化和量化进行更好的管理。焊接群控技术智能化操作平台的应用,可在焊接质量、生产管理、节约成本等方面取得良好效果,其具有支持不同权限用户分类,实现各部门分级管理;同时实时显示焊机状态与详细参数,超规范报警,确保严格执行焊接工艺参数;历史焊接波形查询与工艺分析,实现主要、关键产品焊接数据追溯等功能。

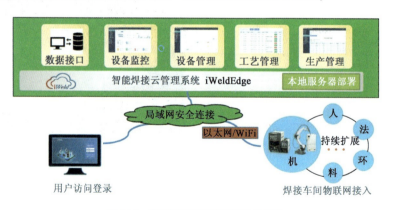

图 9-18　智能焊接云管理系统服务模式

焊机云管理系统可预先将各种焊接规范、经验数据存储到系统中,根据焊接工件变化情况快速调取使用;对施焊过程的焊接电流、电压、施焊速度等参数实现在线记录,使每条焊缝的焊接记录具有永久可追溯性;根据焊接电流、电压的实际分布对所有联网焊机进行有针对性的质量分析,或者对某一台焊机进行以焊缝或时间为单位的微观质量分析;通过查询可以得到指定时间段内每台焊机的焊丝消耗、气体消耗、电能消耗,以方便采购部门对物资的库存管理。

9.3.4 智能涂装

9.3.4.1 涂装体系

智能涂装体系表如表 9-11 所示。

涂 装 体 系 表 9-11

序号	部 位	涂装体系	技术要求(最低干膜厚度)	场 地
1	钢箱梁外表面(含桥面路沿石、护栏底座、路灯底座等,除钢桥面外)	表面喷砂预处理	喷砂 Sa3 级,Rz60~100μm	工厂
		电弧热喷锌铝合金	150μm	
		环氧封闭漆	50μm	
		环氧云铁中间漆	150μm	
		氟碳树脂面漆	80μm	
		焊缝修补	同上要求	工地
2	钢桥面	表面喷砂处理	喷砂 Sa2.5 级,Rz25~50μm	工厂
		环氧磷酸锌底漆	60μm	

9.3.4.2 智能化涂装设备

1) 智能喷砂设备

以特种 AGV 小车搭载平台为基础,配合喷砂枪和多轴联动的机械臂(图 9-19),组成一套完整的智能化喷砂系统,用于钢箱梁的喷砂施工。该喷砂设备可在类似项目上重复使用,可适用于多种具有大平面工件的外表面喷砂施工。

图 9-19 智能喷砂设备

设备功能描述:

通过惯性导航和人工辅助相结合的定位方式完成钢箱梁的外表面自动喷砂除锈施工(支墩部位除外),轨迹自设(直线行走,可进可退);

搭载喷砂设备的 AGV 平台将使用电缆供电,供电电缆采用滚筒方式进行收放;

可实现一键自动进料、供气、喷砂功能;设备爬坡能力≤15°;

可通过遥控控制设备运动轨迹和行走速度,具备离线编程、人机示教、G代码编程、远程诊断及复杂运动轨迹记忆等功能;

喷砂过程数据自动记录(如喷砂时间、运行轨迹、运行速度、空气压力),可上传、可下载;

所有工艺参数均可以数字化设定,只需设定好工艺参数,一键启动后将按预设的程序自动运行,并保证工艺参数稳定;

系统具有自检功能,自动检测系统状态,故障或过程中出错时自动报警;各类设备管线都采用快速接头方式连接。

2)智能化热喷涂设备

以特种 AGV 小车搭载平台为基础,配合电弧喷涂设备、喷枪往复直线运动系统的智能热喷涂设备,用于钢箱梁的底板、斜底板的喷涂锌铝合金施工(图9-20)。本设备可在类似项目上重复使用,可适用于多种具有大平面工件的电弧喷涂锌铝合金施工。

图9-20 智能热喷涂设备

设备功能描述:

通过人工驾驶和激光引导定位的方式完成钢箱梁底面、斜底面自动喷涂锌铝合金施工(支墩部位除外),轨迹自设(直线行走),单台设备喷涂效率70m^2/h(拟配备双枪);

可自动控制设备运动轨迹和行走速度,具备离线编程、人机示教、G代码编程、远程诊断及复杂运动轨迹记忆等功能;

喷枪往复直线运动系统搭载电弧喷枪在垂直于全向移动式智能车行进方向做往复匀速直线运动姿态,速度可控形成Z形喷涂工作面;

控制系统可控制喷涂机电源启停、送丝机构启停、雾化空气启停、喷枪往复直线运动系统启停;

电弧喷涂过程数据自动记录(喷涂机电源启停、送丝机构启停、雾化空气启停、喷枪往复直线运动系统启停、小车运动);

所有工艺参数均可以数字化设定,用户只需设定好工艺参数,一键启动后将按预设的程序自动运行,并保证工艺参数稳定;

系统具有自检功能,自动检测系统状态,故障或过程中出错时自动报警,各类设备管线都采用快速接头方式连接。

3)智能化喷漆设备

以特种 AGV 小车搭载为基础,配合喷漆系统的自动喷漆设备(图 9-21),用于钢箱梁的外表面的面漆喷涂作业,使工件整体表面的底漆面漆膜厚度符合标准,工件喷涂处理后的表面均匀,无流挂,质量达到标准。保证该喷涂系统的重复利用率,适应不同作业厂的工作环境,便于转运运输。

图 9-21 智能喷漆设备

设备功能描述:

通过人工遥控和激光引导的方式,完成钢箱梁底面、斜底面自动喷漆,喷漆效率 > $200m^2/h$;

配置的供漆系统采用双组份自动混合供漆系统,实现即混即用,具备自动供料、自动搅拌、自动预警、自动停机的功能;

在喷漆过程中的所有技术数据如温度,压力,混合比例,流量等需要有详细的实时记录,并且可以从设备上下载形成报告,实现过程控制。

所有工艺参数均可以数字化设定,用户只需设定好工艺参数,一键启动后将按预设的程序自动运行,并保证工艺参数稳定;

系统具有自检功能,自动检测系统状态,故障或过程中出错时自动报警,各类设备管线都采用快速接头方式连接;

喷漆机器人设备具备离线编程、人机示教、G 代码编程、远程诊断等功能。

9.3.4.3 智能涂装施工工艺

1)工艺参数

智能涂装设备工艺参数如表 9-12 所示。

设 备 工 艺 参 数　　　　表 9-12

工序	喷砂工艺参数		热喷涂工艺参数		喷漆工艺参数	
1	压缩空气	0.8MPa	压缩空气	0.7MPa	压缩空气	0.6MPa
2	喷嘴型号	16mm	喷距	400mm	喷距	550mm
3	喷距	500mm	车体移动速度	0.5m/s	车体移动速度	0.5m/s
4	车体移动速度	0.1m/s	喷幅	1m	喷幅	0.8m
5	喷幅	1m	送丝电压、喷涂电流	27V;450A	搭接宽度	150mm
6	搭接宽度	10~20cm				

2）喷砂工作流程

（1）运梁车装载钢箱梁进入喷砂车间。预先在车间内设置支墩点标志，将钢箱梁放置在其上。设备施工过程中对支墩摆放位置没有过高的精度要求，较少的支墩数量可以增加机器人工作效率。

（2）喷砂机器人接入喷砂系统，检查出砂情况和空气压力。

（3）通过底盘激光雷达扫描环境，模拟空跑。底部和侧部机器人停放在设备间内，准备时将顶部机器人通过高处工装送上工件顶部，车体非工作时的移动速度为 2km/h（速度可控），机器人载入预先设计的行走路径进行模拟空跑。

（4）调整喷砂工艺参数，设定摆动角度为 60°，摆频为 100 次/min，喷距为 500mm，搭接宽度为 10~20cm。

（5）开启喷枪对钢箱梁进行喷砂处理。喷砂机器人沿着钢箱梁的宽度方向定速行进，喷砂枪以 1m 的幅度做摆幅运动，完成第一道作业后，沿工件长度方向移动 0.9m 进入第二道行走轨迹，依次完成全部工作面。

3）热喷涂工作流程

（1）运梁车装载钢箱梁进入喷锌车间。预先在车间内设置支墩点标志，将钢箱梁放置在其上。设备施工过程中对支墩摆放位置没有过高的精度要求，较少的支墩数量可以增加机器人工作效率。

（2）喷锌机器人接入供气系统，检查起弧情况和空气压力。

（3）通过底盘激光雷达扫描环境，模拟空跑。底部和侧部机器人停放在设备间内，车体非工作时的移动速度为 2km/h（速度可控），机器人载入预先设计的行走路径进行模拟空跑。

（4）调整喷锌工艺参数，设定喷枪与工作面垂直，喷距为 400mm，喷幅为 1m。

（5）开启喷枪对钢箱梁进行喷锌处理。喷锌机器人以 0.5m/s 的速度，将喷枪带至工作路径起点，机械臂进行"己"字形喷涂，底部履带沿着钢箱梁的宽度方向定速行进，完成第一道作业后，履带底盘沿工件长度方向移动 1m 进入第二道行走轨迹，依次完成全部工作面。

4)喷漆工作流程

(1)运梁车装载钢箱梁进入喷漆车间。预先在车间内设置支墩点标志,将钢箱梁放置在其上。设备施工过程中对支墩摆放位置没有过高的精度要求,较少的支墩数量可以增加机器人工作效率。

(2)喷漆机器人接入供漆系统,检查供漆系统情况和空气压力。

(3)通过底盘激光雷达扫描环境,模拟空跑。底部和侧部机器人停放在设备间内,准备时将顶部机器人通过高处工装送上工件顶部,车体非工作时的移动速度为2km/h(速度可控),机器人载入预先设计的行走路径进行模拟空跑。

(4)调整喷漆工艺参数,设定喷枪与工作面垂直,喷距为550mm,喷幅为0.8m,搭接宽度为150mm。

(5)开启喷枪对钢箱梁进行喷漆处理。喷漆机器人以0.5m/s的速度,将喷枪带至工作路径起点,机械臂进行"己"字形喷涂,底部履带沿着钢箱梁的宽度方向定速行进,完成第一道作业后,履带底盘沿工件长度方向移动0.4m进入第二道行走轨迹,依次完成全部工作面。

9.3.5 存放与运输

9.3.5.1 场内存放

钢箱梁节段采用单层、多支点支撑的存放方案,所有支撑点均设置在有横隔板、横肋的部位,以避免钢箱梁在存放过程中因局部刚度不够而发生变形破坏。梁段涂装修补完成后,将梁段运至存放区,按吊装的顺序依次存放,梁段间距离最小为1m,等待装船运输吊装。如图9-22所示,存放梁段的钢墩上也必须置放木块和木楔,已完成涂装的梁段,木楔与梁段间还必须垫橡胶板或5mm PVC胶垫。

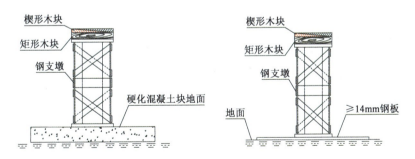

图9-22 钢墩地面设置

1)存放场地

存放在专用场地上,场地可为硬化地面、连锁块地面或铺设钢板的地面,以提高支撑稳定性。

2) 存梁支墩

梁段及大节段存放支撑采用钢墩,存梁钢墩分为两种,构造如图9-23、图9-24。存放时上部放置楔形垫块,以确保存放时各支点间受力均匀,对已完成涂装的梁段,木楔与梁段间还必须垫橡胶板或5mmPVC胶垫。

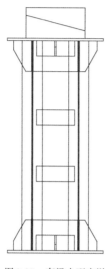

图9-23 存梁小型支墩

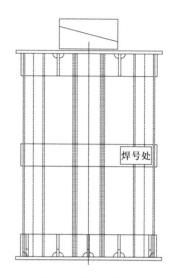

图9-24 存梁大型支墩

3) 节段、分段存放

钢箱梁小节段、分段均采用单层存放方案,梁段的受力点纵向均设置在有横隔板、横肋的部位,横向优先支撑在纵腹板位置,如无纵腹板则支撑在平斜底板/平底板与斜腹板交点附近,如无结构交点位置则应支撑在两个加劲肋之间,横向支撑不允许单独支撑在U肋张口位置。钢支墩与钢箱梁之间垫一组楔形木垫块,以确保存放时各支点间受力均匀(图9-25)。已完成涂装的梁段,木楔与梁段间还必须垫橡胶板或5mmPVC胶垫。

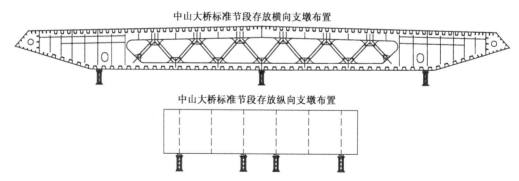

图9-25 中山大桥标准节段存放支撑布置示意图

根据节段类型、尺寸和重量采用不同点数的支撑方案(图9-26、图9-27),有3×4组合的12点支撑、4×4组合的16点支撑、5×5组合的25点支撑等。

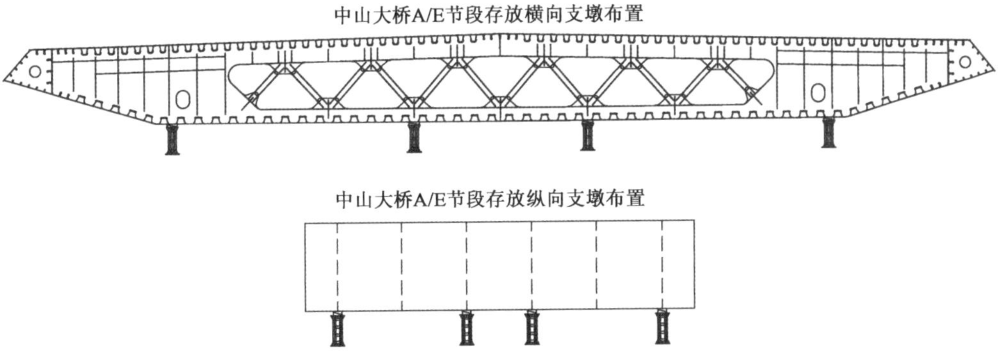

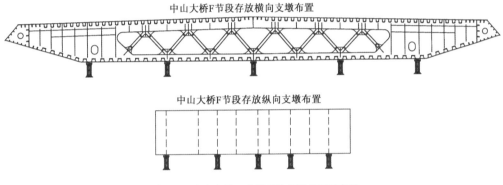

图9-26 中山大桥 A/E 节段存放支撑布置示意图

图9-27 中山大桥 F 节段存放支撑布置示意图

4）大节段存放

大节段存放时，同样采用单层、多支点支撑的存放方案，梁段的受力点均设置在有横隔板的部位，支撑布置示意见图9-28～图9-31。通过合理布置支墩，保证单点压力最大≤30t，因大节段存在一定的拱度，并且长度较大。因此在温度升高或降低时大节段存放状态会稍有变化，为了减弱温度对大节段存放的影响，增加了大节段两端头的支撑，抵消温度变化对大节段存放的影响。

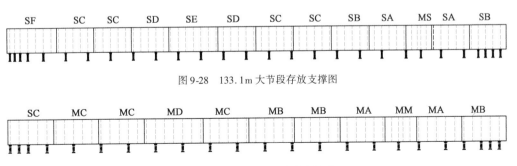

图9-28 133.1m 大节段存放支撑图

图9-29 110m 大节段存放支撑图

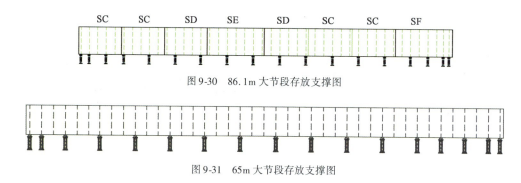

图 9-30　86.1m 大节段存放支撑图

图 9-31　65m 大节段存放支撑图

9.3.5.2 场内转运

1）转运设备

场内运输采用模块化自动升降自平衡液压平车组合，该车采用单元车由平板单箱形主梁车架、轮胎、液压悬架三点或四点支承、独立转向、双管路保险、制动等结构组成。在拼装厂配置 8 台液压平车，液压平车主要技术参数见表 9-13。

液压平车技术参数　　　　　　　　　　表 9-13

分　类	长度(m)	宽度(m)	高度(m)	载质量(t)	轮子偏转角(°)	数　量
动力模块	3.8	3	1.28±0.3	—	±110	8
6 轴从动模块	9	3	1.28±0.3	180	±110	10
4 轴从动模块	6	3	1.28±0.3	120	±110	8

每台车由一组动力模块和若干组从动模块组合而成，模块都具备原地负载垂直转向行走功能，每台车根据需要最多可连接 30 个轴线，每个轴线长 1.5m，载质量 30t，组合后单车最大额定载质可达 1200t。所有轴线通用，每台车长度和载重能力可根据需要任意调整，既适合大节段转运也能满足标准节段和分段转运。

2）转运前准备

运输过程中钢箱梁与液压平车之间必须垫木楞，避免刚性接触，作业前车上应准备足够的 200mm×300mm×3000mm 的垫木，保证梁段运输时每道支撑隔板下方垫一道。完成涂装的梁段，在运输过程中，还必须在木楞与钢箱梁之间垫厚度 5mm 的 PVC 胶垫，以防涂层受损。作业前制定好运输线路，并检查线路情况，如发现异常或障碍物及时处理。提前准备好足量的存梁托架、钢支墩、楔形木垫块和 5mmPVC 胶垫，并按要求的位置布置好。

3）节段、分段场内出胎、转运

提前将木楞按梁段的横隔板间距布置在 2 台液压平车上（已完成涂装的梁段，木楞上铺设橡胶板或 5mmPVC 胶垫，图 9-32），液压平车分别沿车道行进到待运梁段下方规定位置（总拼胎架中，位于出胎车道上方的横梁可拆卸），调整好两车的平行距离（图 9-33），使垫木处于节段横隔板下方；然后两车同步起升，将节段顶起足够高度，保持纵向直线行驶将梁段运出胎架,并移动到指定区域。到达存放区后,调整平车位置,使梁段支点精确对齐事先布设好钢墩,然后缓慢下降平车高度,直至梁段底板与钢墩支承面距离约220~300mm时,停止下降平车高度,按规定方向塞入木楔并打紧(已完成涂装的梁段,木楔与梁段间还必须垫橡胶板或5mmPVC胶垫)。

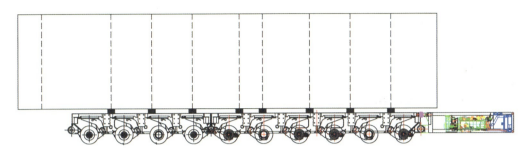

图9-32 中山大桥钢箱梁转运液压平车纵向布置图

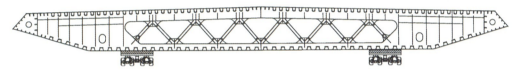

图9-33 中山大桥钢箱梁转运液压平车横向布置图(标准小节段)

4)大节段场内出胎、转运

大节段在厂房内拼装完成后,用多台液压平车联动运出厂房,转运到大节段存放区。液压平车2台一组,对称布置在节段轴线两侧,均布在整个大节段长度范围,使节段受力均匀,液压平车纵向布置见图9-34、图9-35,横向布置与其小分段一样。大节段纵移出拼装厂房后,多车联动90°转向,移动至指定区域按工艺要求落位,存放于存梁支墩上。长90m以上的梁段考虑装船转运减少存梁支墩的使用和转运,液压平车纵向布置预留轨道运梁车位置。

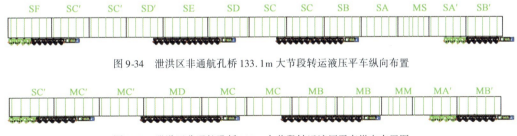

图9-34 泄洪区非通航孔桥133.1m大节段转运液压平车纵向布置

图9-35 泄洪区非通航孔桥110m大节段转运液压平车纵向布置图

9.3.6 吊装与连接

9.3.6.1 钢箱梁吊装

(1)钢箱梁采用跨缆吊机作为吊装设备(图9-36)。全桥共投入4台全液压跨缆吊机,主

图 9-36　钢箱梁吊装

跨 2 台,边跨 2 台。

(2) 水深满足运梁驳船吃水深度要求的主跨区钢箱梁采用垂直起吊安装;驳船不能直接将梁段运到吊点下时,需搭设运梁栈桥或通过疏浚使得桥下满足驳船运梁条件;索塔区无索钢箱梁采用跨缆吊机垂直起吊后牵引荡移就位的方法在托架上进行安装。

(3) 梁段吊装采用四点起吊,起吊不得临时使用永久吊耳销孔,吊装过程中一定要注意梁段的方向。

(4) 梁段吊装就位后,与相邻梁段进行临时连接,利用销钉调平板件错边,并拧紧顶板临时连接对拉螺杆(见工地临时连接构造图)至设计缝宽后固定。此时,底板临时连接对拉螺杆的螺母处于放松状态,以适应全桥钢箱梁梁段吊装过程中梁段接缝张角的变化。

(5) 合龙段的合龙顺序须严格按照图纸规定执行,并应选择一天当中温度最低时段进行合龙段吊装,以利用低温时合龙梁段两边相邻梁段的位移,从而保证合龙梁段能够顺利进入安装位置。

(6) 钢箱梁在梁段依次安装过程中必然导致误差的累积,所以必须在合龙段安装前,并顶推向塔侧梁段后,根据现场测量其所在位置两相邻梁段间的实测距离修正合龙段长度,对合龙梁段进行二次下料(配切),注意配切须在梁的两端对称进行,然后再运输到桥位进行安装。

(7) 待全桥所有梁段吊装完毕并临时连接后,方可进行梁段接缝的焊接工作。

9.3.6.2　工地连接

1) 工地栓接

节段调整定位后,采用工装拼接板及工装螺栓将构件进行临时连接,然后进行节段环缝的焊接施工,焊接完毕检验合格后,将工装拼接板及工装螺栓更换成正式拼接板及高强度螺栓(图 9-37),高强度螺栓施工按《铁路钢桥高强度螺栓连接施工规定》(TBJ 214—92)执行。

图 9-37　顶板 U 肋栓接实例

(1) 高强度螺栓施工工艺试验

①施拧工艺试验包括扭矩系数试验、施拧工具标定试验、施拧质量的检查及摩擦面抗滑移系数试验。该四项试验必须由高栓试验室负责进行。

②扭矩系数试验：扭矩系数是保证高栓预紧力的关键数据，其离散率越小越好。因此施工前选择主桁上用量较大的 5 种规格，各 25 套作试验，通过分析归纳得出可靠的扭矩系数 K 值进行施工，同时由于温度、湿度对扭矩系数的影响也要通过试验进行适当的调整。

③施拧工具标定试验：定扭矩电动扳手，在使用前需进行测试标定，在保证螺栓预紧力满足设计要求的情况下定出扭矩值，使用过程中不得随意调整，测定时一般用轴力计与扭矩仪进行测试，带响定扭矩扳手与指针扳手一般在使用前用力矩法或挂重法进行标定。建立施拧扳手详细登记表，由高栓组统一保管和发放。

④施拧质量的检查试验：高强度螺栓施拧质量采用紧扣法检查，通过在轴力计上取 25 套单栓作紧扣检查试验，测出轴力变化及扭矩值的大小，归纳分析其离散率。

⑤摩擦面抗滑系数试验：钢梁出厂时，制造厂应提供抗滑移系数试验资料，f 值应不小于 0.55，工地复验不小于 0.45。

(2) 施工工艺

①高强度螺栓连接副到货后，应及时复验。合格的产品方可在桥上使用。复验应按批进行，同批高强度螺栓连接副最大数量为 3000 套。复验后，如对产品质量有异议，应在产品质量保证期内向生产厂提出，进行仲裁试验。复验项目有：连接副扭矩系数试验、螺栓楔负载试验、螺母保证载荷试验、螺母硬度和垫圈硬度试验。复验应符合国家标准《钢结构用高强度大六角头螺栓、大六角头螺母、垫圈技术条件》的规定。

连接副扭矩系数试验按每批不少于 8 套分批测定高强度螺栓连接副的扭矩系数，该批扭矩系数平均值应在 0.120~0.140 范围内。

②高强度螺栓的设计预拉力、施工预拉力应符合表 9-14 的规定。

高强度螺栓设计预拉力、施工预拉力 表 9-14

序 号	螺 纹 规 格	M24
1	设计预拉力	230
2	施工预拉力	253

高强度螺栓连接副的拧紧分为初拧、复拧和终拧。在采用扭矩法施拧时，有充分试验数据情况下，可分为初拧和终拧。初拧扭矩宜为终拧扭矩的 50%，复拧扭矩等于初拧扭矩。施工时，应考虑环境温度、相对温度变化对扭矩系数的影响。

③施工前应按每批高强度螺栓连接副扭矩系数平均值进行终拧扭矩的计算。每批高强度螺栓连接副的终拧扭矩应由下式计算确定的：

$$T_e = K \times P_c \times d \tag{9-1}$$

式中：T_e——终拧扭矩(Nm)；

K——高强度螺栓连接副的扭矩系数平均值,可按上条要求测得;

P_c——高强度螺栓施工预拉力,见本细则的规定;

d——高强度螺栓公称直径(mm)。

④构件拼装前必须进行抗滑移系数试验,试验方法应符合《铁路钢桥栓接板面抗滑移系数试验方法》的规定。每批试件的抗滑移系数的最小值不得小于0.45。如不符合要求,应查明原因并采取相应措施直至重新处理构件。重新处理后,应再次进行抗滑移系数试验,确认抗滑移系数符合要求后方可拼装。

⑤构件拼装前,应除去毛刺、飞边、焊接飞溅物,并用细铜丝刷、干净棉纱除去栓接板面和栓孔内的脏物。对沾有油污处,应用汽油或丙酮擦净。栓接面必须干燥,不应在雨中作业。对翘曲板面应予整平。

⑥构件拼装时,每个节点均应穿入足够数量的冲钉和安装螺栓。并不宜用高强度螺栓兼作安装螺栓。

⑦高强度螺栓连接副进场后应按包装箱上注明的批号、规格分类保管,不得混淆;在室内应架空存放,不得直接置于地面上,并应采取措施防止受潮生锈。高强度螺栓连接副在安装使用前不得任意开箱。

⑧高强度螺栓、螺母、垫圈必须按生产厂提供的批号配套使用。并不得改变其出厂状态。组装时,螺栓头一侧及螺母一侧应各置一个垫圈,垫圈有内倒角的一侧应朝向螺栓头、螺母支承面。安装时,螺栓穿入方向应以施拧及维修方便为准,但方向宜一致。

⑨安装时,严禁强行穿入螺栓。对于螺栓不能自由穿入的栓孔,应用与栓孔直径相同的铰刀或钻头进行修理或扩钻。严禁气割扩孔。为防止钢屑落入板层缝中,铰孔或扩钻前应将该孔四周螺栓全部拧紧。对于经铰孔或扩钻的构件及孔眼位置,应有施工记录备案。

⑩高强度螺栓连接副的拧紧应在螺母上施拧。高强度螺栓的拧紧顺序,应从节点中刚度大的部分向不受约束的边缘进行,对大节点则应从中央沿杆件向四周进行。初终拧完毕即用不同颜色记号笔在螺栓端头逐个作出标志,防止重拧和漏拧。初拧后用白色油漆(笔)在栓头做点标识,全部初拧完成后用白色油笔从栓头开始沿螺帽棱角边、垫圈、节点板画一条直折线,以便观测终拧后螺母转动角度情况,防止漏拧;终拧后用红色油漆(笔)做点标识,终拧完成并自检合格后用红色油漆(笔)在栓头画线标识,螺栓施拧过程中应用扳手卡死螺栓头部,防止螺杆随扳手一齐转动。

⑪高强度螺栓连接副的初拧、复拧和终拧应在同一工作日内完成。对不同扭矩系数使用不同扭矩值的扳手进行施拧。对高强度螺栓应加强管理,同一批号的高强度螺栓、螺母、垫圈使用于一个部位,不得混用。

⑫扭矩法施拧时,高强度螺栓的初拧、复拧和终拧均应使用定扭矩扳手。高强度螺栓施拧采用的扭矩扳手,在作业前后均应由专职人员对其进行校验,其扭矩误差不得超过使用扭矩值的±5%。校正结果填入记录表中(记录表附后),并由校正签认。在操作后进行扭矩校正时,

如发现其误差值超过允许误差范围,则对该工班用该扳手终拧的高强度螺栓连接副全部用检查扳手按本细则的规定进行检查、处理(并应按所使用的扳手说明书中规定的数量进行标定)。

⑬电动扳手应与控制箱配套使用,并应独立供电及配置稳压电源。

⑭高强度螺栓的长度 L 应符合设计要求或按下式计算确定:

$$L = L_1 + \Delta L \tag{9-2}$$

式中:L_1——连接板层总厚度(mm);

ΔL——附加长度(mm),

$$\Delta L = m + 2s + ip \tag{9-3}$$

式中:m——高强度螺母公称厚度(mm);

S——高强度垫圈公称厚度(mm);

i——当 $L \leqslant 100 \text{mm}$ 时,$i=2$;当 $L > 100 \text{mm}$ 时,$i=3$;

p——螺纹的螺距(mm)。

⑮根据《公路桥涵施工技术规范》的规定,采用焊接与高强度螺栓合用连接时,栓接结构应在焊缝检验合格后再终拧高强度螺栓连接副。

⑯施拧前应按每班实际需要量领用高强度螺栓连接副,安装剩余的连接副必须装箱妥善保管,不得乱扔、乱放。在安装过程中,不得碰伤螺纹和沾染脏物。

2)工地焊接

深中通道伶仃洋悬索桥钢箱梁、东泄洪区非通航孔桥钢箱梁除顶板 U 肋和板肋采用栓接外,其余部分均为焊接连接。钢箱梁桥位环缝选用的焊接方法如表9-15所示。

拟定的钢箱梁桥位环缝焊接方法　　　　　　表9-15

焊缝位置	焊接方法
顶板横向对接焊缝	CO_2半自动焊或CO_2自动焊+埋弧自动焊(陶质衬垫)
底板、斜底板对接焊缝	CO_2半自动焊或CO_2自动焊(陶质衬垫)
边腹板对接焊缝	CO_2半自动焊或CO_2自动焊(陶质衬垫)
纵向加劲肋嵌补段焊缝	CO_2气体保护焊

工地环缝焊接施工顺序如图9-38和图9-39所示,图中数字表示焊接顺序,A表示埋弧自动焊。

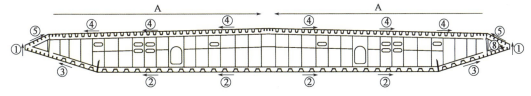

图9-38　伶仃洋大桥环缝焊接顺序图

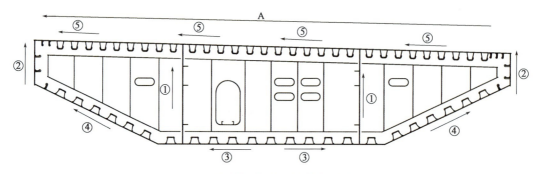

图 9-39 泄洪区非通航孔桥环缝焊接顺序图

（1）焊前准备

①焊前需检查节段间的装配状况,包括接头坡口角度、间隙、尺寸等是否符合要求,若不符合要求必须进行修复和矫正。

②梁段对接环缝在焊接前,需对坡口及两侧各 30mm 范围钢板表面进行除锈,不得有水、油、氧化皮等污物;陶质衬垫应与母材贴合良好。

③焊缝除锈后 24h 内进行焊接,超过 24h,重新除锈后,方可施焊。

④箱内焊接时应做好通气措施,确保焊接作业环境满足要求。

（2）焊接要求

现场焊接除需遵循所有工厂焊接相关规定外,还应符合表 9-16 的规定。

工地焊接相关要求　　　　　　　　　　　　　　　　表 9-16

序号	相关要求及处理措施
1	严格焊材的存放管理,采用集装箱改造成工地焊材库房。库房内设空调、除湿机、温、湿度计,保证库房内温度高于 5℃,相对湿度低于 60%。焊丝放置于货架上,防止受潮
2	由于桥位现场作业,钢箱梁顶、底板受环境温度变化影响不同,顶板受温度影响表现得更为敏感,此外,梁段环焊缝顶、底板由于焊接量不同(顶板箱内加劲肋为栓接,底板加劲肋为焊接),造成环焊缝上下收缩量存在差异。因此需要制作合理的焊接顺序与工艺措施,严格控制其焊接收缩及变形,保证结构受力和架设线形要求
3	考虑桥位环境条件,严格做好防风防雨措施,按要求搭设风雨棚(图 9-40),对焊接区域进行有效防护;焊接前对焊接接头区域母材进行除湿处理,去除钢板表面吸附的水汽;在环缝焊接中最大限度地采用埋弧自动焊工艺,利用焊剂对焊缝进行有效保护,减轻环境对焊接过程的影响
4	桥位现场焊接是在强约束条件下施焊,为避免焊接裂纹,焊前对待焊区域进行适当预热,预热温度为 80~100℃
5	环焊缝焊接顺序为先焊中腹板、边腹板,再焊平底板、斜底板,然后焊接顶板,最后焊接嵌补段,从中间往两侧对称施焊。为减少温差的不利影响,焊接应尽量安排在环境温度变化较缓的夜间进行
6	焊缝除锈后 24h 内必须进行焊接,超过 24h 应重新除锈后现施焊

图 9-40　防风雨棚示意图

9.4　小结

发展长寿命钢桥面板结构是解决传统正交异性钢桥面板疲劳开裂与可持续发展客观需求之间的突出矛盾、实现结构的全寿命周期性能和成本最优、推动钢桥结构的可持续发展的有效途径,具有广阔应用前景。

当前对于长寿命钢桥面板结构体系疲劳性能的研究仍处于理论探索阶段钢桥面板结构疲劳性能的运维保障体系方面的研究和工程实践仍有待于进一步深入开展。在控制钢桥面板疲劳性能的内因和外因两方面着手,可望提供钢桥面板疲劳开裂难题的综合解决方案,为钢桥面板的长寿命高品质服役提供有效保障。